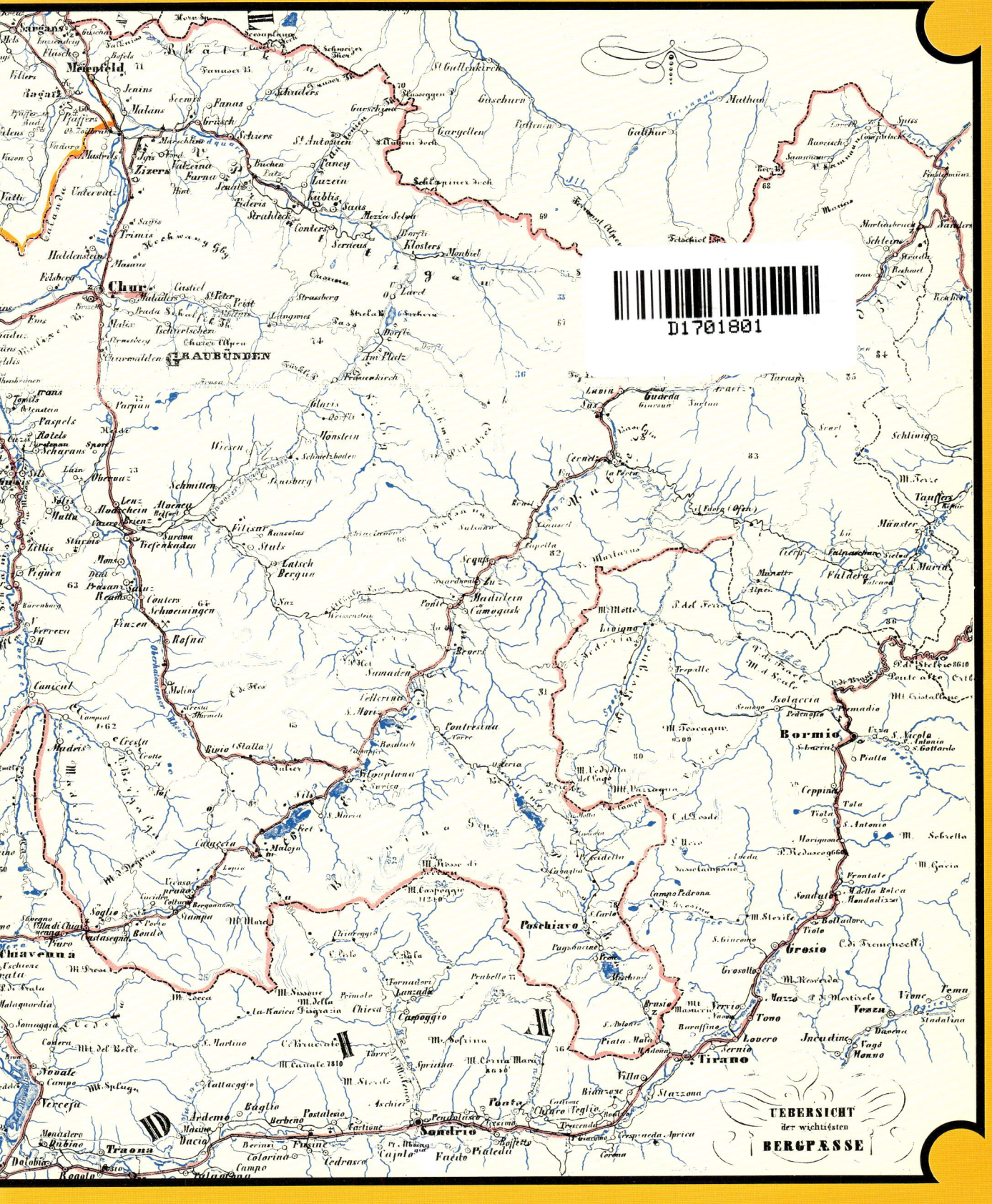

Joos Gartmann

Die Pferdepost in Graubünden

Desertina Verlag

Einband vorn
Schlittenpost Davos–Clavadel 1925/30
Foto: PTT-Museum

Einband hinten
Coupé-Landauer um 1900 am Silsersee
Foto: PTT-Museum

Vorderer Vorsatz
Reisekarte von 1853
(Kümmerly und Frey Bern)

Hinterer Vorsatz
Kurskarte der schweizerischen Postverwaltung vom Juli 1852
PTT

Verfasser des Kapitels «Rutnerdienst» auf den Seiten 265–275 ist Hans Brasser, Churwalden.

Gesamtherstellung
Stampa Romontscha, Condrau SA
CH-7180 Disentis/Mustér

© **1985 Desertina Verlag, CH-7180 Disentis**

ISBN 3-85637-080-3

Inhaltsverzeichnis

Geleitwort von Bundespräsident Dr. Leon Schlumpf	VII
Vorwort des Autors	IX
Schreibweise der Ortsnamen	XIII

1. Vor der Gründung der Kantonalpost: **1**
    Von Boten, Postreitern und Privat-Diligencen

1.1	Vom Angareion über den cursus publicus zur Post	1
	– Im Altertum	1
	– Vom Saumpfad zur Fahrstrasse	4
	– Verkehrsverbindungen im Mittelalter (476–1492)	12
	– Verkehrsverbindungen in der neuen Zeit (1492–1789)	15
1.2	Zentralisierungsversuche während der Zeit der Helvetik (1798–1803)	27
1.3	Abenteuerliches Reisen	35

2. Die Bündner Kantonalpost   **39**

2.1	Die Mediationszeit 1803–1813	39
2.2	Ein kantonales Postamt, aber noch keine kantonalen Passagiere (1813–1823)	42
2.3	Diligencen, Extraposten und Eilwagen auf privater Basis (1823–1834)	46
2.4	Kantonaler Eigenbetrieb 1835–1848	68
2.5	Das Reisen vor 150 Jahren: beschwerlich und kostspielig	83

3. Der Bund übernimmt das Postwesen   **93**

3.1	Der Übergang vom Kanton an den Bund	93
3.2	Organisation und Betrieb	95
	– Extraposten, kuriermässige Beförderung und Stafetten	98
	– Der Kursbetrieb	103
	– Der Beiwagendienst	103

3.3	Die Postpferdehalterei	105
3.4	Kondukteure und Postillone	108
3.5	Fahrzeuge und Bespannung	119
3.6	Fahrtaxen	124
3.7	Die Bahn kommt	126
3.8	Tourismus und Sport	130
3.9	Höhepunkte	132
3.10	Dem Ausklang entgegen	136
4.	**Poststrecken**	**145**
4.1	Oberalp-Route: Chur–Göschenen	146
4.2	Seitentäler der Surselva	154
4.3	Lukmanier-Route: Disentis–Biasca	163
4.4	Sankt Bernhardin-Route: Bellinzona–Splügen	165
4.5	Calancatal: Eine ganze Talschaft boykottiert die Post!	171
	– Was ging diesem Boykott voraus?	172
4.6	Splügen-Route: Chur–Chiavenna	174
4.7	Domleschg, Heinzenberg, Schams und Avers	178
4.8	Julier-Route: Chur–Samaden	182
4.9	Schyn-Route: Thusis–Tiefenkastell	188
4.10	Albula-Route: Chur–Lenz–Bergün–Samaden–St. Moritz und –Pontresina	188
4.11	Schanfigg–Arosa-Route	194
4.12	Landwasser-Route: Chur–Lenz–Davos	200
4.13	Flüela-Route: Davos–Schuls	207
	– Umstrittene Winter-Verbindung über den Flüela: nichts Neues	207
	– Vorerst ein Provisorium	212
	– Schluss des Winterbetriebs	215
	– Die Einweihung der Flüelastrasse	216
4.14	Davoser Ortsbetrieb	217

4.15	Maloja–Engadin-Route: Chiavenna–Landeck	219
	– Chiavenna–Samaden	219
	– Samaden–Schuls	229
	– Schuls–Nauders–Landeck	240
4.16	Ofen-Route: Zernez–Münster	242
4.17	Bernina–Stelvio-Route: Samaden–Tirano–Mals	249
4.18	Das Prättigau	259
5.	**Der Rutnerdienst (Verfasser: Hans Brasser)**	**265**
5.1	Offenhaltung der Pässe im Winter	265
5.2	Rutnerdetachement im Einsatz	269
6.	**Anhang**	**277**
	Botenkurse des Postkreises Chur 1853 und 1855	278
	Extrapoststrassen 1852/1913	280
	Postführungen 1896	281
	Das Postwesen im Zahlenspiegel	285
	Übersicht der Lebensmittelpreise und der Preisaufschläge	286
	Zeitübersicht	289
	Literaturhinweise	294
	Bildernachweis in alphabetischer Reihenfolge und nach Seitenzahlen	297

Geleitwort von Bundespräsident Dr. Leon Schlumpf

Vom «cursus publicus» in der Hochblüte des römischen Reiches bis hin zur letzten Pferdepost im bündnerischen Avers zeichnet der Verfasser die faszinierende Geschichte und Bedeutung dieses ältesten Verkehrsmittels Rätiens in seinem neuesten Werk nach, welches sein kürzlich publiziertes Buch über «Das Postauto in Graubünden» in gekonnter Weise ergänzt. Der Leser des vorliegenden Bandes erhält nicht nur einen Einblick in die romantische Seite des Postkutschen-Zeitalters, sondern vielmehr eine fast minuziöse Darstellung der Schattenseiten und mühseligen Widrigkeiten, die der Verkehr in seinen Anfängen zu überwinden hatte. Da stemmten sich nicht nur die natürlichen Hindernisse unserer wilden Landschaft der Öffnung Rätiens entgegen, es mussten auch in oft zähem Ringen politische und wirtschaftliche Rivalitäten der Talschaften zum Wohle des Ganzen beigelegt werden.

Auch deshalb ist das Buch eine amüsante Fundgrube für diesen Teil bündnerischer Geschichtsschreibung oder früherer «Verkehrspolitik» und widerspiegelt in seinen zahlreich eingeblendeten Dokumenten und Bildern einen markanten Teilbereich gesellschaftlicher und wirtschaftlicher Entwicklung Rätiens. Mit grossem Respekt liest man von unzähligen Pioniertaten der Säumer, Postillione und Wegebauer, aber mit Schmunzeln darf man dabei auch feststellen: Nichts Neues unter der Bündner Sonne! Dem eindrücklichen und faszinierenden Buch ist eine breite Leserschaft zu wünschen.

Leon Schlumpf
Vorsteher des Eidg. Verkehrs-
und Energiewirtschaftsdepartementes

Vorwort des Autors

Im allgemeinen pflegte der Bündner in seinem Lande zu Fuss zu reisen. Das galt auch für die Urgrosseltern des Autors, die sich unter Gebrauch ihrer eigenen Beine auf die Hochzeitsreise begaben. Mit dem abgebildeten Billett leisteten sie sich dann allerdings für die Rückreise den unerhörten Luxus einer im allgemeinen «für gewöhnliche Leute» unerschwinglichen Fahrt mit der Postkutsche.

Nachdem Josias Flury im Jahre 1857, d.h. ein Jahr bevor die erste Eisenbahn von Rheineck her nach Chur pustete, die Luzia Luzi geheiratet hatte, ging das junge Paar im wahrsten Sinne des Wortes auf die Hochzeitsreise, die sie von Jenaz im Prättigau in den Kantonshauptort Chur führte: zu Fuss! Für die Rückreise leisteten sich die zwei – des Verfassers Urgrosseltern – den unerhörten Luxus einer Fahrt mit der Postkutsche, für die sie, wie der reproduzierte Fahrschein zeigt, den horrenden Preis von acht damaligen Franken zu entrichten hatten. Im Jahre 1982, also 125 Jahre später, müsste ein einheimisches Paar für die gleiche Strecke dem heutigen öffentlichen Verkehrsbetrieb, der Rhätischen Bahn, 13.20 in seither kaufkraftmässig stark abgemagerten Franken hinlegen.

(Einen Begriff vom damaligen Geldwert mag eine 20 Jahre später ausgestellte Rechnung des Kübliser Arztes L. Juvalta geben, der 1877 für eine Consultation fünfzig Rappen und für einen Besuch einen Franken verlangte...)

Die Postkutsche war schon vom Fassungsvermögen, besonders aber vom Preis her keineswegs ein Beförderungsmittel für die Masse, für das gewöhnliche Volk. Mit dem schnelleren Vorwärtskommen war das auch so eine Sache: Rechnete man im Flachland mit einer Reisegeschwindigkeit von rund zehn Kilometern, Halte inbegriffen, so blieb sie im Berggebiet nur wenig über der Schnelligkeit eines Fussgängers. Noch bis zur Eröffnung der Bahnverbindung Landquart–Klosters im Jahre 1889 kostete es jedenfalls den 1860 geborenen Christian Gartmann, den späte-

Rückseite der Reise-Karte von Seite IX.

Bemerkungen,
nach welchen jeder Reisende sich zu richten hat.

1. Der Platzpreis nebst etwaiger Uebergewichtstare ist jeweilen vollständig bei Bestellung des Platzes zu entrichten. So lange derselbe nicht bezahlt ist, kann die Bestellung nicht als bindend für die Postanstalt betrachtet werden.
2. Die Abfahrtszeit richtet sich genau nach der Postuhr.
3. Jeder Reisende hat sich wenigstens fünf Minuten vor der Abfahrt auf dem Postbüreau einzufinden, auch unterwegs sich vom Wagen nicht zu entfernen, widrigenfalls er auf keine Entschädigung Anspruch hat, wenn er die Abfahrt versäumt.
4. Das Gepäck, für das der Reisende die Verantwortlichkeit der Postanstalt in Anspruch nimmt, muß mit einer deutlichen, Namen und Bestimmungsort bezeichnenden Adresse versehen und wenigstens eine halbe Stunde vor Abgang des Postwagens auf dem betreffenden Büreau abgegeben werden.
5. Im Falle von Verlust eines solchen Gegenstandes wird dafür folgende fixe Entschädigung geleistet:
   Für einen Koffer oder Felleisen über 50 Pfund schwer . . . . . Fr. 143.
   "   "   Felleisen oder Sack über 25 bis 50 Pfund schwer " 86.
   "   "   Gegenstand über 12 bis 25 Pfund schwer . . . . " 29.
   "   "   Gegenstand unter und bis 12 Pfund schwer . . " 15.
6. Reisende, die für ihr Gepäck eine größere Garantie ansprechen, haben dasselbe als Fahrpoststücke mit Angabe des Werthes aufzugeben, und die darauf bezügliche Fahrposttare zu bezahlen.
7. Für alles Gepäck des Reisenden, das derselbe entweder unter eigener Aufsicht behält oder dem Conducteur zur Verwahrung übergibt, übernimmt die Postanstalt durchaus keine Verantwortlichkeit.
8. Jeder Reisende hat 40 Pfund Gepäck frei. Das Uebergewicht ist nach der Fahrposttare extra zu bezahlen.
9. Kinder unter 10 Jahren zahlen die Hälfte.
10. Die Rangordnung der Plätze regulirt sich nach der Einschreibung beim Postamte, von wo jeder Wagen abfährt, demnach die Platznummer nur so weit gültig ist, als der gleiche Wagen kurfürt. Das Recht der unterwegs einsteigenden oder von andern Routen herkommenden Reisenden beschränkt sich daher auf die frei bleibenden Plätze und erforderlichen Falls zu liefernden Beiwagen.
11. Es dürfen keine Hunde und andere Thiere in den Postwagen mitgenommen werden.
12. Ohne Zustimmung der ganzen Gesellschaft darf im Wagen nicht geraucht werden.
13. Jeder Reisende haftet für das, was er am Wagen beschädigt.
14. Jeder instruktionswidrige Aufenthalt, insbesondere bei Wirthshäusern, ist strengstens untersagt.
15. Dem Conducteur liegt ob, jeder rechtmäßigen Beschwerde der Reisenden Abhülfe zu verschaffen. Etwaige Klagen gegen denselben oder sonstige Postbedienstete sind bei den Postbüreaur anzubringen.

Der Hausbesuch eines Arztes kostete 1877 einen Franken, eine Konsultation 50 Rappen, eine Postkutschenfahrt über einen Kilometer 15 Rappen; das machte für 27 km beispielsweise vier Franken, wobei für die Fahrt im Coupé noch ein Zuschlag von Fr. 1.30 hinzukam.

ren Schwiegersohn von Josias und Luzia Flury-Luzi, Wagner, Nähmaschinen- und Velohändler und vermutlich erster Velofahrer im Prättigau, keine besondere Anstrengung, das öffentliche Verkehrsmittel auf seinen Velofahrten hinter sich zu lassen. Das Gefährt unseres Hochzeitspaares benötigte für die Fahrt von Chur nach Jenaz etwa 4½ Stunden; mit der Bahn schafft man die Strecke heute im besten Falle in 38 Minuten.

Diese vom Vater und vom Grossvater erhaltenen Angaben weckten die Neugier, mehr über das Reisen in früheren Zeiten zu erfahren. Die eigenen, schon recht verblassten Erinnerungen an das Kütschchen, das noch während unserer Schulzeit «ganz patschifig» in Chur gegen den Hof hinauffuhr und dann bis nach Maladers und zurück zuckelte, und an die Gefährte, die ebenso gemächlich von Furna Station den Berg hinauf nach Furna Dorf krochen, reichten nicht aus. Einiges von dem, was der

Verfasser in der reichen Literatur und in Archiven gefunden hat, möchte er hiernach an andere Interessierte weitergeben.

Wenn auch das Schwergewicht bei der Personenbeförderung in Graubünden liegen soll – ganz losgelöst von den Verhältnissen in den benachbarten Kantonen und Ländern einerseits und von den übrigen Postdienstzweigen andrerseits lässt sich das nicht bewerkstelligen. Ferner scheinen einige Worte über die Strassen- und Wegverhältnisse unumgänglich.

Schreibweise der Ortsnamen

Wer sich in ältere Schriften vertieft, stellt fest, dass geographische Bezeichnungen und selbst Eigennamen, manchmal sogar im gleichen Schriftstück, einmal so und einmal anders geschrieben werden. Zuoz liest man als Zutz oder Zuz, Zernez als Cernez oder Zernetz, den Churer Bürgermeister Abys auch als Abis usw. Gewisse Bezeichnungen sind im Laufe der Zeit verlorengegangen, andere haben sich gewandelt. Wer weiss schon heute noch mit den Ortsbezeichnungen Lauis, Luggarus, Cleven, Sins und Steinsberg etwas anzufangen? Der heute als Luzisteig bekannte Übergang vom Fürstentum Liechtenstein nach Graubünden hiess früher St. Luziensteig, der heute meist als San Bernardino bezeichnete Alpenübergang und die gleichnamige Ortschaft hiessen auf deutsch Sankt Bernhardin oder kurz Bernhardin, die Ortschaft Mesocco wie das Tal selber Misox. Schliesslich haben zahlreiche Siedlungen in Graubünden in den letzten Jahrzehnten ihren offiziellen Namen geändert. Mit Rücksicht auf die vielen wörtlichen Zitate sind auch im übrigen Text die alten Ortsbezeichnungen verwendet worden. Eine Übersicht soll dem Leser die Orientierung erleichtern. Ähnlich verhält es sich mit der Bezeichnung für den Pferdeführer. In der Schweiz wurde meistens die französische Form Postillon verwendet. Im Interesse der Einheitlichkeit haben wir ebenfalls diese Schreibweise gewählt.

alt	*neu*
Bellenz	Bellinzona
Bergün	Bergün/Bravuogn
Bernhardin	San Bernardino
Bevers	Bever
Brigels	Breil/Brigels
Campovasto	Chamues-ch
Caz	Cazis
Cierfs	Tschierv
Cläfen, Clefen, Cleven	Chiavenna
Cumbels	Cumbel
Disentis, Dissentis	Disentis/Mustér
Ems	Domat/Ems
Feldis	Feldis/Veulden
Fellers	Falera
Furth	Uors (Lumnezia)
Kästris	Castrisch
Kleven	Chiavenna
Lauis	Lugano

Die Schreibweise der Ortsnamen ist in Graubünden ein besonders schwieriges Kapitel. Die deutschen Namen Sins für Sent und Zuz für Zuoz wurden wegen ständiger Verwechslungen mit Sins im Aargau und mit Zug fallengelassen. Ardez hiess im letzten Jahrhundert noch Steinsberg; später schrieb man es – siehe Poststempel – offenbar eine Zeitlang mit «tz».

Lenz	Lantsch/Lenz
Luggarus	Locarno
Luvis	Luven
Luziensteig	St. Luzisteig
Martinsbruck	Martina
Medels	Medel (Lucmagn)
Misox	Mesocco
Mons	Mon
Moriz, Moritz	St. Moritz

Mühlen	Mulegns
Münster	Müstair
Obercastels, Oberkastels	Surcasti
Panix	Pigniu/Panix
Plurs	Piuro (1618 verschüttet)
Ponte	La Punt
Puschlav	Poschiavo
Reams	Riom
Ringgenberg	Zignau
Ruis	Rueun
St. Bernhardin	San Bernardino
St. Jakobstal	Val San Giacomo
Samaden	Samedan
Sagens	Sagogn
Scanfs	S-chanf
Schleins	Tschlin
Schuls, Schuols	Scuol
Seth	Siat
Sins	Sent
Stalla	Bivio
Steinsberg	Ardez
Stilfserjoch	Stelvio
Stuls	Stugl/Stuls
Stürvis	Stierva
Süs, Süss	Susch
Tavetsch	Tujetsch
Tiefenkastel(l), Tiefenkasten	Tiefencastel
Tinzen	Tinizong
Tomils	Tumegl/Tomils
Trins	Trin
Truns	Trun
Vigens	Vignogn
Waltensburg	Waltensburg/Vuorz
Weinberg	Vinadi
Worms	Bormio
Wormserjoch	Umbrail
Zutz, Zuz	Zuoz

1. Vor der Gründung der Kantonalpost: Von Boten, Postreitern und Privat-Diligencen

1.1 Vom Angareion über den cursus publicus zur Post

Im Altertum

Bereits vor zweieinhalbtausend Jahren gab es Einrichtungen, die man als Vorläufer unseres Postwesens bezeichnen kann. Die Perser Könige Cyrus (559–529 v.Chr.) und seine beiden Nachfolger Kambyses und Darius verfügten über eine staatliche Botenanstalt, das Angareion, deren Fuss- und Reitboten wichtige Botschaften der Regierung mit grosser Geschwindigkeit von Station zu Station beförderten. Oberaufsicht und Leitung wurden nur königlichen Prinzen anvertraut. Auch Alexander der Grosse (336–323 v.Chr.) bedurfte einer ähnlichen Organisation, um nicht die Übersicht in seinem ausgedehnten Reich zu verlieren.

Das um die Weltherrschaft ringende Rom schliesslich musste mit seinen Heeren und Regierungsorganen in steter Verbindung sein und über die Ereignisse in den eroberten Provinzen rasch und zuverlässig unterrichtet werden. Aus diesem Bedürfnis heraus entstand und entwickelte sich – besonders unter Julius Cäsar und Augustus – die grossartige Verkehrseinrichtung des cursus publicus, der drei Erdteile miteinander verband und eine Gesamtlänge von 120 000 km erreichte. Es handelte sich wie bei den Vorgängern um eine Einrichtung zu staatlichen und militärischen Zwecken, die der Öffentlichkeit vorerst nicht, später in beschränktem Umfang zur Verfügung stand.

Die ersten Boten oder Meldeträger hiessen Nuntii oder Tabellarii; ihre Nachfolger waren die Equites oder Viatores (d.h. öffentliche Eil- und Reitmeldeboten). Mit dem Bau der grossen römischen Heeresstrassen im Gefolge der Eroberungen in Gallien, Helvetien und Rätien verkehrten dann bereits kaiserliche Gepäck- und Reisewagen, die vehicula publica, vehicula impedimenta und die redae imperiae oder regniae (quadrigae aut bigae, d.h. Vier- und Zweiradwagen). Für den damaligen Kursbetrieb, dem allerdings Regelmässigkeit und Fahrplan noch fehlten, waren die römischen Strassen in zweierlei Stationen eingeteilt: in Wechselstationen (mutationes) sowie in Haupt- oder Raststationen (mansiones). An den Wechselstationen wurde bloss die Bespannung ausgewechselt; die Raststationen boten zudem in einer öffentlichen Herberge (mansio) Unterkommen und Unterhalt. Auf eine Tagreise entfielen von mansion zu mansion vier bis acht mutationes. Eine mansion hielt bis zu vierzig Pferde bereit. Die Grundeigentümer in den Gemeinden an der Poststrasse mussten für alle Bedürfnisse des cursus publicus aufkommen, ohne indessen die Post benutzen zu dürfen. Entsprechend waren die damaligen Posthalter (mancipes) verhasst, und vermutlich auch die reisenden Inspektoren (curiosi, praefecti vehiculorum), welche die cursori publici, die Kuriere, beaufsichtigten.

Wer durfte diese Verbindungen benützen? Boten, Beauftragte und Abgeordnete des Kaisers, ferner die höchsten Zivil- und Militärbeamten auf Amtsreisen, Gesandte sowie Passagiere mit besonderer Bewilligung. Für Amtspersonen war mit der freien Fahrt auch freier Unterhalt in den Herbergen verbunden, für andere Reisende nur dann, wenn sich die Fahrbewilligung ausdrücklich darauf erstreckte. Die Post diente auch zur Übermittlung des Steuerertrages und der Renten von Domänen in Geld oder Naturalien an das Staatsärar oder den Kaiser sowie von Geld und Ausrüstungsgegenständen für die Truppen.

Die alten Rätier scheinen recht kampflustig gewesen zu sein. Ihre Raubzüge in die fruchtbare Poebene beantwortete Kaiser Augustus im Jahre 15 v. Chr. damit, dass er seine Stiefsöhne Drusus und Tiberius mit Heeren aussandte, um das wilde Alpenvolk zu unterjochen, wie das Julius Cäsar bereits 58 v. Chr. mit den Helvetiern getan hatte.

Mit der Unterwerfung Rätiens begann die eigentliche Passgeschichte Graubündens: Da Chur bald einmal zu einem römischen Verwaltungs- und später auch zum Bischofssitz erhoben wurde, dienten die Übergänge nicht mehr nur dem Lokalverkehr. Die Römer besserten aus strategischen Gründen vorerst den Pfad über den Splügen (Mons Spluga), dann nacheinander auch die Wege über den Septimer (Sette Mons), den Bernhardin (Mons Avium = Vogelberg), den Julier und später auch den Lukmanier als Verbindungen zu den nördlich des Alpenwalls gelegenen Provinzen aus. Von der durch das Etschtal über die Reschenscheideck und den Arlberg nach Bregenz und Augsburg führenden Via Claudia zweigte ein Weg ab über den Ofenberg ins Engadin, wo er über den Julier Anschluss an den Septimer fand.

Die aus der Zeit der römischen Kaiser stammende Tabula Peutingeriana, eine Reisekarte mit dem Verzeichnis der Strassenstationen, nannte als Verbindungen zwischen Mediolanum (Mailand) über die rätischen Alpen an den Bodensee und weiter nach Augusta Vindelicorum (Augsburg) zwei Wege über Chiavenna und Como:
- Mediolanum–Comum–Clavenna–Tarnusedo (Campodolcino)–Cunus Aureus (auf der Südseite des Splügenpasses)–Lapidaria (Zillis)–Curia Rhaetorum;
- Mediolanum–Comum–Clavenna–Murus (bei Promontogno)–Septimer–Tinetio (Tinzen/Tinizong)–Curia Rhaetorum

sowie die Wege über Como–Lugano–Bellinzona–Bernhardin bzw. über den Julier nach Chur. Weiter nordwärts führte eine Strasse über Magia (Maienfeld), die Luziensteig und Clunia (Feldkirch) nach Brigantia (Bregenz); eine Seitenlinie ab Maienfeld fand am Walensee Anschluss an die Wasserstrasse Walensee–Linth–Zürichsee.

Wenn auch diesen bündnerischen Passwegen offizieller Charakter zukam – sie waren ja im römischen Reichskursbuch aufgeführt –, wickelte sich der grosse Verkehr zwischen Italien und Germanien doch im Westen über den Grossen St. Bernhard und im Osten über die Reschenscheideck oder den Brenner ab, während den bündnerischen Alpenpässen ein eher bescheidener militärischer und ziviler Verkehr blieb. Die regelmässige Verbindung diente auch hier ausschliesslich staatlichen Bedürfnissen. Strassen und Brücken zu unterhalten und offizielle Reisende zu beherbergen gehörte als Postfrondienst zu den allgemeinen Untertanenpflichten.

Wenn dem cursus publicus auch das heutige Prinzip der Gemeinnützigkeit abging, so kam ihm doch für die erst mehrere Jahrhunderte später geschaffenen Post-Einrichtungen unleugbar wegweisende Bedeutung zu. Schon in Persien und im Reiche Alexanders waren die Staats-, Kriegs- und Verwaltungseinrichtungen mit der Macht ihrer Reiche untergegangen. Nicht besser erging es dem cursus publicus, dessen Verschwinden ein Chronist recht farbig schildert: «Als Verweichlichung und Korruption immer fühlbarer am Lebensmark des römischen Weltreiches zu zehren begannen, da war auch schon deutlich der schlurfende Gang der Nemesis vernehmbar, bis schliesslich der in seinen Grundfesten morsch gewordene Riesenbau dem gewaltigen Anprall der Völkerwanderung erlag. Ostgoten, Langobarden, barbarische Hunnen, räuberische Sarazenen und urwüchsige germanische Volksstämme sorgten nun abwechselnd und ausgiebig dafür, dass die einstigen Stätten blühender römischer Kultur fast völlig vernichtet wurden.»

Ob das Wort «Post» von posita-statio, Standort oder Haltestelle des cursus publicus, ob es von equi positi, d.h. von den Pferden, welche die Strassen-Anwohner im Frondienste für den cursus publicus zu stellen hatten, oder aber von den in mittelalterlichen Protokollen und Urkunden zu findenden militärischen Potten und Posten, die zu Erkundungs-, Wacht- oder Nachrichten- und Befehlsvermittlungszwecken «gelegt», «gestellt» oder «ausgeschickt» wurden, abstammt, scheint uns eher nebensächlich. Der Sinn des Wortes hat sich ohnehin im Laufe der Zeit stark verändert, da «Post» nicht nur für die Aufgabestelle von Sendungen und für die Sendungen selber sowie für regelmässige Überlandbus-

Verbindungen aller Art verwendet wird, sondern oft auch als Sammelbegriff für sämtliche PTT-Tätigkeiten, die Telekommunikation inbegriffen.

Vom Saumpfad zur Fahrstrasse

Wie auch die Römer – oder besser gesagt ihre Untertanen – die Strassen in Rätien hergerichtet haben mögen: aus dem darauf folgenden Mittelalter und der Neuzeit, d.h. etwa bis zur Französischen Revolution, hören wir wenig Rühmenswertes über Rätiens Wegnetz. Es ist da die Rede von steilen und engen, bloss für Lasttiere und kleine Schlitten brauchbaren Wegen. Dabei galt als sicherste und kürzeste Verbindung zwischen Nord

Saumkolonne im 17. Jahrhundert.

und Süd der Septimer. Er trug auch als einziger Übergang ein Hospiz, das bereits 881 urkundlich nachgewiesen ist.

Der Splügen wird bis zum 13. Jahrhundert fast gar nicht erwähnt. «Sicher ist, dass sich alle mangels hinreichenden Unterhaltes wenig besser als im Zustande des Verfalles befanden. Selbst der belebteste unter ihnen, der Septimer, war im 14. Jahrhundert so schlecht unterhalten, dass er der Gefahr, von den Kaufleuten verlassen zu werden, nahe war. Nur das tatkräftige Eingreifen des Bischofs Peter, Kanzler Kaiser Karls des IV., bewahrte ihn vor diesem Schicksal, indem dieser Bischof 1358 von seinem Herrn einen Befehl an alle Reichsstädte erwirkte, dass nur des Bischofs Strasse benützt werden dürfe. Für die Strasse selbst wurde aber auch jetzt nichts getan.» (Lenggenhager.)

Erst 1387, ein Jahr nach der Schlacht bei Sempach, kam ein Vertrag mit Jakob von Castelmur zustande, der sich verpflichtete, «eine Strasse über den Septimer zu bauen, die von Tinzen bis Plurs (unterhalb Castasegna gelegen, 1618 durch Bergsturz verschüttet. Anm. d. Verfassers) mit Wagen bis zu 36 Rubb (sieben Zentner zu 50 kg. Anm. d. Verfassers) Belastung befahren werden könne». Damit entstand die erste befahrbare Strasse jener Zeit über einen Alpenübergang. Als Zugtiere wurden neben Pferden mit Vorliebe Ochsen eingesetzt, wie aus der «Rood-Ordnung» der Churer Schmiedezunft von 1592 hervorgeht: «Welcher ober dann so die Rodt angenommen hat [...] der soll hoben 3 guete starke Haupt, es sigend Ross oder Oxen [...] auch soll er hoben einen gueten starken wohl beschlognen strosswagen, wohl geoxt...» Bis in die erste Hälfte des 17. Jahrhunderts war der Zustand der Strasse nun besser, da namentlich die inzwischen entstandenen Porten für deren Unterhalt ziemlich viel leisteten.

Der Strassenbau über den Septimer erfolgte vor allem, um dem neu erschlossenen Weg über den Gotthard überlegen zu sein, was Ing. G. Bener zur Bemerkung veranlasst: «Also schon bei seiner ersten Nennung jagt der Gotthard den Bündnern einen Schrecken in die Glieder.»

Auf dem Lukmanier befand sich schon 1374 ein Hospiz in Sta. Maria, also 15 Jahre vor dem Bau der Castelmurschen Septimerstrasse. An der Strecke Chur–Lukmanier–Bellinzona lagen jedoch elf Susten, so dass die Reisedauer normalerweise elf Tage dauerte, weshalb wohl das Interesse Mailands für diesen Transportweg kaum je genügend geweckt werden konnte. Nur kurze Zeit vermochte denn auch der Lukmanier, nicht dank seiner geographischen Lage, sondern nur dank dem erbärmlichen Zustand des Septimers und der dortigen viel zu hohen Zölle den allgemeinen Verkehr an sich zu reissen. Mit der Linderung dieser Übel-

stände und der Öffnung der Viamala wurde die Verbindung Chur–Chiavenna neben Gotthard und Brenner wieder die wichtigste.
Um 1470 taten sich auch die Leute von Thusis, Masein und Cazis zusammen, «um den Weg enzwischend Thusis und Schams, so man nempt Fya mala zu hauen, aufzurichten und zu machen». Mit Hilfe der Bewohner des Schamsertales, des Rheinwalds, des Misox' und des südlich des Splügen gelegenen St. Jakobstales gelang es auch wirklich, das Vorhaben auszuführen. Man darf sich nun unter dieser «Kunststrasse» allerdings nichts mehr vorstellen als einen schmalen, nur streckenweise und auch da nur mit leichten Wägelchen befahrbaren Weg. Auf kleinere oder grössere Steigungen wurde beim Bau ebensowenig geachtet wie auf Einheitlichkeit der Anlage. Eine solche wäre wohl nur unter einer möglichst weite Räume umfassenden zentralen Leitung möglich gewesen, die auch über das nötige Durchsetzungsvermögen hätte verfügen müssen. Da half auch die Landesreform von 1684 nicht weiter, welche den III Bünden gewissermassen die Oberaufsicht über das gesamte Strassenwesen übertrug.
Im 14. und 15. Jahrhundert war auch der Pass (= Transitweg) vom Comersee durch das Veltlin über Bormio–Umbrail–Münstertal sehr wohl bekannt. Unter der Herrschaft der Bündner im Veltlin geriet er jedoch in Verfall. Geheimnisvoll im dunkeln liegt ein Weg nach Italien, der nach der Sage von Ilanz über Pitasch, das Günerkreuz und Safien zum Splügen und nach Chiavenna geführt haben soll.
Aus dem Spätmittelalter, das mit der Entdeckung Amerikas 1492 endet, können somit nur zwei wichtige Strassenbauten oder -verbesserungen vermeldet werden: die Septimerstrasse von 1387 und der Viamalaweg von 1470 bis 1473.
Grosse Fortschritte waren auch während der sogenannten Neuzeit (1492 bis 1789) nicht zu verzeichnen. «Bis Ende des 18. Jahrhunderts beschränkte der rätische Gebirgsstaat die Pflege der Verkehrsverbindungen auf die Erhaltung und Ausbesserung der alten Saumwege.» Immerhin fallen einige namhafte Verbesserungen in diese Epoche: 1656 wurden an der Splügen- und Bernhardinstrasse kleinere Verbesserungen vorgenommen. 1695 kam es zu einer ganz bedeutenden Änderung am Weg über den Albula, auch Elbula genannt, der von Lenz über Brienz–«Alveneuerbad»–Bellaluna–Filisur und dann «hoch an der linken Talseite, über der schauerlichen Schlucht des Bergünersteins hinauf auf den Pass und durch das Val del Diavel hinunter nach Ponte» geführt hatte. Die Gemeinde Bergün liess den Weg durch den Bergünerstein sprengen, wodurch der grosse Umweg dahinfiel. Gemäss Bundstags-

beschluss waren die Gemeinden Bergün und Ponte verpflichtet, den Weg auch zur Winterszeit durch Ruttner und Mänen (mana = Gespann) offenzuhalten, was um so beschwerlicher war, als sich weder Berghütte noch Unterkunftsstätte auf der Bergeshöhe befand. Das traf übrigens auch für den Bernina zu.

1708 reichte der Zollpächter am Splügen, Thomas Massner, Klage an den Bundstag ein, die Aufträge seien in ständigem Abnehmen begriffen. Daraufhin wurde im folgenden Jahr der 1643 erstellte berüchtigte «hin- und herlaufende Kehrweg» durch den Cardinell auf der Südseite des Splügenpasses verbessert.

Das Berninasträsschen litt unter den ewigen Streitigkeiten zwischen den Porten von Pontresina und Poschiavo sowie unter den unsinnigen Entwaldungen der Abhänge längs der Strasse. Es «war nur Saumtieren oder Schlitten zugänglich und so steinig und steil, dass von einem Befahren selbst mit leichten Bergwägelchen nicht die Rede sein konnte.» Das Strässchen führte übrigens noch von der Passhöhe über Cavaglia ins Tal hinunter, wo nach dem Chronisten Guler schon im 17. Jahrhundert eine «triebene Bergstrasse» errichtet worden war.

1774–1776 wurde die Oberengadiner Talstrasse ausgebaut «mit zwei prächtigen, in einem Bogen gespannten Brücken bei Ponte und Zuoz über den Inn». Um so trostloser sah es dagegen im Unterengadin aus. Nach diesem Landesteil wiesen die Wege über den Flüela und den Scaletta, die über Berghütten ohne Wirtschaften verfügten. Der Weg über den Scaletta war treppenartig angelegt – daher auch der Name – und mit Steinen gepflastert. Er war auch im Hochsommer selten ganz schneefrei, so dass die Ruttner fast das ganze Jahr über mit dem Schneebruch beschäftigt waren.

Einigermassen gute Strassen wies die Landschaft Davos auf, berüchtigt war der Weg von Davos durch die «oberen Zügen», und schlecht waren Weg und Steg im Prättigau und im Schanfigg. Lehmann schrieb noch 1799 über die Republik Graubünden, es sei schade, dass ein so schönes Land Strassen führe, die rauher seien als der Weg zur Hölle. Auch den Strassen im Oberland wurden keine Loblieder gesungen.

Allerdings stand es in jener «guten alten Zeit» auch ausserhalb Graubündens nicht viel besser, selbst in «grossen Kulturstaaten». Handels- und Heerstrassen durch ebenes Land und über niedrige Bergrücken waren zwar keine Seltenheit mehr. Den Bau eigentlicher Gebirgsstrassen aber hatten bis jetzt nur Frankreich und Österreich gewagt.

Als «Passstrassen», auf welchen der «Pass», d.h. Handel und Verkehr zwischen der Schweiz und Deutschland einerseits und Italien anderseits vermittelt wurde, nennen die Historiker im 18. Jahrhundert

1. die Reichsstrasse vom St. Katharinenbrunnen auf der Nordseite der St. Luziensteig bis Chur,
2. + 3. die unteren Strassen über den Splügen und den St. Bernhardin und
4. die obere Strasse über den Septimer ins Bergell und nach Cleven.

Sie waren nicht von den III Bünden erbaut, sondern von den Porten (vom lateinischen und romanischen portar = tragen): «organisierte Verbindungen von Gemeinden desselben Tales unter sich zur Beförderung der ihnen von Kaufleuten und andern Privaten übergebenen Stücke, zugleich aber auch zum Zwecke der Monopolisierung des Waren-Transportes.»

Nachdem der Güterverkehr über die bündnerischen Alpenpässe einerseits wegen Vernachlässigung der unteren und der Reichsstrasse, anderseits infolge des Baus von Konkurrenzstrassen im Tirol empfindlich zurückgegangen war, beschloss 1780 der Bundstag – trotz der Bedenken, gute Landstrassen machten das Land eroberungslustigen Nachbarn zugänglicher –, «auf Kosten gemeiner Lande» eine gute Kommerzialstrasse von der liechtensteinischen Grenze bis Chur zu erstellen. 1782 wurde mit dem Bau begonnen, 1785 war das Werk vollendet. Der Weg hatte wohl schon bisher bestanden, doch war er alles andere als in einem erfreulichen Zustand. Die IV Dörfer stritten sich ständig mit dem Fürstbischof über die Zuständigkeit zur Instandhaltung der Reichsstrasse herum, während diese so verlotterte, dass die Frachtfuhrleute gezwungen waren, den Bauern über die Wiesen zu fahren, wozu sie übrigens von den Bundstagen förmlich ermächtigt wurden!

Der Weg über den Septimer war in einem derartigen Zustand, dass Strasseninspektor Salis-Marschlins 1759 empfahl, diese zu aller Zeit gefährliche Strasse gänzlich eingehen zu lassen und an deren Stelle einen ordentlichen Weg über den Julier zu bauen. «Über die Massen erbärmlich» sei die Strecke ausserhalb Bivio über den Mott delle Creste. Die Porten des Oberengadins wären mit einem Neubau einverstanden gewesen, die andern scheuten die grossen Kosten und den dreistündigen Umweg nach dem Bergell und Cleven.

Wenn es schon um die «Kommerzialstrassen» so schlecht stand, kann es nicht verwundern, dass die sogenannten Kommunikations- und Verbindungsstrassen sich eines noch schlechteren Zustandes «erfreuten», ausgenommen jene im Oberengadin. Kein Wunder deshalb, dass die

Chronisten Rätien zwar von seiner Lage her als Durchgangsland eine hervorragende Rolle zugestanden, jedoch mit der Einschränkung, «aber die Graubündener Wege waren bis Ende des 18. Jahrhunderts dennoch recht mangelhaft. Bis zur Anlage der ersten Kunststrasse von Liechtenstein nach Chur (1782–1785) war in diesem Land der Gebrauch von Wagen gewissermassen unbekannt.» Um so grössere Bedeutung kam dem Ausbau des nördlichen Einfalltores nach Graubünden zu, der Reichs- oder Deutschen Strasse, der dann auch unverzüglich zu einer Blüte des Lohnkutscherwesens führte: Schon in der «Churer Zeitung» von 1786 suchten Reiselustige wiederholt Gesellschaft zum Mitreisen in der Kutsche der Wirte «Zum Löwenhof oder zum Weissen Kreuz».

Silvio Margadant hat in seiner Dissertation «Land und Leute Graubündens im Spiegel der Reiseliteratur 1492–1800» u.a. zahlreiche Aussagen über Bündens Strassen zusammengetragen. Hier einige Beispiele:

Der Gasthof zum «Goldenen Adler» in Thusis 1840. Litho von Schulthess. Ebel bezeichnet 1810 «Tusis» als einen «der wohlhabendsten Örter in ganz Graubündten».

«Überhaupt aber wird sich der Reisende in Bünden über nichts zu beklagen haben, als über schlechte Strassen.» Den Veltliner Wein konnte man «der schmalen Strassen wegen nicht auf Wagen befördern, sondern nur auf Packpferden». Demgegenüber äusserte sich der österreichische Feldmarschall Bellegarde Ende des 18. Jahrhunderts über die Strecke von Chur nach Rhäzüns: «Obwohlen er keine Chausse, so ist er doch für jede Gattung Fuhrwerk breit genug.» Von da bis Thusis schliesslich sei die Strasse «noch immer mit Wägen von gewöhnlichem Geleise ohne Hindernuss [...] zu passiren». Die Strasse im Misox empfand der hohe Militär als sehr schlecht, aber immerhin befahrbar. Man müsse aber oft auf die Wiesen ausweichen.

Über die Strassen im Vorderrheintal berichtet der Medizin-Professor Storr aus Tübingen: «Die Strassen sind ganz vernachläsigt, und, wo sie für gebaut gelten sollen, wegen der ungleichen, ohne alle Auswal zusammengelegten, Steine, am beschwerlichsten», während Bellegarde die dortigen Strassen als «zwar schmal, und eigentlich nur für die in Graubünden übliche kleine Wägen eingerichtet...» bezeichnet. Der Oberalppass hingegen könne «eigentlich nur mit Pferden» begangen werden. Die Zügenschlucht sei «durchaus mit Packpferden, auch mit hierländigen einspänigen Wägen zu passiren». Anderseits sei der Weg durch die Schynschlucht, «der an manchen Orten nur mit schwachen quer Hölzern an die Felsen gestützt» sei, «eigentlich nur mit Packpferden, und auch mit solchen nicht ohne Gefahr passirt werden».

Über das Prättigau weiss der aus Magdeburg stammende Hauslehrer bei der Familie Jecklin in Rodels, Heinrich Ludwig Lehmann, zu berichten: «In einigen Dörfern ist die Strasse bey schlimmer Witterung fast unwandelbar und zu allen Zeiten höchst elend. Bey hellem Tage ist man in Gefahr im Dreck stecken zu bleiben, oder auf dem löcherichten Pflaster Hals und Bein zu brechen. Das daher entstehende Unglück sieht man noch oben ein mit strafbarer Gleichgültigkeit an, und da es gemeiniglich nur partikular Personen betrifft, so ist man dabey unempfindlich. Man weiss dieses quälende Ungemach nicht besser als mit den lieben Alten zu beschönigen, die auch mit diesen Strassen zufrieden gewesen wären.» Dekan Luzius Pol, ein Einheimischer, bedauerte jedoch, dass durch diese Verhältnisse («nirgends Wagenstrasse; alle Waaren werden durch Säumer auf Saumpferden ein- und ausgeführt») nicht nur der Handel im Prättigau stark gehemmt, sondern auch «die Aufklärung und Weltkenntniss erschwert» seien. Im Unterengadin musste man nach Lehmann «fast im Koth ersaufen», weil «die so schönen Dörfer nicht mit Steinpflaster besetzt sind».

Belsazar Hacquet, ein Arzt in österreichischem Dienste, der Bünden kreuz und quer durchstreifte, führt als Erklärung die erhaltene Auskunft an: «Wir sind an das Säumen gewohnt, die mehresten haben nur ein Pferd, womit sie ihr Brod gut verdienen; sind einmal gute fahrbare Strassen gemacht, so giebt es für uns weniger zu verdienen.» Er schliesst daraus: «So sind bey einem einfältigen Volk die Freyheiten zum Nachtheil.» Bellegarde lobt «von Süss bis Szamada eine sehr gute Strasse, und viel mehr eine gemachte Chausse», die bis nach Maloja «fahrbar» sei.

Soviel zu den Verbindungsstrassen. Aber auch was sich damals unter dem Namen Kommerzialstrasse anbot, war in Wirklichkeit nichts weiter als ein zum weitaus grössten Teil gewöhnlicher Saumweg. Um der Lawinengefahr auszuweichen, verlief die Strasse in den Bergen so lange wie möglich in der Talsohle, um dann mit unglaublicher Steigung möglichst rasch die Passhöhe zu erreichen. Im Frühling glichen diese Wege manchenorts mehr einem Flussbett als einer Handelsstrasse. Einer Aufforderung des Kleinen Rates (heute: Regierung) im Jahre 1813 an die Gemeinden, «die Strassen in guten, fahrbaren Zustand zu setzen», war offenbar wenig Erfolg beschieden, denn drei Jahre später folgte die gleiche Aufforderung. Gründe: Passivität der Gemeinden, Gleichgültigkeit der Bevölkerung gegenüber dem Strassenwesen, oftmals aber sicher auch reine Absicht, um die Fuhrleute abzuhalten und zum Säumerverkehr zu zwingen.

Zu Beginn des 19. Jahrhunderts kam der Ausbau der Strassen endlich in Gang: Die drohende Konkurrenz durch Strassen im Westen und Osten Rätiens sorgte für neuen Schwung. 1823, acht Jahre nach dem endgültigen Verlust der Herrschaften Worms (Bormio), Veltlin und Kläven (Chiavenna) und zwanzig Jahre nach dem Eintritt des Rätischen Freistaates in den Eidgenössischen Bund, konnte eine durchwegs befahrbare, sechs Meter breite Strasse über den Bernhardin dem Verkehr übergeben werden, über jenen Berg also, der Vogelberg oder Monte Ulzello hiess, bis 1444 auf seiner Höhe zu Ehren des heiligen Bernhard von Siena eine Kapelle erbaut worden war.

In der gleichen Zeit war auch der Splügen ausgebaut worden. Nun begehrten auch andere Landesteile bessere Verkehrswege. 1820 bis 1826 folgte der Julier von Bivio bis Silvaplana, 1827 bis 1828 die Strecke Silvaplana–Maloja–Castasegna und 1835 bis 1840 der Ausbau der übrigen Teile der Oberen Strasse.

Nach diesen Anstrengungen trat eine längere Pause ein. 1860 beschloss der Grosse Rat mit einem 12-Jahres-Programm den beschleunigten

Ausbau des Strassennetzes. 1861 hob ein Bundesbeschluss die Porten auf und sicherte Bundessubventionen für die «militärischen Alpenstrassen» und das Graubündnerische Strassennetz zu.
Zwischen 1861 und 1873 entstanden die Oberalp-, die Schyn-, die Albula- und die Flüelastrasse sowie die Teilstücke Steinsberg–Martinsbruck (Ardez–Martina), Celerina–Bernina Schwarzsee und Poschiavo–Tirano. Der Septimer ging ein. 1877 folgte noch der Lukmanier und 1900 der Umbrail.

Verkehrsverbindungen im Mittelalter (476–1492)

200 Jahre nach dem Untergang des Weströmischen Reiches und seiner Einrichtungen tauchten unter den fränkischen Herrschern, besonders unter Karl dem Grossen, wieder Post-Einrichtungen nach römischem Vorbild auf, nachdem schon früher die Goten-Könige in Italien versucht hatten, den cursus publicus nachzuahmen. Wohl als Folge der Teilung des Fränkischen Reichs gingen sie wieder ein. Erst unter Ludwig XI. sind derartige Regierungs-Postanstalten wieder erstanden (1464 maîtres coureurs). Im frühen Mittelalter spielten die Klosterboten eine gewisse Rolle, die nach Bedarf Nachrichten zwischen Klöstern, z.B. zwischen St. Gallen und Einsiedeln, vermittelten. Für die weltlichen Stände war das Bedürfnis nach schriftlichem Verkehr gering, da nur wenige lesen und schreiben konnten. Immerhin sind auch solche Boteneinrichtungen zwischen Universitäten bekannt. Vereinzelt gab es auch ein politisches Botenwesen in Form von Stadt- und Landläufern für die Beförderung amtlicher Briefe, die jedoch ebenfalls nicht regelmässig verkehrten.
Von einer *regelmässigen Beförderung von Reisenden* in jener Zeit hören wir, jedenfalls in rätischen Gauen, nichts. Hingegen fällt die Gründung des Fussacher Botenwesens durch den Handelsstand der Reichsstadt Lindau noch ins 15. Jahrhundert, eines Unternehmens, das, so unglaublich es klingt, noch heute in Österreich als Speditionsfirma Spehler & Weiss existiert.
«Schon im 15. Seculo findet man, dass zum Behufe des Commercii zwischen der Lombardie und Oberdeutschland reitende Bothen von Lindau nach Mailand und viceversa wöchentlich abgegangen und nebst denen Briefschaften auch Gelder und feine oder Eil-Güther hin- und hertransportiert; diese Bothen, denen es viere in der Alternativa sind, seynd entweder Burgern von Lindau, oder aber in dem benachbarten Fussach ansässig gewesen; selbige wurden nicht alleine von Lindau angenommen,

sondern auch von dem Handelsstand in Milano begnehmiget und bey daselbstiger Camera dei Mercanti in Pflicht gestellt. Auf diese Weise ist nun seit undenklichen Jahren zum wechselseitigen Vortheil und Vergnügen der Handelsschaft dis Bothen Wesen von statten gegangen und da vermöge der Lage und Verfassung des Bündtner Landes auf diese Seithen keine Posteinrichtung nach Milano gemacht werden kann, war die bisherige Botheneinrichtung der Gegend und dem Comercio desto angemessener.» So ist einem Lindauer Ratsprotokoll aus dem Jahre 1771 zu entnehmen.

Der Fussacher oder Lindauer Bote genoss «freien Durchzug und Rechtsschutz der III Bünden». In unruhiger Zeit wurde er zur Sicherung gegen Raubüberfälle mit einem Landjäger-Geleite versehen. Die ersten Boten des Lindau-Mailänder-Kurses waren Bürger der Stadt Lindau, von dieser gewählt und in Eidespflicht genommen. Auch gegenüber der Han-

Frachtbrief aus dem Jahre 1740 von Lindau an die Herren Daniel und Ambrosius Massner in Chur. Die ornamentartigen verschlungenen Kreise oberhalb der Unterschrift sind das Zeichen des Schreibers.

delskammer zu Mailand hatten sie eine eidliche Verpflichtung einzugehen. In der ersten Hälfte des 16. Jahrhunderts wurden die Lindauer Boten durch solche aus dem benachbarten Orte Fussach ersetzt, wo namentlich die Familie Spehler sich für diesen Dienst einsetzte und ihn auch jahrhundertelang auf ihre Nachkommen vererbte.

«Der Verkehr über die Alpenpässe war im ganzen Mittelalter ein reiner Warenverkehr, doch lief noch manches neben den Warenballen der 'Strackfuhren' her, nordisches Volk, das nach dem heiligen Rom wollte, vielleicht auch schon der erste Vortrupp der Nordländer, der, von der deutschen Sehnsucht nach der südlichen Sonne getrieben, auf holperigem Pfad den Weg nach Italien suchte. Aber es war immer das Ziel, Italien, das die ersten Touristen anzog, und nicht der romantische Weg.» (Hans Schmid, Alpenbuch I.)

Der Beginn eines eigentlichen *Postwesens* in Mitteleuropa fällt ins 15. Jahrhundert. Ein Spross des Geschlechtes der Torriani, Herren von Mailand, der sich nach einem Besitztum im Gebirge von Tassis bei Bergamo diesen Namen zulegte, verfiel erstmals auf den Gedanken, Posten in grösserem Massstabe einzurichten, die allerdings ursprünglich fast nur den Bedürfnissen des kaiserlichen Hofes in Wien dienten. Daraus entstanden die Thurn und Taxisschen Posten (Lamoral von Tassis liess sich mit seiner Familie vom deutschen Kaiser naturalisieren und führte hinfort den Namen Thurn und Taxis), die bis ins 19. Jahrhundert hinein weite Gebiete Deutschlands und der Niederlande mit einem ausgezeichnet organisierten Postnetz überzogen. Anfänglich beschränkte sich der Nachrichtendienst auf Fuss- oder höchstens Reitboten; später kamen auch Personenposten hinzu.

Wer reiste denn überhaupt im Mittelalter? Klösterliche, städtische oder landesherrliche Abordnungen, zu Kriegsdiensten ausziehende Reisige, Mönche, Pilger und Kreuzfahrer, Kaufleute oder herumziehende Musikanten. Mit Rücksicht auf die schlechten Wege vermied man das Reisen bei Nacht. Kerzen, Petrol, Leuchtgas oder gar elektrisches Licht waren unbekannt; notfalls musste man sich mit Fackeln behelfen.

Die primitiven zwei- und vierrädrigen Karren dienten vorab dem Transport lebensnotwendiger Güter. Für den hie und da vorkommenden Transport von Personen wurden sie mit einem Leinwanddach versehen. Von Papst Johannes XXIII. (Gegenpapst Gregors XII.), der 1414 in einem solchen Vehikel über den Arlberg zur Kirchenversammlung nach Konstanz reiste, ist überliefert, dass er sich beim soundsovielten Umkippen seines Fahrzeugs zum zornigen Ausruf «Hic jaceo in nomine diaboli» (Da lieg ich nun in des Teufels Namen) hinreissen liess.

Verkehrsverbindungen in der neuen Zeit (1492–1789)

Der im Jahre 1497 unter der Regierung Maximilians I. eingeführte Stafettenkurs von Mailand über die Bündner Pässe und Feldkirch nach seinem Hoflager in Innsbruck und über Lindau–Worms nach Brüssel verschwindet, wohl als Folge des Schwabenkrieges, bereits zwei Jahre später wieder. Auch hier handelte es sich um «dynastische» Posten im Dienste von Kaiser und Reich. Fast gleichzeitig tauchten in Graubünden private Posteinrichtungen auf, einem Bedürfnis der Handel Treibenden beidseits der Alpen entsprungen, deren Beziehungen einen rascheren Nachrichtendienst verlangten, als ihn die Säumer bieten konnten.

In diesem Zusammenhang ist nochmals auf die bereits erwähnten Porten zurückzukommen: «Organisierte Verbindungen von Gemeinden derselben Talschaft unter sich zum Zwecke des Transportes von Kaufmannsgütern und anderen Waren, die von auswärtigen Handelshäusern im Transit durch das Gebiet der III Bünde geführt wurden.» Rechte und Pflichten waren in Portenordnungen förmlich umschrieben, z.B. in der Septimerordnung, die «zuo tintzen am nächsten Sampstag nach Sant Andreastag Jm Jar da man zalt von Christi 1498» beschlossen wurde, «wie man den Kouffmann mit sinem guot halten und fertigen sol uf der strass». Die Porten erhoben Weg- und Brückenzölle (Strassenkreuzer). Dem Roodmeister oblagen Aufsicht und Leitung sowie Zuteilung der zu befördernden Waren auf die Fuhrleute.

Am Septimer gab es vier Porten: Lenz, Tinzen, Bivio und Vicosoprano, am Bernina Pontresina und Puschlav. Am Splügen bildeten Thusis, Cazis und Masein die erste Port, nachdem sie den Weg durch die Viamala gebaut hatten. Dem Beispiele folgend, taten sich bald auch die übrigen Gemeinden oder Talschaften zusammen und bildeten die Porten Im Boden oder Rhäzüns (Ems, Bonaduz und Rhäzüns umfassend), Schams, Rheinwald, St. Jakobstal südlich des Splügenbergs und, in der Richtung über den St. Bernhardin, Misox. Nach dem sog. Viamalabrief von 1473 verpflichteten sich «die Persohnen zu Thusis, Caz und Massein, so in der Roodt begriffen sind (es folgen die Namen. Anm. d. Verfassers) mit solcher Bescheidenheit dass wir obgenannte alle so in der Roodt begriffen sindt, vnd unser Erben und Nachkommen dass Kaufmanns Guot führen und fercken sollend, vnd mögend, es seige Rood Guot oder ander Fürleidt guot in solcher form, vnd weiss dass wir mit sampt den Kauffleuthen dess Nutz, ehre, vnd frommen haben mögen, wie denn billich, ehrbar und recht bis je von altem wesen, daher gewohnlich gewesen ist, zu guoten treuven vngefährlich.» Beim Erlass einer neuen Transitordnung

wird allerdings im Jahre 1808 dazu kritisch angemerkt: «Monate- und halbjahr-lange Verspätungen, wie wir auf beyden Strassen erlebt haben, können doch wohl so wenig billig, ehrbar und recht genannt werden, als die Kaufleute und Pass-Gemeinden davon Nuz, Ehre und frommen, haben mögen.» Auch das «Decret des Bischoffs von Chur von 1484» – «Denn also ist dess ersten, wann dass Kaufmans Gut komt am Abend in ein Port, so solle man es Morgends früe vertigen von einer Port in die andere» – scheint so wenig befolgt worden zu sein wie das «Decret Gemeiner Dreier Bünde vom S. Peter und Paulstag 1490»: «Debbasi ancora, in tutti li porti, senza tardanza spedire al mercante, la sua robba, che và in roda, et custodire la detta robba ...» Übrigens bestand schon 1421 eine Portenordnung von Bischof Ortlieb.
Aus dem Unterengadin, dem Prättigau und dem Oberland sind keine Porten bekannt.
Die Warentransporte durch die Porten erfolgten auf zwei Arten: durch Säumer oder durch Roodfuhrleute. Bei den Säumern unterschied man
– die Stracksäumer oder à drittura-Säumer, welche die Fracht von Chur bis Cleven oder Bellenz beförderten, und
– die gewöhnlichen Säumer, die den Transport von Sust zu Sust oder von einer Port zur andern besorgten.
Zu den Roodfuhrleuten gehörten die «Wagner» und die «Schlittler», die meist nur von Station zu Station oder gar nur bis zur nächsten Gemeinde fuhren, wo die Waren abgeladen und dem Roodmeister übergeben wurden. In seltenen Fällen übernahmen sie auch Strackfuhren.
Mit dem Aufblühen des Handels und der Zunahme der Lese- und Schreibkundigen wuchs das Bedürfnis nach Verbindungen.
Boten, die im Nebenamt Privataufträge besorgten, genügten nicht mehr. Private Botendienste, von den Regierungen teilweise genehmigt oder gar unterstützt, kamen da und dort auf. Bald besorgte ein Bote den Dienst nur noch auf einer bestimmten Route. Einen grossen Fortschritt bedeutete es, wenn ein Bote seine Tour an bestimmten Tagen, also regelmässig, ausführte. Solche Kurse bezeichnete man als Ordinari. Auf verkehrsreicheren Routen und da, wo ein rascherer «Depeschenwechsel» erwünscht war, kamen anstelle von Fussboten reitende Boten auf. Den mit Gepäck beladenen Pferden oder Maultieren schlossen sich oftmals Reisende an, so dass mitunter ganze Boten-Züge entstanden. Für einen eigentlichen Postwagendienst hingegen eigneten sich die Strassen noch nicht. Zu den ältesten regelmässigen Botenkursen zählt der Lyoner Ordinari, von der St. Galler Kaufmannschaft 1575 eingerichtet, der bis 1675 eine grosse Rolle spielte. Anfangs ging dieser Bote alle

vierzehn Tage, später jeden Mittwoch zu Fuss auf die Reise, ab 1619 zu Pferd. Vom St. Galler Lyoner-Boten Johann Ruesch berichtet ein St. Galler Rats-Protokoll von 1635, «dass er sich zu Genf vollg'soffen und auf dem Weg Ross und Brief verlohren, indem er schlaffend von selben herabg'fallen». Eine weitere Ordinari-Verbindung verband St. Gallen mit Nürnberg.
Doch zurück zu Graubünden. Der bereits erwähnte Lindauer Bote brachte alle acht Tage Waren nach Mailand. Ihm schlossen sich allmählich auch *Reisende* an, die die Umständlichkeiten und Gefahren einer «Fahrt» auf eigene Faust scheuten. An ein Fahren mit Wagen war in Graubünden noch weniger als anderswo zu denken. So zog denn eine Reihe von Pferden oder Mauleseln im Schritt den Weg entlang; die Reisenden sassen meist zu Pferd. Die Regelmässigkeit war offenbar nicht über alle Zweifel erhaben. Ein mailändisches Sprichwort sagte:

Il messagiero di Lindò
va e viene, quando el può.
(Der Lindauer Bote kommt und geht, wann es ihm passt.)

Wir werden uns beim Betrachten des 17. und 18. Jahrhunderts noch eingehender mit der Lindauer/Fussacher Boteneinrichtung zu befassen haben. Vorerst wenden wir uns den wohl ersten Kursbüchern zu.
Im Jahre 1563 erscheint ein «Itinerario delle poste per diverse parte del mondo», verfasst von Giouanni da l'Herba, Mastro dei corrieri de la Eccelsa Repub. di Genoua in Roma. Das Büchlein soll dreierlei Gattungen von Reisenden dienen: denen, die in ihren Geschäften unterwegs sind (per loro faccende), denen, die des Vergnügens wegen den Wanderstab ergreifen (per spasso), und denen, welche heilige Orte besuchen wollen (per divotione). Nach einem andern Gesichtspunkte teilt da l'Herba seine Leser in solche ein, welche sich der Post bedienen, und solche, welche auf eigene Faust reisen wollen. Die *Personenbeförderung* «mit oder auf der Post» (in poste) beschränkt sich allerdings noch auf die zu erkaufende Vergünstigung, sich zu Pferde dem betreffenden Kurier oder Postillon anschliessen zu dürfen. Fahrende Posten sind um die Mitte des 16. Jahrhunderts eine überaus seltene Erscheinung. Anderseits sind diese Postritte für die Reisenden äusserst anstrengend, da an den einzelnen Stationen meist nur ganz kurz Rast gehalten wird und auch die Nächte zur Weiterreise benutzt werden! Immerhin werden die Nachteile dadurch aufgewogen, dass die Begleitung eines Kuriers oder Postillons, der unter staatlichem Schutze reist, etwas grössere Sicherheit gibt.

Das Kurs- und Reisebuch «Itinerario» kann durchaus als Vorläufer des Baedeker bezeichnet werden. Der erste Teil wendet sich an die Postreisenden (in poste), der zweite an solche, die in Tagreisen (à giornate) ans Ziel kommen wollen. Räumlich erstreckt es sich über Italien, Spanien, Portugal, Frankreich, die Schweiz, die südlichen Niederlande sowie Teile von Deutschland und Österreich. Die Stationen werden durch Zusätze wie città, monastero, villaggio, borgo, castello, hosteria usw. näher bezeichnet. Gewisse Orte werden mit bellissimo oder famosissimo hervorgehoben.

Die Entfernungen der einzelnen Poststationen voneinander wechseln zwischen drei und achtzehn miglia (italienische Meilen) bzw. zwei bis fünf leghe (französische, deutsche oder spanische Meilen). Der von einer Station zur andern zurückzulegende Weg heisst *posta.* Diese Bezeichnung bildet die Einheit zur Berechnung einer ganzen Strecke. Ungewöhnlich grosser Abstand zwischen zwei Stationen gilt als doppia posta, besonders dort, wo die Strasse Schwierigkeiten bietet. Eine ganze Anzahl solcher doppelter Posten folgen sich aus leichtverständlichen Gründen an der Postlinie von Brescia nach Chur aufeinander. Hier und da gibt es auch «una posta e mezza» (1½ Posten). Der Transport auf einer Barke zwischen Luccia und Venedig zählt für zwei Posten.

Da l'Herba nennt drei Routen über Schweizer Gebiet, wovon eine über Graubünden führt: Bologna–Lyon (poste da Bologna à Lione di Francia per via di Alemagna, cioè per il camino de Suizzari). In Graubünden sind nach dem Verlassen von Tirano folgende Stationen genannt: Postchiavo, hosteria, qui si passa la môtagna de la berlina (Bernina), Ponte rasino (Pontresina), Ponte camoes (Ponte-Campovasto), qui si passa la montagna de lalbara (Albula), Borgues (Bergün), Lanzi (Lenz), la Badia o Monastero (?), Cuere (Chur), Ponte de Reno (evtl. Tardisbrücke? 1529 von Medardus Heinzenberger erbaut). Keine Postroute, sondern nur ein Reiseweg ist nach da l'Herba der Gotthard. Über die Verbindung von Mailand über den Splügen schweigt er sich aus.

Da l'Herba führt keine früheren Quellen an, so dass man sein Buch als das erste derartige Werk betrachten kann. Schon ein Jahr später, also 1564, wird es in Venedig nachgedruckt, und im Laufe der Jahre erscheint eine ganze Menge von Auflagen und Nachdrucken.

1608 erscheint der «Nuovo Itinerario delle poste per tutto il mondo» von Ottavio Codogno, Luogotenente del Corriero maggiore di Milano, der schon früher einmal erschienen sein muss. Er führt eine Postverbindung von Prag nach Madrid auf, die mit einem sonderbaren Umweg über Chur geführt zu haben scheint: von Lindau über San Pier (?) nach «Coyro, oue si passa il principio del Rheno, a Ponte de Rhen, a Montefeltro» (Vilters?) und von da weg die gleiche Strecke wie da l'Herbas Route nach Lyon.

Das ganze Engadin passiert nach Codognos Angaben die Post von Prag nach Mailand, die aber die einschränkende Nebenbemerkung trägt: però non vi sono le Poste frequenti per questa via. Der Kurs führt von Landeck über Prutz und Pfunds an die Bündner Grenze und berührt von da an: Scol, Cosso (Süs), Somada, Selua piana, Casaglia, Stampa, Chiauenna città. Als ebenfalls sehr wenig benützte Verbindung wird noch Venedig–Bassano–Valsugana–Trento–Chur genannt.

Der Nuovo Itinerario verzeichnet die Abgänge der regelmässigen Postkurse, der Ordinarij, die er einteilt in Corrieri, die Tag und Nacht ununterbrochen reiten, Precacci, die nur tags kursieren, und Fussboten (Messagieri, Pedoni, Tabellarij). Aus den Angaben über die Leitung der Briefe geht hervor, dass keine regelmässigen Posten über den Gotthard bestanden, hingegen eine über den Splügen: Poste da Milano ad Augusta per Chiauenna e Coiro.

Unter Como città heisst es: «Qui conuiene imbarcarsi nel Lago di esso nome e andare per insino a Gerra [...] Poi vscirete del Milanese e entrarete nel paese de Signori Grigioni.» («Hier setzt man mit dem Schiff über den See gleichen Namens nach Gerra [...] Dann verlässt man das Gebiet des Milanese und betritt das Land der Herren Bündner.») Nach der Ortsangabe Clandelzino (Campodolcino) lesen wir: «Montarete la montagna di Spluga.» Weitere Stationen auf Bündner Boden sind Spluga; Tosana (Thusis); Coiro città, Capo d'vn Cantone; Maisfelt. Auf dieser Route verkehrte wöchentlich ein Kurs: «Ogni domenica mattina parte vn ordinario per Chiavenna, Sangal, Coira e Lindo e con esso si scrive anco per Constanza.» Am Dienstagmorgen ging ausserdem ein Fussbote nach Chiavenna und Plurs, dem man auch Briefe für Chur und Lindau mitgab.

Auch Codognos Nuovo Itinerario kam bereits 1611 und auch später wieder in neuen Auflagen, u.a. 1656 und 1676, heraus (das erste Deutsche Postkursbuch erschien erst 1703). Im Vorwort zur Venediger Ausgabe 1676, die auf 478 Seiten eingehende Mitteilungen über die Posteinrichtungen der damaligen Zeit aufweist, bemerkt der Verfasser, dass bei den Reisen der Kuriere mit der Post sowie beim Fertigen der Aufschriften auf Briefen nach den verschiedenen Ländern viele Irrtümer vorkämen, durch welche den *Reisenden* und Absendern manche Nachteile erwüchsen, u.a. weil diese von den Entfernungen sowie von den Strassen, die sie einzuschlagen hätten, keine ausreichende Kenntnis besässen.

Damit begründet er die Herausgabe seines Kursbuches und die im zweiten Teil enthaltenen Angaben über Entfernungen in «Posten» und «halben Posten» sowie die Abgangszeiten der Posten zwischen allen grösseren Städten in verschiedenen Ländern. Als äusserst notwendig wird schliesslich das *Posthorn* bezeichnet, denn wenn der Postillon der Poststation so nahe ist, dass er gehört werden kann, so soll er es blasen, damit man beginne, die Pferde in Bereitschaft zu setzen, und zwar nicht nur zur Nachtzeit, sondern auch bei Tage. Auf diese Weise soll man übrigens auch die Fährleute benachrichtigen, damit diese nach dem diesseitigen Ufer kommen.

Einige eidgenössische Stände verfügen bereits im 17. Jahrhundert über wohlgeordnete Posteinrichtungen, zum Teil durch kaufmännische Körperschaften, zum Teil durch Private betrieben. So unterhält Klingenfuss in Schaffhausen einen ziemlich ausgedehnten Postdienst, *auch für Personen,* nach verschiedenen Schweizer Städten, u.a. bis nach Genf. In langsamer Entwicklung, im Gleichschritt mit dem Strassenwesen, treten allmählich anstelle von reitenden Boten Leiterwagen und andere Fuhrwerke, in denen die Passagiere und Postkolli oft zusammen «verpackt» werden. Auf den verbesserten Strassen erscheinen vorerst zweirädrige «Post-Kabriolets» und später in Ketten hängende Diligencen. In den Alpen ist es jedoch noch nicht so weit: Briefe nach Italien nimmt ein- oder zweimal in der Woche der reitende Bote mit; wer mitreisen will, muss selber ein Pferd mitbringen.

Das kaufmännische Direktorium in Zürich führt auf eigene Kosten den Zürcher Botenbetrieb ein, der bereits ab 1655 regelmässig zwischen Zürich und Chur verkehrt. Von Zürich bis Lachen und von Weesen bis Walenstadt bedient er sich eines Ruderschiffs, die Strecken Lachen–Weesen und Walenstadt–Chur legt er zu Fuss zurück oder, falls die zu befördernden Gegenstände das erfordern, mit einem Leiterwägelchen. Abgesehen vom üblichen Botenschild trägt der Bote weder bündnerische noch andere Abzeichen oder Uniformen. Die III Bünde und die Stadt Chur leisten auch keine Beiträge an diese Einrichtung.

Die Zürcher Ordinari-Verwaltung stellte das Postwesen auf eine höhere Stufe, als sie anstelle des rein fiskalischen Prinzips das der indirekten Rentabilität setzte und auch unrentable Verbindungen aufrechterhielt.

Aus Graubünden wird anfangs des 17. Jahrhunderts ein Botenkurs zwischen dem Hochgericht Oberengadin und der Republik Venedig gemeldet, der einmal monatlich verkehrt (vermutlich die in Codognos Kursbuch als «sehr wenig benützte» Verbindung über Trento). Ab 1757 gibt es einen wöchentlichen Kurs vom Hochgericht Engadin nach Chur. Die fünf

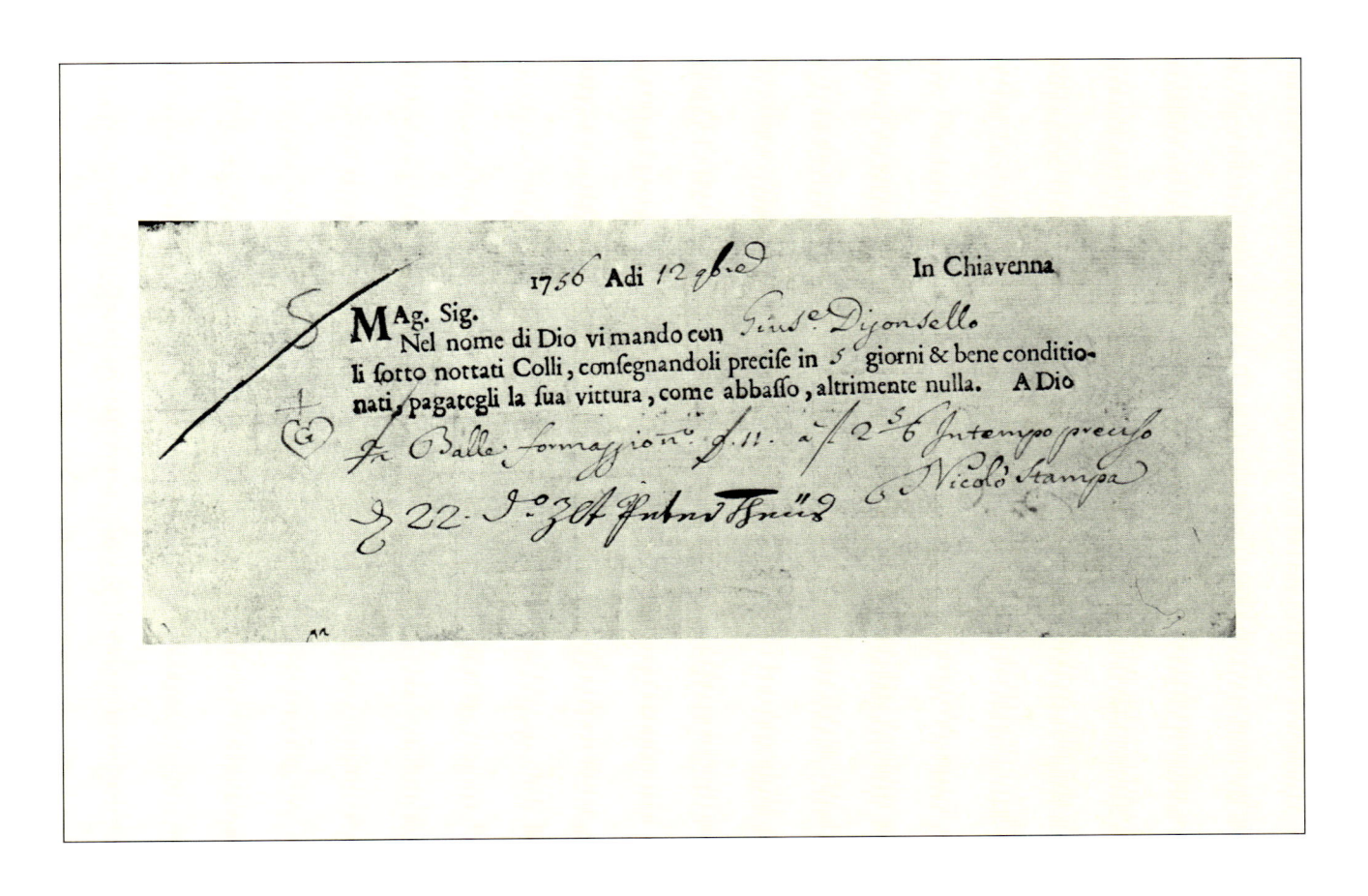

Fuhrmannsbrief aus dem Jahre 1756. Ein Nicolò Stampa meldet der bekannten Churer Firma Massner, er sende ihr «in Gottes Namen» Käseballen: «Nel nome di Dio vi mando con Giuseppe Digonsello li sotto notati Colli, consegnandoli precise in 5 giorni & bene conditionati, pagategli la sua vittura, come abbasso, altrimente nulla. A Dio.» Der Schriftsteller und Redaktor Fritz Lendi errichtete dem Empfänger dieses Briefes, dem Grosskaufmann und Ratsherrn Thomas Massner, in seinem Roman «Der König der Republik» ein Denkmal.

Churer Zünfte der Pfister, Rebleuten, Schmiede, Schneider und Schuhmacher lassen Briefbotengänge nach Feldkirch ausführen. Daneben entstehen nach und nach weitere, von einzelnen Talschaften, Gemeinden oder Korporationen unterhaltene Boteneinrichtungen. Auf ein staatlich verwaltetes Postwesen muss Graubünden indessen noch bis 1813 warten.

An einer Postkonferenz vom Januar 1691 in Zürich dringt die Ansicht durch, die Post sei vorläufig über den Splügen zu leiten statt über den Gotthard. Dabei ist von zwei wöchentlichen Kursen die Rede. Der Vertrag soll jedoch durch «die alten Abmachungen von Altdorf und Lugano» ersetzt werden, sobald der Transit auf der Strecke Lugano–Bergamo wieder gestattet ist. Zürich trifft unverzüglich Massnahmen, um die Spedition bis Chiavenna zu regeln: Caspar Muralt verhandelt mit Daniel und Thomas Massner aus Chur; diese sind bereit, gegen eine Entschädigung von 5 fl Zurzacher Valuta für jede Reise hin und zurück von Chur bis Chiavenna wöchentlich zweimal den Kurs in 24 Stunden durchzuführen. Mit dem 1. März 1691 beginnen die Splügner Kurse, allerdings nur einmal wöchentlich. Am 10. September 1696 enden sie. 1704 und 1707 wird – erfolglos – versucht, die Post wieder über den Splügen zu leiten statt über den Gotthard.

Im ausgehenden 17. Jahrhundert scheint in Graubünden das Reisen in Tragsesseln bereits üblich gewesen zu sein, vorzugsweise bei Damen. 1697 liess sich die Herzogin von Parma mit ihren Hofdamen auf diese Weise nach St. Moritz befördern, während der Herzog mit dem männlichen Gefolge den gleichen Weg zu Pferd zurücklegte. Auch die Gemahlin des Marschalls Anton von Salis, eine gebürtige Holländerin, reiste einmal auf diese Weise von Thusis bis Cleven, wozu sie 2½ Tage brauchte.

Wer ins Bad reiste, z.B. nach Alvaneu oder St.Moritz, hatte «alles für den Kurgebrauch Erforderliche mitzuschleppen: Möbel, Betten, Geschirr, Nahrungsmittel, Wäsche usw., die Dienstboten nicht zu vergessen». Ausgesprochen billig scheinen solche Badekuren auch nicht gewesen zu sein. Vom «Fideris-Bad in Grawpünten» berichtet der Basler Arzt Huggelius 1559, dass es ein sehr heilkräftiges Bad sei, die Verdauung befördere, Magenweh, Podagra und Grimmen heile. Und «wo einer zu vil gelt in dem Seckel hat, dem hillft es auch geschwint, dass er sein ledig würt».

Zur Winterszeit soll das Reisen bequemer gewesen sein – man liest allerdings auch anderes –, «da man sich der Schlitten bedienen konnte. Diese wurden zur Bequemlichkeit der Reisenden mit Matratzen, Federbetten oder Laubsäcken bedeckt und gewöhnlich – besonders über die Berge – von Ochsen gezogen. Neben jedem Schlitten ging der Führer einher und zwar jeweilen auf der Abhangseite, ausser an besonders lawinenzügigen Stellen.»

In Graubünden gab es damals vier Arten zu reisen: zu Fuss, zu Pferd, im Tragsessel und von Chur abwärts mit Flössen. «Von der Benutzung einer Kutsche konnte vor der Erbauung der neuen Reichsstrasse und der Oberengadinerstrasse nirgends die Rede sein. Wohl nahmen der Lindauer und der Zürcher Bote, wenn Weg und Steg günstig oder ihre Wägelchen nicht überladen waren, einen oder zwei Reisende mit, und auch auf den Passstrassen konnte man mit leichten Bergwägelchen auf manchen Bergstrecken ganz erträglich fortkommen. Wer aber gesunde Glieder behalten wollte, zog doch die Fusswanderung oder das Reiten vor.»

Hinzu kam, dass das Reisen, verglichen mit unsern Eisenbahnfahrten, sehr teuer war. Vornehme und Vermöglichere reisten meist zu Pferde, im Winter zu Schlitten. Pferde konnten in Chur von den Roodfuhrleuten gemietet werden. «Im allgemeinen aber pflegte der Bündner in seinem Lande zu Fuss zu wandern, gleichwohl ob einfacher Bauersmann, der zu Markte zog, oder Pfarrer, der seinem Amtsbruder einen Besuch abstatten wollte oder zur Synode reiste usw. Auch Edelleute und selbst Bundeshäupter, die zu einem Bundstage aufgeboten waren, machten hievon keine Ausnahme.»

Felleisen (Saumtasche) aus Leder, geschmiedetem Eisen und Stoff. Verschluss: durch Eisenschlaufen gezogene Eisenkette. Ledergriffe an der Querseite. Lederschlaufen an der Rückseite. Deckel mit Lederriemenverschluss. Blauweiss gestreiftes Stoff-Futter; Deckel mit doppeltem Futter mit Öffnung.

Das Jahr 1752 hätte zu einer Wende im bündnerischen Postwesen führen können, wenn Zunftmeister J.H. von Menhardt, ein guter Kenner des Postwesens von Basel, Zürich und Lindau mit seiner Eingabe nicht allzu viel hätte erreichen wollen. Der Petent strebte ein zentrales Oberpostamt an, ferner einen regelmässigen Postdienst in ganz Graubünden sowie vorteilhafte Verträge mit dem Ausland und gründlich verbesserte und zum Teil sogar neu angelegte Strassen. «Sein Plan kam leider nicht zur Ausführung, nicht weil er verfrüht war, sondern mehr darum, weil er zuviel auf einmal anstrebte – was in Bünden von altersher den Erfolg jeder, auch der bestgemeinten Neuerungen scheitern lässt.»

Der Vorschlag enthält in 22 Paragraphen in den Grundzügen die Posteinrichtung, die siebzig Jahre später in Graubünden geschaffen wurde. Menhardt schlug u.a. vor, mit der Regierung in Innsbruck einen Vertrag über eine Postverbindung durch das Engadin und Bergell herzustellen (unter Vermeidung des Umwegs über Mantua), im Winter und Frühling den Julier offenzuhalten, weil der Albula wegen heftiger Lawinen «und vielfältiger Ohnwegsamen nicht sicher zu passiren» war, «damit sowohl Reisende als Boten und Kaufmannswaren ungehindert Pass haben». Die bisher wöchentlichen Boten nach Mailand und Lindau sollten stark beschleunigt und sowohl über den Splügen als über das Engadin und Bergell gesandt werden. «Sofort nach Ankunft des Mailänder Boten in Chur hat dann der reitende Bote mit den hiesigen und den Mailänder Briefen und Valoren nach Lindau abzugehen, der am vierten Tag wieder in Chur anlangen soll und sein Felleisen dem Mailänderboten übergibt. Also auch mit Lindau Wechsel zweier wöchentlicher Boten.» Schliesslich sollte in allen Dörfern, wohin reitende und Fussboten kommen, Postablagen errichtet werden, «ein genamsetes Haus oder gewüsse Personen, denen der Bott die gehörige Brief zu bestellen hat. [...] Der Postmeister hat alle und jede Durchreisende pünktlichst und schleunigst weiter zu befördern und dieselben den am Passe wohnenden Wirten und Freunden bestens zu empfehlen.»

Chur erachtete das Projekt nicht einer Antwort würdig, da der Nutzen nur dem Projektanten zufallen würde. Was jedoch das Schicksal des Projekts von vornherein besiegelte, war der Vorschlag, einen Teil des Verkehrs und Transits von Chur vom Splügen und Bernhardin nach dem Engadin und Bergell hinüberzuleiten. 20 Gerichte, vor allem der Zehngerichtenbund, das Engadin und das Bergell, stimmten dem Vorschlag zu, 33 Gerichte, allen voran Chur und beinahe der ganze Graue Bund sowie Thusis und das Rheinwald, lehnten ihn ab.

Vom Lindauer Boten hiess es schon 1627, dass er «nit allein die auss Teutschland ankommenden Brieff sondern auch die Passagieri oder Raisende Persohnen mit sich nach Italia zu führen» habe. Den Landesbewohnern stand es frei, diese nichtstaatliche Einrichtung zu benutzen. Handelsleute gaben ihre Briefschaften nach dem Veltlin und Italien eher den Säumern oder Roodfuhrleuten mit.

Die Botenschaft war ganz an die strengen Vorschriften der Roodgesetze gebunden. So waren nach dem Gesetz von 1747 nur zwei Pferde gestattet, «eines für ihre Persohn und das andere für ihre Bagage [...] und dass solche zu keinem andern Gebrauch emploirt werden sollen, mithin auch keineswegs erlaubt seyn solle, solche denen fremden Reissenden zu ihrer Bedienung zu geben oder zu verlehnen». Wer sich nicht an diese Vorschriften hielt, sollte des ganzen Lohnes verlustig gehen. Vier Jahre zuvor war der «Lindauer Bott, Jakob Spehler, in 3 Pfund Buss ver-

fällt» worden, weil er «wider die Roodgesetze, Roodgut einem Höchster (Bewohner von Höchst. Anm. d. Verfassers) zu führen übergeben und so der löblichen Rood den Verdienst entzogen habe».
Das Ende des Lindauer/Fussacher Botenbetriebs schien sich abzuzeichnen, als Kaiserin Maria Theresia 1771 das Postwesen Österreichs als Staatsregal erklärte und private Posteinrichtungen verbot. Die Lindauer Boten wurden angewiesen, alle von und nach Lindau sowie nach den Drei Bünden und Italien aufkommenden Briefschaften beim neuen Postamt in Bregenz zur Taxierung abzuliefern. Die Stadt Lindau erhob – erfolglos – Einsprache. Das Benützen der linksrheinischen, d.h. schweizerischen Strasse für den Gang nach Chur nützte nichts, weil der Ausgangsort auf österreichischem Gebiet lag. Eine Bittschrift, verfasst am 7. August 1772 von Jakob Spehler und Consorten in Fussach, an die «Allerdurchlauchtigste Grossmächtigste König- und Kayserin zu Hungarn und Bohem Königin Erbherzogin zu Oesterreich etc. etc. Allergnädigste Kayserin, Erblandes Fürstin und Frau Frau» hatte Erfolg: Der Botenritt ab Lindau durch österreichisches Gebiet wurde wieder gestattet. «Die Beförderung sowohl der Briefschaft als Waaren zwischen Mayland und Lindau solang keine ordentliche Post durch das Graubündtner Land seyn wird», wurde bewilligt, wobei ausdrücklich «auch reissende Persohnen» erwähnt wurden. Allerdings durften nur Postsachen für bestimmte Destinationen mitgenommen werden. Solche nach dem Venetianischen, nach Mittel- und Süditalien waren über den Brenner zu leiten. Diese einschneidenden Bestimmungen minderten die Bedeutung des Splügens stark.
Länger als in den umliegenden Ländern dauerte es, bis sich die eidgenössischen Stände eingehender mit dem Boten- und Postwesen befassten. Während ringsherum bereits viele Reise- und Gepäckwagenkurse verkehrten, obschon auch dort die Strassen noch zu wünschen übrigliessen, gab es hierzulande noch fast ausschliesslich Fuss- und Reitboten.
In Graubünden war das Postwesen Ende des 18. Jahrhunderts noch Sache der Hochgerichte, Talschaften, Gemeinden und Privaten. Der Rat zu Chur, bei Missständen auch der Bundestag, befasste sich ab und zu mit der Tarif- und Botenordnung, mehr nicht.
Bis 1786 lag im Kantonsinnern der Brief- und Geldverkehr in den Händen dieser privaten Boten, die am Dienstag in Chur ankamen und am Mittwoch zurückgingen. Kleinere und abgelegenere Täler wie Schanfigg, Lugnez, Münstertal hatten keine regelmässige Verbindung zu den Haupttälern. Mit der Schweiz, Frankreich, Grossbritannien, Holland und Skandinavien verband der Zürcher Bote, mit Österreich und dem Orient

Ansicht des Fideriser Bades. Diese bekannte Kuranstalt unterhielt eine «Badbötin», die ein- bis zweimal wöchentlich Botengänge nach Chur und zurück ausführte und zugleich das vordere Prättigau postalisch bediente.

der Feldkircher, mit dem «Reich» der Lindauer und mit Italien der Mailänder Bote, der für die Strecke Mailand–Chur acht bis neun Tage benötigte. Ab 1786 endlich – drei Jahre nachdem in Paris bereits das erste «Luftschiff», die Montgolfière, aufgestiegen war – verkehrte «die reitende Post» einmal wöchentlich von und nach Mailand, Lindau und Zürich. Die Absteigequartiere der Boten waren im Staatskalender publiziert, denn bis ins 19. Jahrhundert hinein gab es ja in Chur noch kein Staatspostamt, sondern nur einen «Briefbesorger». Die Porti für Briefe, Geldsendungen und Pakete waren für heutige Begriffe sehr hoch.

Auch in den Tälern gab es selbstverständlich keine Poststellen; die Auswechslung erfolgte in Wirtschaften und Gasthöfen. Im Prättigau gab es, neben dem Davoser Boten, der zunächst auch den Nachrichtendienst im ganzen Tal der Landquart versah, eine «Badbötin», die im Auftrag des Fideriser Bades ein- bis zweimal wöchentlich den Gang nach Chur ausführte. Anfangs bestand diese Einrichtung nur während der Sommersaison (Badezeit), ab 1826 ganzjährig. Die «Bötin» bediente auch das vordere Prättigau. Malans und Maienfeld sandten ebenfalls «Bötinnen» nach Chur. Ferner sind zu erwähnen: die Boten des Oberen Bundes, vom Abt von Disentis und dem Amtslandrichter gewählt, die Valendaser, Domleschger, Bergeller Boten, zu denen später die Ilanzer, Unterengadiner und Münstertaler Boten hinzukamen.

1.2 Zentralisierungsversuche während der Zeit der Helvetik (1798–1803)

Die Erstürmung des französischen Staatsgefängnisses Bastille vom 14. Juli 1789 war das Signal für grundlegende Veränderungen in Europa. Neue Ideen und kriegerische Verwicklungen breiteten sich rasch aus und machten vor keinen Grenzen Halt.
«Als die französische Revolution und Bonaparte die morschen Staaten mit ihrem alten Schlendrian über den Haufen warfen, verloren im Frieden von Campo Formio 1797 die Bündner durch eigenes und ihrer Väter Verschulden nicht nur das Veltlin, sondern leider auch die Grafschaft Chiavenna.»
Zwischen dem Freistaat Gemeiner Drei Bünde und der Eidgenossenschaft hatte sich eine völlige Entfremdung eingestellt. Die beiden Staatsgebilde verfolgten getrennte Ziele. Infiltration revolutionärer Ideen mit Kampfansage an die herrschende Oligarchie auf der einen, politische Abkapselung auf der andern Seite. Erst unter dem harten militärischen Zwang reifte in Rätien der Gedanke an einen Anschluss an die Eidgenossenschaft zur dringenden Notwendigkeit.
«Die in brausender Eile sich folgenden politischen Ereignisse der Jahre 1798 bis 1803 gönnten weder Rätiern noch helvetischen Bewohnern beschauliche Musse zu eigentlichen Verbrüderungsfesten. Gemeinsame Not wie einst im Schwabenkrieg schweisste den definitiven Bund. Aus Zeiten drückender Fremdherrschaft und schmählicher Selbsterniedrigung führte der Weg in die gemeinsame, glücklichere Zukunft.»
Die Schweiz vor 1798 bestand aus 13 Kantonen, aus Untertanen dieser

Freyheit. Gleichheit.	LIBERTÉ, ÉGALITÉ.
Im Namen der helvetischen einen und untheilbaren Republik.	**Au nom de la République** helvétique une & indivisible.

Gesetz.	LOI.
Die gesetzgebenden Räthe: In Erwägung daß das Postwesen in allen polizierten Staaten ein natürliches und nothwendiges Staats-Regale seye	LES CONSEILS LÉGISLATIFS considérants que les postes dans tous les États policés sont un droit naturel & nécessaire de régale de l'État
Verordnen:	Ordonnent:
1. Das Postwesen soll ein Staats-Regale der helvetischen einen und untheilbaren Republik seyn.	1. Que les postes sont considérées comme propriété nationale de la République helvétique une & indivisible.
2. Das Gesetz soll das nähere über die Organisation des Postwesens bestimmen.	2. Que la loi déterminera plus précisement l'organisation des postes.
Das Vollziehungs-Direktorium beschließt: daß obstehendes Gesetz publiziert, vollzogen, und gegenwärtige Original-Akte mit dem National-Siegel verwahrt werden solle.	Le Directoire arrête que la loi ci-dessus sera publiée, exécutée & l'acte original présent muni du sceau national.
Arau, den dritten Herbstmonat des Jahrs Eintausend siebenhundert neunzig und acht, Ao. 1798.	Arau, ce troisieme Septembre, l'an mille sept cent quatre vingt dix huit, Ao. 1798.
Der Präsid. des vollziehenden Direktoriums (L.S.) Sign. PETER OCHS.	Le Président du Directoire Exécutif (L.S.) Sign. PIERRE OCHS.
Im Namen des Direktoriums der General-Sekretair. Sign. MOUSSON.	Par le Directoire, le Sécret. général. Sign. MOUSSON.
Zu drucken, publizieren und vollziehen anbefohlen, Der Minister der Justiz und Polizey, F. B. Meyer.	Ordonné l'impression, la publication & l'exécution, Le Ministre de la Justice & de la Police F. B. MEYER.

Kantone, aus Verbündeten der Kantone und Untertanen der Verbündeten. Entsprechend uneinheitlich war das Postwesen, wobei die Städte besser dran waren als die Landschaft, wo meist primitivste Zustände herrschten (blosse Gelegenheitsverbindungen).

Nun errichtete der Sieger 1798 auf den Trümmern der alten Eidgenossenschaft die «eine und untheilbare helvetische Republik»; ein Einheitsstaat trat anstelle des lockeren Bundes der 13 souveränen Staaten mit ihren Anhängseln. Und dieser helvetische Einheitsstaat versuchte, die Uneinheitlichkeit im Postwesen der 13örtigen Eidgenossenschaft zu be-

> Bern, den 17ten Juny 1799.
>
> Freyheit.   Gleichheit.
>
> ## Das Vollziehungs-Direktorium
> ### der einen und untheilbaren helvetischen-Republik.
>
> In Erwägung, daß die Sicherheit der öffentlichen Straßen, und besonders das ungehinderte Reisen der Couriers zu Fuß und zu Pferd, der Böte und Postwägen, gegen einen jeden Angriff von Uebelgesinnten und Feinden des öffentlichen Gemeindswesens vertheidigt werden muß; und nach Anhörung des Berichts seines Justiz- und Polizeyministers,
>
> **beschließt:**
>
> 1) Die Couriers zu Pferde und die Postwägen sollen mit Säbeln und Pistolen versehen, die Couriers zu Fuß aber mit einer Lanze und einer Pistole bewaffnet seyn. Sowohl die einen, als die andern sind bevollmächtigt, sich ihrer Waffen beym ersten Angriff zu bedienen.
>
> 2) Im Fall eines Angriffs sollen sie sich zu dem Agenten der nächst gelegenen Gemeinde verfügen, der über die Aussage des Couriers einen Verbalproceß aufnehmen, und selbigen ohne Verzug der Munizipalität des Orts zustellen wird. Diese nun ist unter ihrer Verantwortlichkeit gehalten, drey ihrer Mitglieder sogleich auf den Ort, wo der Angriff geschehen, zu senden, um allda die erforderlichen Nachforschungen zu Entdeckung der Schuldigen anzustellen.
>
> 3) Die Urheber eines solchen Vergehens sollen in Verhaft genommen, und ihnen ihr Proceß durch die Beflissenheit des öffentlichen Anklägers bey dem Cantonsgericht gemacht werden.
>
> 4) Die laut Beschluß vom 6ten May eingesetzten Gemeinde-Wachen sollen die Nacht hindurch auf den großen Straßen und Nebenwegen patrouilliren, und so über die öffentliche Sicherheit wachen.
>
> 5) Die Agenten und Munizipalitäten werden den Couriers zu Fuß und zu Pferd auf ihr Ansuchen hin, und wenn es der Fall erfordert, eine hinlängliche Bedeckung mitgeben, um selbige auf ihrer Reise zu beschützen.
>
> 6) Die Regierungsstatthalter, Unterstatthalter und Agenten werden die schleunigsten Maßregeln ergreifen, um gegenwärtigem Beschluß, der gedruckt und publizirt werden wird, die erforderliche Vollziehung zu geben.
>
> 7) Der Kriegs-, Finanz- und Justizminister sind beauftragt, diesem Beschluß die eines jeden Fach angemessene Vollziehung, zu geben.
>
> Also beschlossen in Bern, den 17ten Juny 1799.
>
> Der Präsident des Vollziehungs-Direktoriums,
> Peter Ochs.
>
> Im Namen des Direktoriums der General-Sekretär,
> Mousson.
>
> Zu drucken und zu publiziren anbefohlen,
>
> Der Minister der Justiz und der Polizey,
> F. B. Meyer.

seitigen, indem er am 3. Herbstmonat (September) 1798 das Postwesen als Staatsregal erklärte. (Siehe Abbildungen S. 28/29).
Um «Privat-Eigennutzen» auszuschliessen und grösste Unparteilichkeit zu gewährleisten, schloss das Vollziehungsdirektorium die bisher übliche Verpachtung des Postwesens aus und wählte den Eigenbetrieb (Regie). Diesen Beschluss vom 6. Wintermonat (November) 1798 bestätigte der Senat neun Tage später. Eine Zentralpostverwaltung wurde beschlossen und eine Kommission aus Fachmännern einberufen, die vorerst das Inventar der in den bisherigen Pachten und Privatunternehmun-

gen bestehenden Verträge und Vereinbarungen, Verbindungen und Taxen aufzunehmen hatte, wobei «der Lauf der Posten zu Fuss und zu Pferd, sowie derjenige der Landkutschen bis zum besagten Zeitpunkte unverändert fortbestehen» sollte.
In vierzehntägigen Debatten konnte sich die Postkommission nicht einigen. Sie unterbreitete dem Finanzminister drei Vorprojekte, das erste mit zwölf schweizerischen Postkreisen, je unter der Leitung von fünf unbesoldeten Komitee-Mitgliedern. Das zweite mit einer einzigen Zentraldirektion, das dritte mit möglichst geringen Änderungen der bisherigen Organisation.
Am 15. Juli 1799 konstituierte sich eine Zentralverwaltung mit drei Mitgliedern, der in der Folge fünf Kreisverwaltungen zugeordnet wurden (Basel, Zürich, St. Gallen, Schaffhausen und Bern).
Nach dem Entwurf des allgemeinen Postreglementes, der am 8. April 1801 den gesetzgebenden Räten unterbreitet wurde, sollten die Geschäfte der verstaatlichten Post neben dem periodischen Transport von einem Ort zum andern von Waren aller Art auch den periodischen Transport von Reisenden umfassen. Regelmässige, sichere und schnelle Beförderung wurden schon damals als die Hauptaufgabe der Post angesehen. Etwas eigentümlich mutet uns hingegen heute eine organisatorische Bestimmung an: «Keine Frauensperson, welchen Alters sie sein mag, darf in Büreaux angestellt werden. Wo solche gegenwärtig sich vorfinden, können dieselben belassen bleiben, wenn kein Grund zu Klagen über deren Dienstbesorgung vorliegt.»
Noch ein reizvolles Detail aus der Zeit der helvetischen Einheitspost: Die fahrenden Postknechte versahen ihren Dienst noch in ihrer alten Kleidung mit den kantonalen Farben. «Der fränkische General, dem alles, was an die kantonale Souveränität erinnerte, als besonderer Gräuel erschien, erhob gegen diese Missachtung der Anerkennung der ein und untheilbaren Helvetischen Republik Einsprache», ... worauf das Direktorium in Aarau schleunigst Vorschriften über die Dienstkleidung erliess. Damit waren aber weder die Posteinrichtungen noch die Postverbindungen vervollkommnet.
In Graubünden herrschten im ausgehenden 18. Jahrhundert schwer überblickbare politische Verhältnisse:
Im November 1797, nach Auflösung der alten Häupterregierung, konstituiert sich der Landtag mit J.B. von Tscharner an der Spitze und einem 30köpfigen Regierungs-Ausschuss. Die Umwälzungen in der Eidgenossenschaft mit dem Einmarsch der Franzosen drängen zu einer Entscheidung. Zur Wahl stehen «bedingungsloses Aufgehen im schweizerischen

Staatskörper oder der Versuch zur Behauptung früherer Eigenstaatlichkeit mit durchaus unzulänglichen Machtmitteln». Nach gescheiterter Anschlussbewegung tritt im August 1798 wieder die Häupterregierung, bestehend aus drei Mann, anstelle des Landtags.
Nach dem Einmarsch der Franzosen in Graubünden im März 1799 verlangen 52 Gemeinden die sofortige Vereinigung mit der Schweiz. Die provisorische Regierung richtet ein Aufnahmegesuch an das Helvetische Direktorium. In einer erfolgreichen Gegenoffensive verdrängen unterdessen die Österreicher die Franzosen wieder aus Graubünden, setzen eine «Interinal-Regierung» aus 15 Mitgliedern ein und heben «den Vereinigungstraktat» wieder auf. Nach dem Siege Bonapartes bei Marengo rücken im Juli 1800 die Franzosen von Feldkirch her wieder in Graubünden ein. General Lecourbe ernennt einen Präfekturrat. «Der Vereinigungstraktat vom 21. April 1799 erfuhr volle Restitution.» Schliesslich führt Napoleons Machtspruch im Vertragsentwurf von Malmaison vom 29. Mai 1801 Rätien als 16. Kanton der Helvetischen Republik auf.
In postalischer Hinsicht und beim Fuhrwesen sah es in Graubünden zunächst nach einigen Verbesserungen aus. Der neu eingesetzte Regierungs-Statthalter, der dem Präfekturrat im Amte folgte, rügte bereits beim Amtsantritt, dass die Schweizer Post nur alle acht Tage in Chur eintreffe, wie auch alle übrigen Fussboten aus den verschiedenen Gegenden des Kantons. «Sonderheitlich ist es unangenehm, dass die Antworten der Regierung auf unsere Briefe jedesmal 14 Tage ausbleiben, welches bei wichtigen Gegenständen nachteilige Folgen haben kann.» Der Vorschlag des Regierungsstatthalters, «neben der ordinari Schweizer Post noch einen Fussboten aufzustellen, der alle Wochen nach Weesen geht und dort die Glarner Post erreicht, die wöchentlich zweimal nach Zürich reist», wurde von den zuständigen Behörden wegen der zu befürchtenden erhöhten Auslagen abgelehnt. Für die Übermittlung wichtiger Botschaften hielt man nach wie vor am Express-System fest. Das Zürcher Postamt bedauerte, dass in Chur kein Postbüro errichtet sei. Da der Kanton Rätien keine eigenen Posteinrichtungen hatte, wurde dessen Finanzminister am 24. Januar 1799 angewiesen, den Botendienst von Zürich nach Chur und dem übrigen Bündnerlande mit der helvetischen Postregie in Zürich zu vereinigen.
Die seit Oktober 1801 amtierende Churer Handlungskommission versuchte mehrmals, das arg darniederliegende bündnerische Transportgewerbe durch eine straffere, im Geiste der Helvetik durchgeführte Neuorganisation wieder in Schwung zu bringen, der verarmten Bevölkerung

vermehrte Verdienstmöglichkeiten und dem Kanton grössere Zolleinnahmen zu verschaffen. Sie stiess aber zunächst auf den Widerstand der im Lande tief verwurzelten Portenrechte einzelner, an den Hauptstrassenzügen gelegener Gerichtsgemeinden und Partikulare.
Ihr Entwurf vom 23. November 1801 für eine neue «Abladungsordnung» bevorzugte jene Fuhrleute, «welche stracks, ohne abzustossen von Chur nach Cleven oder Bellenz und gegenseitig laden». Als Niederlagsorte mit je einem Aufseher waren an der Oberen Strasse Lenz, Stalla und Casaccia, an der Unteren Strasse Thusis, Andeer, Splügen und Bernhardin vorgesehen. Kein Fuhrmann sollte ohne Frachtbrief Güter aus dem Churer Kaufhaus oder den Magazinen führen, und die Lieferzeit nach Chiavenna wurde auf sechs, nach Bellinzona auf acht Tage festgesetzt. Für den Sommer 1802 sollten folgende Ansätze gelten, die wegen der hohen Lebensmittel- und Viehfutterpreise beinahe um die Hälfte höher lagen als 1798:

	Strackfuhr	Roodfuhr
Chur–Chiavenna	3,36 fl	3,12 fl pro Zentner
Chur–Bellinzona	4,— fl	3,36 fl pro Zentner

Eilgüter zahlten bis 1½ fl vom Saum.

Die Verwaltungskammer zweifelte an der Durchführbarkeit der neuen, allzu strengen Verordnung der Handelskommission. Sie sollte mit ihrem Pessimismus recht behalten. Das Volk wollte von Neuerungen nichts wissen. Weiterhin bildete die Rivalität zwischen den Schamser und Thusner Fuhrleuten ein schweres Hindernis für den anstandslosen Frachtverkehr auf der Unteren Strasse. «Das gewalttätige Abladen der Schamser kann so wenig geduldet werden als die gewalttätige Frachterzwingung der Thusner», berichtete die Handlungskommission der Verwaltungskammer, besass aber nicht die Kraft, den Eigennutz der Talleute in wirksamer Weise zu steuern. Auch auf der Strasse vom Liechtensteinischen über die Steig bis Chur gedieh der alte Schlendrian weiter. Weggelder und «Strassenkreuzer» verteuerten weiterhin die Transporte.
Eine eigentümliche Einrichtung, die dem Neuerungsgeist der Helvetik streng zuwiderlief, bewahrte die Stadt Maienfeld, wo alle Sonn- und Festtage die Tore geschlossen und beim Graben eine Kette gespannt wurde, die ohne ein hohes Trinkgeld den fremden Fuhrwerken den Weg bis am späten Abend nicht freigab.

Auch das Moesano hatte seine Spezialitäten: 1802 gestattete die Verwaltungskammer dem Distrikt Moesa, für den internen Verkehr «eine eigene Geldtariffa» anzuwenden. In Geschäften mit dem übrigen Kantonsgebiet hatten jedoch die allgemeinen «Geldtariffa» Geltung. Ferner ordnete das Finanzdepartement zur Einsparung der hohen Transportkosten über die Pässe an, dass der Distrikt Moesa zur «Salzverwaltung Lauis» geschlagen werde, und missachtete die Wünsche der Bevölkerung, die von der rätischen Salzfaktorei bedient sein wollten.

Brieftaxen führten immer wieder zu Beanstandungen. Nach der «Taxordnung für Briefe, Gelder, Gepäck zwischen Zürich und Chur seit 1799» sollte ein einfacher Brief von Zürich nach Chur 1 Batzen, ein doppelter 2 und ein dreifacher 3 Batzen kosten, in umgekehrter Richtung 4, 6 bzw. 8 Kreuzer. Nun kam es jedoch vor, dass Empfänger in Chur für einen Brief aus Basel so horrende Beträge wie 1,16 fl, 1,20 oder gar 1,30 fl Porto bezahlen mussten. Zum Vergleich: das Jahresgehalt von Regierungsstatthalter Georg Gengel betrug 1802 1600 fl. Ein Taglohn dieses hohen Funktionärs reichte somit für drei Briefe von Basel nach Chur...

Auch das Münzgesetz vom 19. März 1799 hätte sich, wie ein zentralisiertes Postwesen, mit seinem einheitlichen helvetischen Münzsystem (1 Schweizer Franken zu 10 Batzen zu 10 Rappen) segensreich auswirken können. Jedoch: «Ohne die Wohltat der helvetischen Münzvereinheitlichung erfahren zu haben, rutschte der Kanton Rätien über die Schwelle der Mediation. Als neu angeschlossener Bezirk hinkte er auch darin, wie in allen übrigen Verwaltungsgebieten, den Errungenschaften des helvetischen Zentralstaates um Jahre nach. In Rätien feierte der Münz-Wirrwarr unter der Verwaltungskammer noch wahre Orgien und schädigte Handel und Verkehr in ganz erheblichem Masse.» (Steiner.)

«Die im Gebiet des Kantons Rätien übliche Zahlungsmünze war der Bündner Gulden (fl) zu 15 Batzen oder 60 Kreuzer = ca. 1.70 Fr. Silberwert. 15 Batzen entsprachen 70 Bluzger.» (Steiner.)

«Leider kam das helvetische Postwesen über das Stadium der ersten Entwicklung nicht hinaus; der Versuch konnte nicht abgeschlossen werden, da die Zeitspanne für die Durchführung eines so grossen Planes zu kurz bemessen war und zu mächtige Hindernisse den Weg versperrten.» (Domenig.) In der Mediationsverfassung (Grundsatz: Föderalismus) blieb kein Raum mehr für ein einheitliches helvetisches Postwesen.

Was die Helvetik zu verwirklichen suchte, war immerhin wertvoll für die spätere Entwicklung, «ja man kann sagen, dass die Bundesverfassung 1848 zu einem grossen Teil die Vollstreckung des Testamentes der Helvetik war» (Bremy). Vorderhand jedoch triumphierte noch der Partikula-

Touristengruppe 1820. Die Pferdepost gilt heute als Sinnbild der guten alten Zeit, in der man keine Eile kannte, das aufreibende Hasten und Drängen noch wenig verbreitet und das heute so beliebte Wort Stress noch nicht erfunden war. Was in unserem östlichen Nachbarlande ein «Postknecht» einem Fahrgast sagte, als dieser zu schnellerer Fahrt drängte, hatte damals weltweit Gültigkeit: «Wir haben Zeit. Die Rösser müssen auch mitkommen.»

rismus über das Zusammengehörigkeitsgefühl, über das Gemeinwohl.
Als die Tagsatzung am 2. August 1803 die helvetische Postverwaltung wieder auflöste, war diese Einrichtung im Kanton Rätien kaum dem Namen nach bekanntgeworden. So blieb denn die Post im Innern zum grossen Teil auf einen mangelhaften privaten Botendienst beschränkt.
«On peut mesurer les progrès de la prospérité publique aux comptes des diligences», soll Napoleon gesagt haben... («Man kann die Fortschritte der öffentlichen Wohlfahrt an den Verkehrseinrichtungen messen.»)

1.3 Abenteuerliches Reisen

«Wo die Natur selbst die Wege geebnet hatte, – auf dem Wasser – da fuhr man auch in früherer Zeit schon leidlich bequem, ungleich bequemer wenigstens, als auf den von menschlicher Nachhülfe abhängigen Landstrassen. An Fährlichkeiten freilich fehlte es dabei ebenfalls nicht und die lässige Hand einer Staatswirthschaft, die ihren Vortheil weit häufiger auf die Erschwerung, als auf die Erleichterung des Verkehrs baute, half hier so wenig nach als auf dem Lande.»

Ebel schrieb 1793 in seiner «Anleitung, auf die nützlichste und genussvollste Art in der Schweiz zu reisen» u.a.: «Das Reisen und der Aufenthalt in der Schweiz befördern die moralische Gesundheit [...] Die erhabene Natur der Alpen ist ein Tempel des Nachdenkens und der Weisheit», und der Aufenthalt in der Schweiz könne «den Kopf von vielen Vorurteilen und das Herz von unwürdigen Gefühlen reinigen». Hans Schmid bemerkt dazu: «Die Schweiz war damals noch nicht entdeckt und die Schönheit der Alpen noch nicht anerkannt. Bis tief ins 18. Jahrhundert hinein war das Gebirge der Schrecken der Völker; niemand reiste zum Vergnügen über die Alpen, und die alten Chroniken sind des Jammers voll über das böse 'Gebürg' und über das, was unterwegs an Strapazen, Steinen, Wetter, Wegelagerern und geldlüsternen Wirten auszustehen war. Die Italienfahrer waren froh und dankten inbrünstig dem Herrgott oder der Madonna, wenn sie nach langer Wanderung auf halsbrecherischen Pfaden die wilden Scheusslichkeiten am Gotthard, am Splügen oder am Grossen St. Bernhard hinter sich hatten.»

Die schwer zugänglichen Alpen hatten einen schlechten Ruf, und darum wusste man mit den Bergen, den Felsen und den Gletschern nichts anzufangen.

Wie eine Reise von Glarus nach Zürich verlief, schildert August Stocker 1855 recht anschaulich. Beiläufig sei vermerkt, dass dieser Kanton über ein evangelisches und ein katholisches Postwesen verfügte . . .

«Bis zum Jahr 1790 reiste wöchentlich ein Bote, früher zu Fuss, später zu Pferd, nach St. Gallen, ein anderer nach Zürich. In diesem Jahre trat eine wesentliche Verbesserung ein, indem der evangelische Postmeister zwei Mal wöchentlich nach Zürich reisen musste. Montags und Donnerstags ging der Postwagen, ein mit einer Harztuchdecke überspannter Leiterwagen Morgens 10 Uhr von Glarus ab, langte um 1 Uhr in Bilten an, wo ein paar Stunden Rast zur Einnahme des Mittagsmahles gehalten wurde; gegen Abend erreichte der schwerfällige Wagen Lachen. Dort begab sich die Reisegesellschaft aufs Wasser. In dem Botenschiffe war eine Art von Kajüte angebracht, so niedrig aber, dass man mit Noth darin aufrecht sitzen konnte; sie war mit Heu bestreut, über welches eine grosse Decke gelegt wurde. In dieses Heu kroch dann alles Volk, Männer und Weiber, reich und arm, Alles bunt durcheinander. In der Nacht hielt das Schiff in Stäfa an, wo ein Nachtessen eingenommen, und dann die Reise bis Zürich fortgesetzt wurde. Gewöhnlich langte man vor Thoraufgang daselbst an, und wartete dann die Öffnung des Wasserthores ab, um in die Stadt einzufahren. Das Volk brach dann aus der Höhle heraus; die Augen reibend und das Heu von den Kleidern schüttelnd begab man sich in die langersehnte Stadt. Diese Einrichtung dauerte bis in das zweite Decenium unseres Jahrhunderts, dann kam an die Stelle des Wagens eine Kutsche, das Botenschiff aber blieb bis zum Jahre 1835.»

Kein Wunder, dass Stocker auch von einem Reisenden berichtet, der vor Antritt der Reise in der Johanneskirche «für glückliche Erledigung vorhabender Reise» eine Messe hatte lesen lassen. Dass es im Ausland zur Zeit des Übergangs vom 18. zum 19. Jahrhundert kaum besser aussah als in Helvetien, geht aus einem Bericht von «Oberpostsekretair» Baatz in Halle hervor: «Satiriker, sagt man, wir wollen es nicht verbergen, pflegten zu damaliger Zeit [...], wenn sie eine Reise von Stolpe nach Danzig unternahmen, ihr Testament zu machen, weil die Begegnisse auf derselben ausser aller Berechnungen lagen. Die Konstruktion der Postwagen war und musste natürlich angemessen sein den Wegen und konnte wenig Erbauliches bieten, und so kam es, dass das Reisen oftmals, statt zu fördern

Im Heimatmuseum Rheinwald in Splügen wird dem staunenden (und schaudernden) Beschauer diese Transportkiste gezeigt, in der einst Reisende im Winter über den Bernhardinpass befördert worden sein sollen.

die hohe Lust, in froher Brust,
das Zwerchfell erschütternd und 's Leben verbitternd
wurde.»

Ängstliche oder kränkliche Leute liessen sich gerne in Tragsesseln befördern. «Die eigentümliche Transportweise für Winterreisende über den St. Gotthard, welche Scheuchzer beschreibt, scheint in Bünden nirgends in Gebrauch gewesen zu sein», schreibt Sprecher. «Dort wurde nämlich der Reisende an Händen und Füssen gebunden, auf den Schlitten gelegt und mit Pelzen und Decken derart zugedeckt, dass er weder die gähnenden Abgründe sehen konnte, noch der Gefahr des Erfrierens ausgesetzt war. Geriet aber der Schlitten an gefährlichen Stellen ins Stürzen, so war der Insasse ohne Rettung verloren. Auf dem Splügen und San Bernardino pflegte man die fast immer von Ochsen gezogenen Reiseschlitten mit Matratzen und Federbetten zu versehen . . .» Immerhin: Wer einen solchen Schlitten im Heimatmuseum von Splügen gesehen hat, den dürfte auch ein kalter Schauder überkommen.
Lenggenhager findet es nicht verwunderlich, «wenn zu jener Zeit (wie z.B. in den 'Europäischen Reisen' vom Jahre 1755 zu lesen ist) allerlei Reiseregeln und Rezepte für Unwohlsein, Ohnmachten, Übelkeit, Magenschmerzen, Unfälle etc., hervorgerufen durch das Stossen der Kutschen, für gebrochene Arme und Beine, für gestochene, gehauene oder geschossene Wunden (durch Wegelagerer), und gegen Ungeziefer in den Betten, anempfohlen wurden. Gleichzeitig rät der Verfasser, in den Gasthöfen stets Wachsstock und Feuerzeug 'davon man gar artige Inventionen hat', in Begleitschaft von Waffen neben sein Bett hinzulegen und 'da es sich häufig zuträget, dass die Kammern, in denen man schlafen muss, weder Schloss noch Riegel haben', so solle der Reisende sich Türschlösser oder Maschinen von Eisen machen lassen, mit denen er die Türen verschliessen könne. Er solle zudem nicht in den billigsten, sondern in den vornehmeren Gasthöfen absteigen, da die Wirte in den ersteren gewöhnlich die hungrigsten seien.»
Sprecher bezeichnete die Postwagen als Marterkasten, «eng, in hohem Grade unbequem, stossend und der starke Ledergeruch verursachte leicht Übelkeit und Erbrechen». Johann Nepomuk Hecht sagte 1780: «Zu den Erfordernissen eines ordentlichen Passagiers gehören namentlich christliche Geduld und eine gute Leibes-Konstitution.» Sterne äusserte sich, «er wolle verdammt sein, wenn er je wieder in eine französische Postkutsche steige». Nach Lenggenhager waren das lange, plumpe, mit verschiedenen Aussensitzen versehene 12- bis 16plätzige Rumpelka-

sten. «Dieses 'ehrende' Zeugnis galt gemeinhin, für die französischen wie für die Thurn und Taxis'schen, die kaiserlich österreichischen und preussischen etc. Postwagen. Ja sogar die öffentliche Moral sah sich veranlasst, diesen Vehikeln ein Kränzchen zu winden, wie der nachstehende Bericht (s. Veredarius, Das Buch von der Weltpost) beweist. 'Ein anderer, übler Umstand sind die leider nur allzu guten Gesellschaften in den bequemen (?) Postkutschen in England, die immer voll schöner, wohlgekleideter Frauenzimmer stecken, und wo, welches das Parlament nicht leiden sollte, die Passagiere so sitzen, dass sie einander ansehen müssen, wodurch nicht allein eine höchst gefährliche Verwirrung der Augen, sondern zuweilen eine höchst schändliche, zum Lächeln von beiden Seiten reizende Verwirrung der Beine und daraus endlich eine oft nicht mehr aufzulösende Verwirrung der Seelen und Gedanken entstanden ist, sodass mancher ehrliche junge Mensch, der von London nach Oxford reisen wollte, statt dessen zum Teufel gereist ist.' Von einer weniger tragischen Seite scheint Tobias Stark, Verfasser eines Reisebuches, das Postkutschenfahren aufgefasst zu haben. Dort lesen wir: 'Auch dieses dürfen wir billig unter die Wohlthaten der neuen Einrichtung derer fliegenden Postkutschen rechnen und zählen, dass selbiger Benützung, wie allbereit zu unterschiedlichen Malen vermeldet und beschehen, Gelegenheit zu erbaren Mariagen (Heiraten) zu geben pflegt, deren einige gar fürtrefflich reussiret.'»

Abenteuer anderer Art widerfuhren dem Lindau-Mailänder Boten: Im Juni 1802 nahmen zwei k. und k. Deserteure, der Pole Krokatschky und der Kroate Kockowitsch, beide in Thusis als Hausknechte in Stellung, dem Mailänder Boten eine 71 Pfund schwere Geldkiste mit 13 571,22 fl in Silber und Gold ab, vergruben das Silber in einem Erdloch und flohen mit dem Rest Richtung Tirol, wobei sie «in Stalla (Bivio) zwei berittene Begleiter, die beiden Bürger Fasciati und Ruinelli, die ihnen den Weg über den Julierberg bis Silvaplana wiesen», heuerten. Die Übeltäter wurden in Kärnten gefasst und als Deserteure nicht ausgeliefert. Die zwei Oberhalbsteiner gerieten in Verdacht, am Raubüberfall beteiligt gewesen zu sein, und in der Tat förderte eine Hausdurchsuchung 2 719,42 fl des gestohlenen Geldes zu Tage. Die schriftlichen Verhöre aus Klagenfurt bezeichneten die beiden Staller als Erpresser und Diebe, während Fasciati und Ruinelli ihre Unschuld beteuerten. Dem Eigentümer Lorenz Schäzler in Augsburg wurde, um dem verstärkten Gerücht der Unsicherheit bündnerischer Handelsstrassen einigermassen entgegenzutreten, von der Regierung die volle Rückerstattung der verlorenen Sendung zugesichert.

2. Die Bündner Kantonalpost

2.1 Die Mediationszeit (1803–1813)

Mit der Vermittlungsakte vom 19. Februar 1803 gingen das Salz- und Münzregal sowie die Posthoheit wieder an die Kantone über. Theoretisch beginnt mit diesem Datum die Bündner Kantonalpost. Die Angestellten der helvetischen Postverwaltung wurden auf den 10. März 1803 entlassen. Das Auflösungsdekret vom 2. August 1803 lautet: «Die Schweizerische Tagsatzung erklärt das Postwesen als Regal und Eigenthum der Kantone in ihrem ganzen Umfang.» Die Zentralpostdirektion hätte gerne das einheitliche Postwesen aus dem allgemeinen Schiffbruch der Helvetik gerettet, denn sie hatte erkannt: ohne Einheit kein Postsystem, und ohne eine gewisse Ausdehnung des Gebiets kein Vorteil im Betrieb.
Ein Kommentator schrieb hundert Jahre später: «Der lockere Staatenbund der Eidgenossenschaft mit den auf so kleinem Gebiet einander bekämpfenden Sonderinteressen der Kantone bildete keinen günstigen Boden für ein grosszügig angelegtes eidgenössisches Postunternehmen.» Und das ebenso lockere Gebilde Gemeiner Drei Bünde, so ist man versucht beizufügen, – eine kleine Eidgenossenschaft innerhalb der grossen –, mit seinem besonders ausgeprägten Partikularismus und Kirchturmdenken bot ganz ungünstige Voraussetzungen für ein einigermassen einheitliches Postwesen auf noch viel kleinerem Raum: innerhalb eines einzelnen Kantons!
Im Jahre 1803 kam nun doch ein Grossratsbeschluss zustande, der vom Kleinen Rat einen Entwurf zur Umgestaltung des bündnerischen Postwesens und die Prüfung der Errichtung eines Zentral-Briefpostbüros in Chur verlangte. Einige Punkte des Entwurfs zu Organisationsvorschriften verdienen es, hier festgehalten zu werden. In den ersten fünf Punkten ist ausführlich die Rede von den Briefen und ihrer Taxierung und schliesslich von einer Postkassa. Dann geht es weiter:
«6. Zu dieser Kassa, welche bequemlichkeitshalber mit einer kleinen Öffnung versehen seyn soll, um nicht allemahl selbe öffnen zu müssen, so oft was eingeht, zu diesem Cassa-behältniss nemlich sollen zwey Schlüss, und folglich zwey Schlüssel vorhanden seyn.
7. Es wird ein Briefpostmeister und ein Kontrollor aufgestellt, jeder von diesen behält einen der obigen Cassa-Schlüssel. Quartaliter wird die Hälfte der vorhandenen Baarschaft der Kantonskassa gegen Recipisse zugestellt, am Ende des Jahres aber allemahl die Totalrechnung dem Kleinen Rath zu Handen des Grossen Raths abgelegt und das vorhandene Cassa geld dem Kantonskassier übergeben. [...]

9. Das Postbureau wird, um desto mehrere Ordnung in Hinsicht der Spedizion der Briefen halten zu können, eine Stellage machen lassen.
10. Beede obgenannte Kantonal-Brief-Post-Beamten werden aus der Kantonskassa salarisirt...»
Wieder einmal blieb es bei einem Entwurf.
Einerseits drängte aber der Churer Handelsstand, und anderseits lockte die Aussicht, im Postwesen eine einträgliche Quelle für die Staatskasse zu finden. Die Regierung wandte sich deshalb am 26. November 1803 an die Regierung des Standes Zürich mit einem Angebot, die beidseitigen Posteinrichtungen zu verschmelzen. Zürich erklärte am 28. Januar 1804, «mit Vergnügen zu einer diesfälligen Übereinkunft Hand bieten zu wollen» und unterbreitete konkrete Vorschläge. Abgeordnete der beiden Stände verständigten sich über folgendes Projekt:
«1. Führung eines Postwagens von Lindau nach Chur, welcher Briefe, Gepäck, Passagiere und Eilwaren hin und her zu führen hat;
2. Einsetzung einer reitenden Briefpost von Chur nach Lindau und zurück in gehörigem Zwischenraum von dem Postwagen;
3. desgleichen eines reitenden Boten von Chur nach Mailand über den Splügen;
4. eines zweiten Boten dorthin über den Septimer;
5. den bisherigen Zürcherboten, statt wie bisher montags, schon am Samstag Abend oder Sonntag Morgen in Chur ankommen zu lassen;
6. eine zweite Post zwischen Zürich und Chur einzurichten;
7. im Einverständnis mit dem Postamt in Bozen eine Post von und nach dem Tirol via Unterengadin kursieren zu lassen mit Anschluss an die Zürcherpost.»
Die Verbesserungen für Graubünden waren augenfällig, doch ein weiteres Mal sollte es nicht sein! Kleinliche Rivalitäten zwischen den Porten der Unteren und der Oberen Strasse sowie die Unmöglichkeit der Ausführung des in Punkt 7 vorgesehenen Postkurses wegen ungenügender Strassen im Unterengadin sowie die dringenden Vorstellungen Lindaus vereitelten das Zustandekommen. «Euer Weisheiten ganz ergebener Diener Johann Jakob Rupprecht, Bevollmächtigter des Commercien Raths, der Kaiserl. Königl. Schwäb. Österr. Statt Lindau» zeichnete in seiner Eingabe vom 24. Juli 1804 auf mehreren Seiten derart verheerende Folgen für die seit Jahrhunderten bestehende «Lindauisch-Mayländische Messagerie», dass der Kleine Rat das Projekt mit Zürich grösstenteils fallen liess und dafür mit Lindau zur Erneuerung der Verträge Verhandlungen begann.
Erstmals fand das Postregal im Vertrag von 1806 mit der Lindauer Kom-

merzien-Kammer praktische Anwendung: Die Fussacher Einrichtung wurde zur privilegierten Anstalt erhoben; die Regierung verpflichtete sich, auf der Strecke St. Katharinenbrunnen–Chiavenna keine andere Einrichtung des Postwesens zu dulden. Graubünden dokumentierte nun allerdings sein Souveränitätsrecht über die Post in einer jährlichen Gebühr von 1500 Gulden Reichswährung, die sie der Messagerie abknöpfte. Wegen Verkehrsrückgangs konnte jedoch diese Summe bald nicht mehr aufgebracht werden, so dass sie vorerst auf 1000 Gulden und ab 1812 sogar auf 375 fl herabgesetzt werden musste.

1805 brachte der bündnerische Transithandel 300 000 Gulden ein. Der Naturwissenschafter Carl Ulisses von Salis-Marschlins schlug deshalb vor, als wichtigste Passstrassen den Julier, den Bernhardin und als dritte die Verbindung Prättigau–Vereina–Engadin mit dem Ofenberg als Fortsetzung zu bauen, einen Übergang also, der heute im Zusammenhang mit einem Eisenbahn-Tunnelprojekt als wintersichere Nord-Süd-Verbindung wieder im Gespräch ist.

Nachdem die Neugestaltung des alten Freistaates als Schweizer Kanton und die Unvereinbarkeit der Portens-Gerichte mit der Mediationsverfassung im Jahre 1804 eine Änderung geboten, stellte eine besondere Handels- oder Transitkommission 1808 eine neue Transitordnung auf. Diese stand jedoch noch zu sehr unter dem Einfluss traditioneller Sonderinteressen, als dass sie die dringend notwendige Reform gebracht hätte.

Immer noch dienten Wirtschaften und Gasthöfe als Auswechslungsstellen für Postgegenstände, und immer noch setzten die Boten die Taxen selber fest. Die Klagen häuften sich denn auch, insbesondere vom Handelsstand Chur. Am 12. Mai 1812 beschloss der Grosse Rat endlich, die Regierung zu beauftragen, «an die Errichtung eines Kantons-Briefpostbüros zu denken, und womöglich eine solche zu veranstalten». Ein knappes Jahr später, am 9. April 1813, beschloss die Regierung: «Es soll in Chur ein Zentral- oder Kantonalpostbüro errichtet werden.» Dort sollten die Boten aus den Talschaften nun ihre Postsachen abliefern und ankommende Sendungen in Empfang nehmen. Die Landboten versahen ihren Dienst vorläufig unabhängig von der kantonalen Postverwaltung als Angestellte der Hochgerichte, Gemeinden und Privaten.

Eine gewisse Zwangslage, in die Graubünden geraten war, dürfte den Entscheid erleichtert haben. Das Abkommen von 1803 mit der zürcherischen Postdirektion, wonach Zürich an der Besorgung des bündnerischen Postwesens einen gewissen Anteil hatte, lief 1813 aus, und Zürich konnte sich zu einer Erneuerung nicht entschliessen, weil es die Post-

kurse Zürich–Chur nicht mehr auf eigene, sondern auf gemeinsame Rechnung mit St. Gallen betreibe. Deshalb schritt Graubünden zum Regiebetrieb.
Damit beginnt die eigentliche Geschichte der Kantonalpost.

2.2 Ein kantonales Postamt, aber noch keine kantonalen Passagiere (1813–1823)

Nach der grossrätlichen Verordnung sollte das «Zentral- oder Kantonalpostbureau» in Chur «so viel wie möglich in der Mitte hiesiger Stadt und in jedem Fall in einem feuerfesten Ort» errichtet werden. Dort eine Anstellung zu erhalten war eine recht kostspielige Sache: «Die bei dem Bureau angestellten Personen werden von der Regierung auf ihre Pflichten beeidigt, und da sie für alle in dem Bureau abgegebenen Briefe, Paketer und Gelder gutzustehen haben, so haben sie jede eine annehmliche Kaution von fl 2000 zuhanden des Kleinen Rats zu leisten.» Es handelte sich übrigens am Anfang um zwei Angestellte. Die Post wurde im Freieck untergebracht.
Die Staatspost befasste sich vorerst wirklich nur mit Briefen, Wertsendungen und Paketen; die Personenbeförderung blieb Privaten überlassen und liess viel zu wünschen übrig. Die Reisenden waren auf Fuhrhalter und gefällige Herbergswirte angewiesen. Vom Bodensee nach Oberitalien konnten sie sich den Fussacher Boten anschliessen, «einer richtigen Schneckenpost, die abwechselnd Boten, mehr oder weniger primitive Wagen und Packpferde benützte». Die mittlere Stundengeschwindigkeit betrug 2,8 km. Bei Abreise in Lindau am Montag um 5 Uhr nachmittags konnte man mit etwas Glück am Samstag um 9 Uhr früh in Mailand eintreffen. Was kostete das Mitreisen oder Mitgehen? Noch im Tarif der Fussacher Messagerie vom «8ten Hornung 1820» sind zwar die Positionen Briefporto, gemünztes Silber und «Waaren-Sendungen» aufgeführt; über Reisende heisst es lakonisch, sie hätten sich «mit der Messagerie selbst abzufinden».
Der Friede von 1815 setzte den Schlusspunkt hinter die kriegerischen Auseinandersetzungen um die Alpenpässe. Von den Kämpfen anderer Art, die noch bevorstanden, wenn sich dereinst die Frage stellen sollte, über welche Pässe Strassen und später Eisenbahnen führen oder welche gar untertunnelt werden sollten, ahnte man wohl noch kaum etwas. Der am 7. August 1815 nach dem Sturze Napoleons in Zürich unterzeichnete Bundesvertrag bestätigte ausdrücklich die vollständige Überlas-

Postritt Lindau–Mailand über Chur und Splügen (Foto aus einem Umzug), bis 1822 bei schneefreier Strasse monatlich einmal mit acht Pferden ausgeführt. Reisedauer 12 Tage hin und 12 Tage zurück.

sung des Postregals an die Kantone. «Das drängende Streben nach wenigstens teilweiser Vereinheitlichung war [...] auf den Weg mühseliger, meist recht unbefriedigender Konkordate und Sonderverträge zwischen den Kantonen angewiesen.»

Ein gewaltiges Hindernis muss der Münzenwirrwarr, von dem schon die Rede war, gewesen sein; eine fast unüberblickbare Vielfalt bei den Gewichten und Massen kam noch dazu. Tonnen, Kilo und Gramme gab es noch keine, dafür verschiedene Zentner, je nachdem, ob es sich um «Schwer Gewicht» oder «Leicht Gewicht» handelte, dann leichte und schwere Pfunde, grosse und kleine Krinnen, Hahnenfüsse, gewöhnliche Loth und Apotheker-Loth, Gewürz-Pfund, Fleisch-Pfund, Fisch-Pfund, einen Stein Hanf, Unzen, Quentlein, Ledi, Mütt, Drachmen, Quartanen, gemeine Pfund, Engadiner und Churer Pfund, Rupp usw., wobei das Unterengadiner Pfund in Obtasna um 1 Loth leichter war als in Untertasna... Und dieses wirre Durcheinander sollte noch bis zur Bundesverfassung von 1848 dauern! Noch «Mitte des 19. Jahrhunderts zählte man in Bünden 20–40 verschiedene gangbare Arten von Goldmünzen, von den grossen, viereckigen mexikanischen Quadrupeln bis herab zu den Pezeten und dazu ca. 25 Arten von Silbermünzen.»

Von 1813 bis 1817 besorgte die Transitkommission die Aufsicht über das Postwesen. Am 31. Dezember 1817 beschloss der Kleine Rat die Einsetzung einer aus drei ehrenamtlich tätigen Mitgliedern bestehenden Postdirektion. Später kam die Bestimmung hinzu, dass diesem Dreier-Gremium jeweils ein Katholik und zwei Protestanten angehören mussten. 1817 bestand die Postdirektion aus «Sr. Weisheit, Herr Bundeslandammann Jakob Ulrich Sprecher von Bernegg, als Präsident, und den HH Hauptmann und Oberzunftmeister Bavier-Planta» (vorher Präsident der Transitkommission) «und Michael Mirer als Mitglieder». Die Direktion trat nur zu Kommissionssitzungen zusammen. Der Personalbestand des Postamtes wurde im gleichen Jahr erweitert. Zu den bisherigen Beamten, dem Briefpostmeister (später Postamtsdirektor genannt), der zugleich Kassier und Taxationsbeamter war, und dem Kontrolleur (zugleich Brief- und Fahrpostbeamter) kam ein dritter Beamter hinzu.

Ein Jahr vor dieser kleinen Reorganisation hatte Graubünden einen von Österreich angetragenen Vertrag wegen unwesentlicher Nebensäch-

Postkurs der Fußacher Messagerie nach dem Vertrag mit Oesterreich vom Jahre 1820.

Stationen	Ankunft		Aufent-haltszeit Std.	Abgang		Beför-derungs-zeit Std.	Transportmittel	Grund des Aufenthaltes
	Wochentage	Tageszeit		Wochentage	Tageszeit			
Lindau				Montag	abends 5 h.	3	Schiff a. d. Bodensee	
Fußach	Montag	abends 8 h.	10	Dienstag	früh 6 h.	5	Mit Wagen	Uebernachten
Feldkirch	Dienstag	früh 11 h.	3	„	nachm. 2 h.	3	„ „	Uebergabe d. Briefe
Balzers	„	nachm. 5 h.	8	Mittwoch	früh 1 h.	3	„ „	Uebernachten
Zollbrücke	Mittwoch	früh 4 h.	1	„	„ 5 h.	2	„ „	Füttern
Chur	„	„ 7 h.	5	„	mittags 12 h.	4	Mit Saumpferden	Umladen, Ueber-nahme der Briefe
Thusis	„	nachm. 4 h.	2	„	abends 6 h.	3	„ „	Füttern
Andeer	„	abends 9 h.	3	„	nachts 12 h.	4	„ „	„
Splügen-Dorf	Donnerstag	früh 4 h.	2	Donnerstag	früh 6 h.	3	„ „	„
Splügen-Berg	„	„ 9 h.	2	„	„ 11 h.	5	„ „	Zollamt
Clefen	„	nachm. 4 h.	14	Freitag	„ 6 h.	2	Mit Wagen	Umladen, Zoll, Uebernachten
Riva	Freitag	früh 8 h.	2	„	„ 10 h.	14	Mit Schiff (Comersee)	Einschiffen
Como	„	nachts 12 h.	6½	Samstag	„ 6½ h.	2½	Mit Wagen	Uebernahme d. Post, Zoll
Barlassina	Samstag	früh 9 h.	½	„	„ 9½ h.	2½	„ „	Füttern
Mailand	„	mittags 12 h.						

lichkeiten ausgeschlagen, der eine auf guten Grundlagen aufgebaute Postverbindung zwischen der Lombardei und Bayern über den Splügen gebracht hätte. Nachdem Österreich am Wiener Kongress von 1815 neuerdings in den Besitz des mailändisch-venetianischen Königreichs gelangt war, sah sich Bünden auf drei Seiten von dem grossen und reichen Nachbarstaat umschlungen. Das Abseitsstehen sollte sich rächen: Österreich leitete nun seine ganze Korrespondenz aus Italien nach dem westlichen Deutschland, Holland und selbst Frankreich und umgekehrt über seine Tirolerstrasse oder den Gotthard, «was zur Folge hatte, dass dem hierseitigen Ärar die ihm natürlicherweise zukommenden Vorteile der transitierenden Korrespondenzen, sowie die Möglichkeit, die eigene nach und von Italien zu den billigsten Bedingungen zu befördern, entzogen wurden».
Während Graubünden eine Chance verpasst hatte, waren andere eidgenössische Mitstände um so aktiver gewesen: Zürich hatte das Postwesen der Kantone Tessin, Uri und Schwyz gepachtet und vertraglich festgehalten, dass «keinerlei Postal-Gegenstände in geschlossenen Amtspaketen oder Felleisen nach oder von fremden Staaten durch tessinisches Gebiet transitieren» durften, womit auch der Transit über den Bernhardin schwer betroffen wurde. «Das zähe Festhalten am Althergebrachten, welches [...] nicht bloss seinerzeit das Menhardtsche Postreform-Projekt zu Fall gebracht hatte, sondern auch die überlebten, verkehrshemmenden Portensrechte duldete, lastete wie ein düsteres Verhängnis auch auf der ferneren Entwicklung des bündnerischen Postwesens.»
Graubünden zog dem offerierten Vertrag eine Erneuerung der abgelau-

Die Postverwaltung des Cantons Graubünden
vom 1. Juli 1817 bis 1. Juli 1818

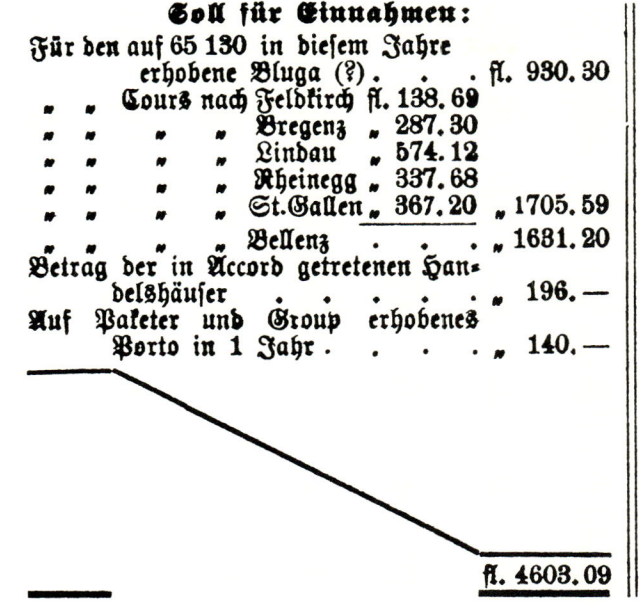

Soll für Einnahmen:		Haben für Ausgaben:	
Für den auf 65 130 in diesem Jahre erhobene Bluga (?) . . . fl. 930.30		An Saldo letzter Jahresrechnung . . fl. 620.—	
" Cours nach Feldkirch fl. 138.69		a) Besoldungen den Offizianten:	
" " " Bregenz „ 287.30		Herrn Lendi, Oberzunftmeister fl. 450.—	
" " " Lindau „ 574.12		„ Mirer, Michael „ 450.—	
" " " Rheinegg „ 337.68		„ Florian Nett seit Anfang April (¼ Jahr) . . 50.— „ 950.—	
" " " St.Gallen „ 367.20 „ 1705.59		Den Brief- und Paketer Tragern . . „ 403.23	
" " " Bellenz „ 1681.20		b) Bothen Löhne:	
Betrag der in Accord getretenen Handelshäuser . . . „ 196.—		Dem Feldkircher . . . fl. 317.23	
Auf Paketer und Group erhobenes Porto in 1 Jahr . . „ 140.—		„ Nachläufer . . 177.05	
		„ St. Galler . . 294.—	
		„ Bellenzer (in ½ Jahr) „ 650.— „ 1438.28	
		c) Vermischtes:	
		Zins für das Bureau . fl. 180.—	
		Verwaltungs-Ausgaben lt. Beleg Nr. 1 . . . „ 293.26	
		Geld- und Briefporti für die H. Regierung lt. Belg. Nr. 2 „ 129.48 „ 616.04	
		Gebühren b. Kanton an Saldo bis Heute „ 575.54	
	fl. 4603.09		fl. 4603.09

fenen Vereinbarung mit der Fussacher Messagerie vor, der vom 1. Mai 1816 an drei Jahre gelten sollte. Doch nun erklärte Österreich im Herbst 1817 diese Privatbotenanstalt als mit seinen Gesetzen unvereinbar und deshalb aufgehoben. Der wahre Grund dürfte darin bestanden haben, den Transitverkehr Lindau–Mailand auf die Tiroler Route zu leiten. Nun war schleunigst Ersatz zu suchen. Zürich gestand einem von Bünden einzuführenden Botenkurs von Chur über den Bernhardin die direkte Weiterführung ab Bellinzona nach Italien zu. Mit St. Gallen wurden die Anschlüsse nach Norden über Rheineck gesichert.

Als dann überraschend die Nachricht eintraf, Wien lasse die Fussacher Boten wieder zu, und man möchte sich doch für die Briefverbindung zwischen Bünden und Mailand wieder ihrer bedienen, hatte man auf der einen Seite die Vorteile der inzwischen ins Leben gerufenen Rheinwaldner und Misoxer Boten gegenüber der schwerfälligen Messagerie kennen- und schätzen gelernt, anderseits sah man nun die Vorteile von Verträgen, denen der mächtige Nachbar ausdrücklich zustimmte, ein und trat deshalb auf die Vorschläge ein. Die Verhandlungen über eine interimistische Wiedereinsetzung der Fussacher Messagerie zogen sich allerdings bis ins Jahr 1820 hin. Der wegen seiner Schnelligkeit geschätzte Botenkurs von Chur nach Bellinzona sollte für die Briefpost beibehalten werden; dem Fussacher Boten wurde «die Durchführung von Reisenden und Effekten [...] gestattet». Die Fahrzeiten dieser Einrichtung betrugen 1820 bis Mailand 102 Stunden, nämlich 53 Std. eigentliche Beförderungszeit und 49 Std. Aufenthalte.

Bald stellte sich das Bedürfnis nach Postablagen auf dem Lande ein. Als erste wird jene in Mesocco, 1817, erwähnt. Der Vertrag mit Österreich von 1820 sah «Wechselpostämter» in Maienfeld, Andeer und Splügen vor.

Allzugerne hätte die Bündner Postdirektion einen Anteil an den Erträgen des Postkurses nach Zürich gehabt. 1822 kam eine entsprechende Vereinbarung zustande. Darnach war ein dritter wöchentlicher Postkurs Zürich–Chur–Cleven–Mailand vorgesehen, der zwischen Chur und Chiavenna von Graubünden ausgeführt, aber von Zürich subventioniert werden sollte. Die Kosten der Kurse zwischen Chur und Zürich trug Zürich allein, liess aber Bünden am Reinertrag teilhaben.

Sardinien mit seinen Schwerpunkten Turin und Genua und die Lombardei mit dem Zentrum Mailand suchten sich in jeder Beziehung auszustechen. Für einmal konnte Graubünden von der Rivalität anderer profitieren: Während es sich unter dem Konkurrenzdruck von Ost und West sowie als Folge der Nahrungsmittelknappheit von 1816/17 daranmachte, mit finanzieller Hilfe Sardiniens zwischen 1818 und 1823 von Chur über den Bernhardin in Richtung Bellinzona eine befahrbare Strasse zu erstellen, baute Österreich auf eigene Kosten die Strasse von Chiavenna bis nach Splügen Dorf. Da sich der Kanton Tessin nicht dazu entschliessen konnte, das kurze Teilstück der Bernhardinroute von Lumino nach Bellinzona zu bauen, griff Sardinien nochmals in den Staatssäckel.

Nun standen Graubünden fast gleichzeitig zwei befahrbare Strassen nach Süden zur Verfügung: die eine über den Splügen in die österreichische Lombardei und die andere über den Bernhardin in Richtung Langensee, der auf dem Wasserweg Anschluss bot ins Gebiet des Königreichs Sardinien.

Damit begann eine wichtige neue Epoche in Graubündens Verkehrsgeschichte.

2.3 Diligencen, Extraposten und Eilwagen auf privater Basis (1823–1834)

Ihrem wohlklingenden Namen zum Trotz verfügte die Kantonalpost über einen recht geringen Tätigkeitsbereich: Sie befasste sich nicht mit Transporten, sondern nur mit der Spedition. An staatliche Einrichtungen für die Reisendenbeförderung dachte weder die Postdirektion noch die Standesregierung. Nun waren also zwei gut ausgebaute Strassen über den Alpenkamm da, doch fehlten noch bequeme und sichere Fahreinrichtungen für die Reisenden.

Beim «Verlorenen Loch» in der Viamalaschlucht. Nach einem Stich von J.J. Meyer 1825.

Im Januar 1823 beantragte Regiments-Quartiermeister Rageth Abys (oder Abis) beim Kleinen Rat, eine Extrapost- und Diligencenanstalt auf der Strecke Ragaz–Bellinzona einzurichten. Abys hatte in holländischen Kriegsdiensten und in Deutschland die dortigen Fahrposten kennengelernt und war überzeugt, diese Einrichtung würde auch den durch Graubünden Reisenden dienen. Die fahrenden Posten stellte er sich als unter öffentlichem Schutz stehende Privatanstalt vor, die sich auf den Transport von Reisenden und ihrem Gepäck zu beschränken hätte und in keiner Verbindung mit dem Postbüro und der Briefbeförderung stehen

1825/30. Die neue Strasse in der Viamala. Im Hintergrund Mitte Hohenrätien. Kolorierte Aquatinta von J.J. Meyer.

sollte. Die Regierung unterbreitete den Vorschlag einem gründlichen Kenner des bündnerischen Verkehrswesens, Oberst P.C. von Tscharner, zur Stellungnahme. Dieser hatte am Bau der Mont-Cenis-Strasse mitgewirkt und dort ebenfalls Diligencen-Einrichtungen kennengelernt. Er sah besondere Schwierigkeiten im Winter und entsprechend hohe Kosten voraus und empfahl, einem Unternehmer gleich auch den Schneebruch gegen eine kantonale Entschädigung aufzuerlegen. Eine Rentabilität bezweifelte er.

Gestützt auf diesen Bericht hat der Kleine Rat «die Aufstellung einer Di-

«*Euer Weisheit haben wir die Ehre hiemit die Erklärung vorzutragen, dass wir dem uns gestern (?) eröffneten Vertrag für die Unternehmung einer Diligence, Extrapost und Schneebruch auf der Route nach Bellenz beypflichten, und sämtliche Conditionen unbedingt annehmen; Wir haben die Ehre in vollkommenster Hochachtung zu seyn*

*Euer Weisheit gehorsamste Diener
Chur am 28 Juny 1823
R. Abys & U. Bauer*»

ligencen- und Extrapostanstalt auf den zwei neu angelegten Kommerzialstrassen sowohl zur Vermehrung des Warentransits und der manigfaltigen Erwerbsquellen für die Kantonseinwohner als auch der in die Standeskasse fliessenden Einnahmen als wünschbar, vorteilhaft und erspriesslich befunden und deren Einrichtung beschlossen». Eine Kommission arbeitete einen Entwurf aus für die öffentliche Ausschreibung des Unternehmens, der im Kleinen und Grossen Rat sowie in der Standeskommission eingehend beraten wurde (Standeskommission = vom Grossen Rat seit 1805 alle Jahre gewählter engerer Ausschuss aus drei

Mitgliedern jedes Bundes zur Vorberatung der grossrätlichen Traktanden). Der Kantonskassier hatte dringend zu einer Verpachtung geraten, denn für den Kanton selber wäre das ein viel zu gewagtes Unternehmen, auf das er sich nicht einlassen dürfe.

Es meldeten sich zwei Interessenten-Gruppen: Rageth Abys mit Kompagnon U. Bauer einerseits und der Gutachter P.C. von Tscharner mit Ratsherr J.B. de J.B. Dalp. Obschon sich Abys & Bauer gemäss Urkunde im Kantonsarchiv allen Bedingungen unterzogen (siehe Abbildung S. 49), erfolgte der Zuschlag an Tscharner & Dalp, weil sie auf die Kantons-Entschädigung von 4300 fl für den Schneebruch verzichteten. (Piemont hatte ihnen eine beträchtliche jährliche Subsidie zugesagt.) Den Herren Abys & Bauer wurde die Führung eines «Eilwagens» über den Splügen nach Mailand übertragen.

Geschäftsempfehlung der Unternehmung Abys & Bauer in Chur für die neuen Eilwagenkurse Chur–Splügen–Mailand, 1823.

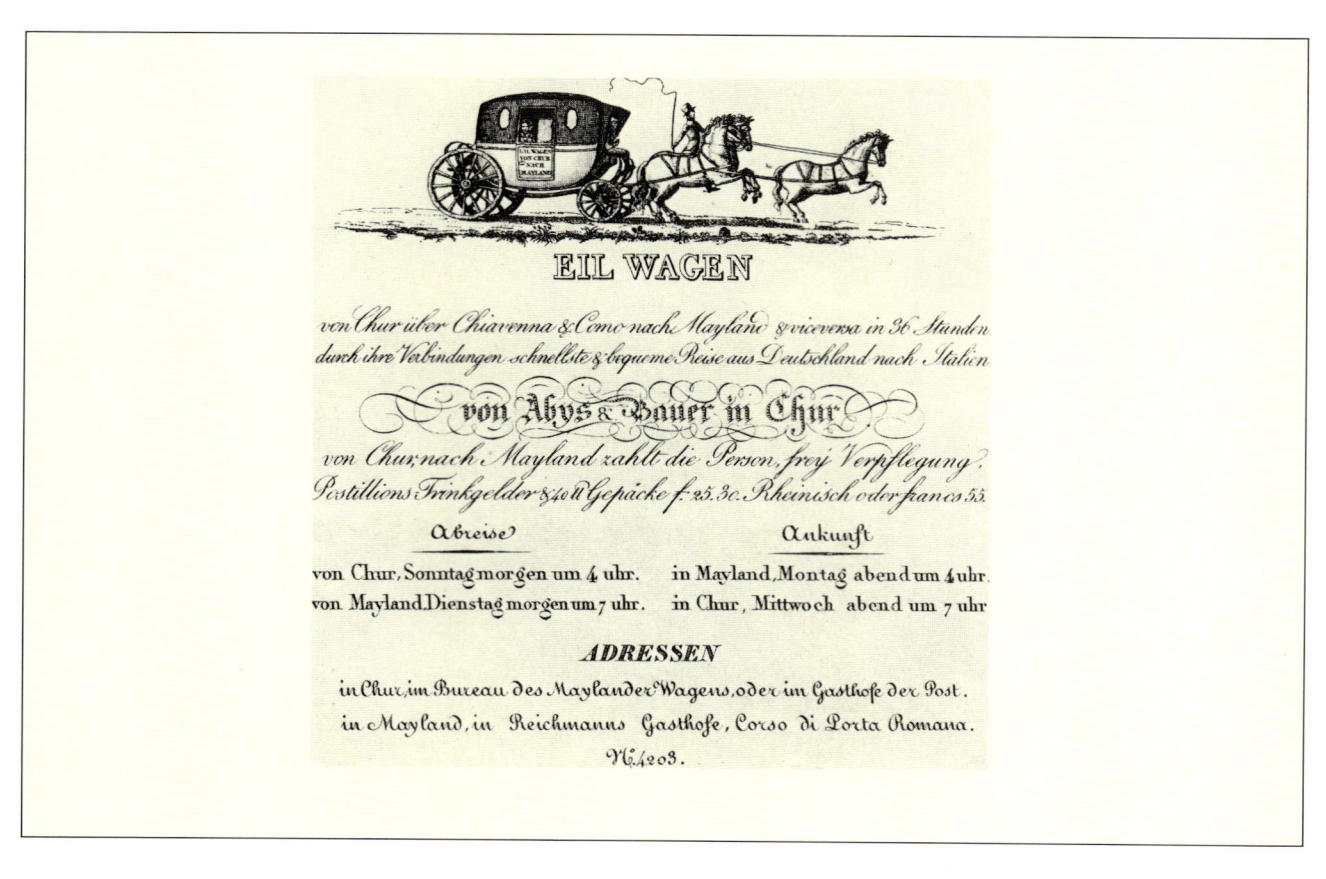

Der Vertrag vom 15. September 1823 sah folgende Leistungen der Unternehmung Tscharner & Dalp vor:
1. Regelmässige, wöchentlich einmalige Führung einer Diligence (Landkutsche) von Chur nach Bellenz und zurück;
2. Errichtung und Unterhaltung einer Extrapostanstalt;
3. Offenhaltung der Schneebahn an der Sankt Bernhardiner Strasse bei Busse von 4 Louisdors für jeden Werktag, an dem der Berg nicht geöffnet sein sollte;
4. Leistung einer Realbürgschaft von 8000 Gulden.

Der Kanton gestattete dafür auf der Strecke Chur–Bellenz keine andere Diligencen-Einrichtung und im ganzen Umfang des Kantons keine andere Extrapost-Anstalt. Dieses Monopol war allerdings insoweit eingeschränkt, als die Fussacher Messagerie ebenfalls das Recht der Reisendenbeförderung auf der Strecke Chur–Chiavenna besass.

Als Rückvergütung allfälliger Bussen für Tage, an denen die Schneebahn «infolge Gottesgewalt» nicht offengehalten werden konnte, leistete der Kanton einen jährlichen Beitrag von 24 Louisdors. Dem Bericht der grossrätlichen Kommission vom Jahre 1825 ist zu entnehmen, dass dieser Beitrag auch als Prämie für ausserordentliche Leistungen gedacht war, für den Fall, dass die Strasse an weniger als sechs Tagen gesperrt sein sollte.

Dem Unternehmen wurde der öffentliche Schutz zugesichert; es durfte Wappen und Siegel des Kantons benutzen und den Titel «Direktion der Extraposten und Diligencen» führen.

Die Vorbereitungsarbeiten wurden derart rasch vorangetrieben, dass der Betrieb noch im gleichen Monat aufgenommen werden konnte. Für die ganze Strecke wurden acht Posthaltereien vorgesehen, die für eine genügende Anzahl Postpferde zu sorgen hatten: Chur, Thusis, Andeer, Splügen, Hinterrhein, St. Bernhardin, Misox und Roveredo. So wurde ein Bestand von 74 Pferden erreicht.

Was hat man sich unter einer Diligence und was unter einer Extrapost vorzustellen? Die Diligence fuhr regelmässig mit bestimmten Fahrzeiten und ohne Rücksicht darauf, ob sie Reisende mit sich führte oder nicht. Die Extrapost hingegen verkehrte nur auf Bestellung. Kernstück der Einrichtung war die Pikettstellung von Pferden, Wagen und Begleitern für die Beförderung von Reisenden nach Bedarf. Extrapostpassagiere konnten auch ihre eigenen Wagen mitbringen; dann hatte die Anstalt nur Pferde und Kutscher zu stellen. Die Extrapost legte die Strecke Chur–Bellinzona in rund $21^{1}/_{2}$ Stunden zurück, während die Diligence 36 bis 48 Stunden benötigte. Der unterschiedlichen Schnelligkeit entsprechend

Splügen Douane.

waren auch die Tarife verschieden. Während für den Platz in der Diligence ein fester Preis zu zahlen war, kam es bei der Extrapost nicht auf die Zahl der Reisenden, sondern auf die Anzahl Pferde an.
Die Preise hielten sich im Verhältnis zum Aufwand; sie hielten auch den Vergleich mit andern Posten aus. Als Grundlage für den Extraposttarif wurde die Einteilung der ganzen Strecke in sog. französische Posten von 8000 Metern genommen. Für jede Post galt eine gleiche Tarifeinheit; die Anzahl gefahrener Posten multipliziert mit der Tarifeinheit ergab das Fahrgeld. Dazu kamen auf gewissen Strecken Steigungszuschläge, so dass kürzere Strecken mehr kosten konnten als längere.

Am Zoll auf der Splügen-Passhöhe um 1830.

Beispiel:
Chur–Thusis   26 478 Meter = 3¼ Posten
Thusis–Splügen   25 940 Meter = 3¾ Posten

Dieser Einheitstarif wurde indessen schon nach zwei Jahren geändert. Der erhoffte Fremdenstrom war ausgeblieben, und die Unternehmer sahen sich gezwungen, entweder den Betrieb aufzugeben oder günstigere Vertragsbedingungen zu erwirken. Dank dem Entgegenkommen des Kantons konnten die Taxen bedeutend ermässigt und der Anreiz, in Graubünden zu reisen, im Ausland verstärkt werden. Der Tarif wurde nunmehr auf Grund «deutscher Posten zu 14 000 Metern» festgesetzt und die Sätze bedeutend reduziert.
Mit dem Betrieb der Diligencen und Extrapostanstalt war ein Benüt-

Einteilung der Posten von Chur bis Bellenz nebst Fahrpreis und Bestimmung der Fahrzeit.

Stationen von einem Wechselplatz zum andern	Distanzen in Metern	Posten	Zuschläge für Steigung	Posten	Total der Posten	Tarif 2 Pferde 1 Postillon pro Post 3 fl. 24 x	Fahrzeit Richtung Bellenz	Fahrzeit Richtung Chur
Von Chur bis Thusis	20,478	3¹/₄	—	—	3¹/₄	11 fl. 2 x	3¹/₂ Stunden	3¹/₄ Stunden
Von Thusis bis Splügen	25,940	3¹/₄	Starke Steigung ca. 5000 m	¹/₂	3³/₄	12 fl. 45 x	4¹/₂ „	3¹/₂ „
Von Splügen bis Hinterrhein	10,222	1¹/₄	Steigung und schwierige Straße im Winter	¹/₄	1¹/₂	5 fl. 6 x	2 „	1¹/₂ „
Von Hinterrhein bis St. Bernhardin	17,103	2¹/₈	Starke Steigung ca. 12000 m	1³/₈	3¹/₂	11 fl. 54 x	4 „	4 „
Von St. Bernhardin bis Mesocco	13,700	1⁵/₈	„ „ „ 10000 m	1¹/₈	2³/₄	9 fl. 21 x	2¹/₂ „	4 „
Von Mesocco bis Roveredo	21,323	2⁵/₈	„ „ „ 2000 m	¹/₈	2³/₄	9 fl. 21 x	3 „	3¹/₂ „
Von Roveredo bis Bellenz	12,460	1¹/₂	—	—	1¹/₂	5 fl. 6 x	2 „	2 „
	127,226	15²/₈		3³/₈	19	64 fl. 35 x	21¹/₂ Stunden	21³/₄ „

zungszwang verbunden. Es war jedermann verboten, mit Postpferden ankommenden Reisenden vor Ablauf von 12 Stunden nach ihrer Ankunft Pferde zur Fortsetzung ihrer Reise anders als durch Vermittlung des Posthalters zu liefern. Später wurde diese Wartezeit sogar auf 48 Stunden ausgedehnt. Diese Massnahme war notwendig, um das Interesse der Extraposten gegenüber den Lohnkutschern oder Hauderern, wie man sie auch nannte, zu schützen und ihr Bestehen überhaupt zu ermöglichen.

Tscharner – Dalp war eher stiller Teilhaber – warb eifrig für seine Unternehmung und die neue Strasse. 1824 erschien bei A.T. Otto in Chur ein 46seitiges Büchlein mit dem Titel «Neue Post- und Handelsstrasse durch die südöstliche Schweiz, als kürzester Verbindungsweg zwischen Deutschland und Italien. Eine unentbehrliche Berichtigung und Vervollständigung aller bisher erschienenen allgemeinen oder auf die Alpenpässe besonders bezüglichen Postrouten, Reiseanleitungen usw. Herausgegeben von der Direktion der Extraposten und Diligencen des schweizerischen Kantons Graubünden.» Diese Anpreisung der landschaftlichen Reize fiel in eine Zeit, als das Grauen vor den furchtbaren Bergen zu schwinden begann. In der Einleitung wird darauf hingewiesen, «dass kein anderer Theil der Schweiz in so engem Umkreise so vielseitige Naturmerkwürdigkeiten und dabei dem Geognosten und dem Botaniker, wie dem philosophischen Beobachter, reichere Ausbeute darbietet, als der, von der neuen Strasse durchzogene Kanton Graubünden». Nach einem Hinweis auf das bisher nur mühsam mit Saumpferden

Bündner Kantonalpost bei Pianazzo auf der italienischen Seite des Splügenpasses 1825/1830. Kolorierte Aquatinta.

oder mit ganz kleinen Bergwägelchen zu überwindende Hindernis der Alpen werden die Schwierigkeiten mit dem südlichen Nachbarkanton beim Ausbau der Bernhardin-Strasse gestreift: «... und wenn zwar früherhin besondere Umstände ihn (den Kanton Tessin. Anm. d. Verfassers) bewogen hatten, einen, dieser Unternehmung nachtheiligen, Vertrag einzugehen, so zeigt er sich nun in dieser Hinsicht so bereitwillig, als es ihm seine Verhältnisse erlauben.» Es folgt eine Darstellung des Vertragsverhältnisses zum Kanton und schliesslich eine Streckenbeschreibung, wobei die «vielen kleinern und grössern Strassenzweige,

Beim Hospiz auf dem Bernhardin 1825.

die sich an diese Hauptrichtung anschliessen oder von ihr ausgehen», ein gutes Bild über die damaligen Wegverhältnisse ergeben:

«Vom Dorfe *Zizers* aus kleine Fahrwege nach den Bergthälern Prättigäu und Davos.
Von *Chur* aus die kleine Fahrstrasse über den Albula- oder über den Julierberg nach den Engadinerthälern, und weiterhin nach Tyrol, Veltlin und an den Comersee.
Von *Reichenau* aus schmale Bergstrassen dem Vorderrhein entgegen, ins Oberland und gegen Urseren.
Von *Thusis* aus Bergweg durch den Schin-Pass nach den Engadinen.
In der *Rofflen*, Bergweg nach den Eisenwerken von Ferrera.
Von *Splügen* aus neue Fahrstrasse über den Splügnerberg nach Clefen (Chiavenna) und an den Comersee.
Von *Hinterrhein* Bergpfad über den Valserberg ins Innere des Oberlandes.
Von *Grono* Bergweg ins Thal Calanca.
Bei der *Moesabrücke* die Heerstrasse vom Gotthardsberg, von Airolo an fahrbar.
Von *Bellenz* (Bellinzona) Fahrstrasse nach Locarno auf dem rechten Ufer des Tessin.
Von *Cadenazzo* Heerstrasse gegen Mailand über den Mont-cenere, Lauis (Lugano) und Como oder Varese; oder von letzterem Ort weg über Gallarate nach Piemont.»

Schliesslich erfährt der Interessent, was ihn für Bequemlichkeiten erwarten (Kutschen; im Winter, soweit anwendbar, gedeckte Schlitten), und erhält zum Schluss einen Satz serviert, der nicht in einem Atemzug zu bewältigen ist:

«Wenn nun zwar die Herausgeber auf der einen Seite versichern dürfen, dass die neue Strasse schon seit zwei Jahren mit Sicherheit und Bequemlichkeit befahren wird, und dass hinsichtlich der Anstalten jeder Art, sowohl von Seiten der Behörden als der einzelnen Individuen, allem aufgeboten wird, um den Erwartungen der Reisenden möglichst zu entsprechen: so wäre es auf der andern Seite eben so voreilig, zu versprechen, als es unbillig scheint, zu erwarten, dass ein so ausgedehntes, in diesen Gegenden so durchaus neues Unternehmen, besonders bei so vielen örtlichen Schwierigkeiten, schon in den ersten Jahren denjenigen

I. Uebersicht
der, von der Schweiz und Deutschland nach Italien und zurück, durch Chur gehenden Diligencen und Postwagen.

(Vor pag. 25 zu binden.)

Stationen der Ankunft und Abfahrten neben bezeichneten Tagen von und nach Chur.	Benennung der Diligencen und Postwagen.	gehen von Chur ab nach		kommen von Chur an in		gehen nach Chur ab von		kommen in Chur an von		Preis für einen Platz von und nach Chur in Reichsgeld à fl. 11.		Angabe wie weit die Reise von Chur aus über Land und wie weit über See geht (über Stundenmaass siehe Anhang II.)
		den hievorne benannten Stationen								ohne / mit Zehrung		
		TAGE	M.A.	TAGE	M.A.	TAGE	M.A.	TAGE	M.A.			
Zürich	Zürcher Diligence	Sonntag Donnerstag	10 / 9	Montag Freitag	9	Montag Freitag	4	Dienstag Samstag	4	fl. 11 —		Stund 20 über Land. — 4 über See.
Rheinegg Roschach St. Gallen	St. Galler Diligence	Dienstag und Samstag	3	Sonntag und Mittwoch	3 / 4 / 7	Dienstag und Samstag	10 / 9 / 7	Sonntag und Mittwoch	6	fl. 6 51 / 7 27 / 8 15		St. 17 über Land. — 18¼ ebenso. — 20½ ebenso.
Feldkirch Fussach Lindau	Fussacher Messagerie	Samstag	2	Sonntag Sonntag Montag	3 / 9 / 9	Dienstag Dienstag Montag	2 / 6 / 3	Mittwoch	7	fl. 8 15 / 11 — / 11 —		St. 9½ über Land. — 15½ ebenso. — 15½ üb. L. 2 üb. See.
Bellinzona Magadino Arona Lugano Como Mailand	von Chur bis Bellenz u. bis Magadino Bellenzer Diligence / von Magadino bis Arona das Aroner Postschiff / von Bellenz bis Lugano, Como und Mailand der Mailänder Courier	vom 1 Mai bis 31 Oct. Sonntag / vom 1 Nov. bis 30 April Sonntag	9 / 7	Montag Montag Dienstag Montag Dienstag Dienstag	5 / 8 / 10 / 11 / 6 / 11	Donnerstag Mittwoch Dienstag Donnerstag Dienstag Dienstag	6 / 8 / 3 / 2 / 7 / 1	Freitag	4	fl. 12 22 / 13 45 / 14 51 / 17 20 / 19 49		St. 26 über Land. — 28 ebenso. — 28 üb. L. 12 üb. See. — 32 über Land. — 38 ebenso. — 46 ebenso.
Chiavenna Como Mailand	Fussacher Messagerie (wie nach Feldkirch und Lindau)	Mittwoch	2	Donnerstag Samstag Samstag	5 / 4 / 12	Freitag Mittwoch Mittwoch	3 / 7 / 11	Samstag	11	fl. 16 30 / 27 30 / 33 —		St. 19 über Land. — 21 üb. L. 15 üb. See. — 29 üb. L. 15 üb. See.

BEMERKUNGEN. 1) Auf allen oben bezeichneten Diligencen und Postwagen hat jeder Reisende ungefähr ℔ 40 à 32 Loth Gepäck frei. Das Übergewicht wird nach den bestehenden Tariffen berechnet.
2) In der Bellenzer Diligence wird vom 1 November bis 1 Juni für jeden Platz fl. 1: 23 mehr bezahlt, als in den übrigen fünf Monaten, auf welche sich obige Preise beziehen.
3) Mit der Bellenzer Diligence wird der Reisende von Chur nach Bellenz gegen eine Vergütung von fl.   RV. zehrfrei gehalten.

Grad von Vollkommenheit darbiete, den man in manchen andern Staaten antrifft, und der gewiss auch hier erreicht werden wird, indem es das beständige Augenmerk aller dabei betheiligten Behörden bleiben wird, im Materiellen der Strasse, wie in den auf sie bezüglichen Anstalten, dasjenige, was von Anfang an gut erbaut war, gut zu erhalten, das Mangelhafte aber je mehr und mehr zu verbessern.»

Im Anhang folgen Übersichten der «durch Chur gehenden Diligencen und Postwagen», der Anschlüsse in Zürich, St. Gallen, Rorschach und Arona, das Extrapost-Reglement mit Tarif, Übersichten der Entfernungen, «der vorzüglichsten Gasthöfe auf der neuen Strasse», der Literatur über «die von der neuen Strasse durchzogenen Theile der Schweiz» sowie eine Gegenüberstellung «Geldfuss und Münztariff in den Kantonen St. Gallen, Graubünden und Tessin».

VIII. Postrouten von Chur aus und Fahrzeit hin und zurück. (Zwischen Seite 26 und 27)

Richtung nach	Stationen	Posten	Stunden Fahrzeit hinwärts	Stunden Fahrzeit ruckwärts	Vorspann und Verminderung.
dem Kant. St. Gallen	Ragatz	1¼	2 bis 2½	gleich	
Deutschland	Maienfeld	1¼	2 bis 2½	gleich	
	Balzers	½	1¼ – 1½	–	mit Vorspann hin- und ruckwärts.
		2¾	3¼ bis 4	gleich	
Italien durch den Kanton Tessin	Thusis	1¾	2½ bis 3	2¼ bis 2¾	
	Splugen	1¾	3½ – 4	2½ – 2¾	hinwärts mit Vorspann durchaus.
	Hinterrhein	1	1¼ – 1½	1¼ – 1½	
	St. Bernhardin	1¼	2½ – 3½	2½ – 3½	mit Vorspann auf Posten ¾ hin- und – Verminderung – ½ ruckwärts.
	Misox	1	1½ – 2	2¾ – 3½	hinwärts mit Verminderung durchaus. ruckwärts mit Vorspann durchaus.
	Lostallo	¾	1 – 1½	1¾ – 2¼	ruckwärts mit Vorspann durchaus.
	Bellinzona	1½	2 – 2¼	2¼ – 2¾	
		9	14¼ bis 18	15 bis 19	
Italien über Chiavenna	Splugen	3½	6 bis 7	4½ bis 5½	hinwärts mit Vorspann auf 1¾ Posten.
	Berghaus	¾	1¾ – 2½	1¼ – 1¾	hinwärts mit Vorspann durchaus.
		4¼	7¾ bis 9½	5¾ bis 7¼	

ANMERKUNG. So lange auf der Seite von Clefen (Chiavenna) keine Extrapostanstalten errichtet sind, ist der Posthalter in Splugen verbunden, für die Sommermonate, die mit Extrapost nach Clefen Reisenden, nach dem Verhältniss von zwei Posten vom Zollhaus bis an genannten Ort zu fuhren, wobei dann aber eine Futterzeit von 1¼ Stunden vorbehalten ist.
Auf oben bezeichnetes Minimum der Fahrzeit haben nur die Courriere bei gunstigem Wetter und Weg Anspruch.

Bereits im folgenden Jahr erschien ein Supplement, das den letzten Neuerungen Rechnung trug, und das neue «Reglement für die Kantonal-Extraposten und Diligencen des eidgenössischen Standes Graubünden», am 9. August 1825 «von dem Kleinen Rath erdaurt und genehmiget worden, und trittet in seine volle Rechtskraft am nächsten 1. September».
Folgende Tarife galten jetzt:

§. 7.

Für einen Platz in den Kantonal-Diligencen wird, mit ℔ 40 zu 32 Loth eigenem Gepäck frei, nach folgendem Tariff bezahlt:

Von Chur aus

	Bndw. fl.	Rchsw. fl.	
nach Zizers	—: 50	—: 41	
an die obere Zollbrücke	1: 10	—: 57	
nach Ragatz *	2: —	1: 37	
nach Reichenau	1: —	—: 48	
Razins	1: 20	1: 5	
Thusis *	2: 40	2: 10	vom 15 Octob. bis 15 April ⅓ mehr.
Zillis	3: 50	3: 6	
Andeer *	4: 24	3: 34	
Splügen *	6: 16	5: 4	
Hinterrhein *	7: 40	6: 12	
St. Bernhardin *	10: —	8: 5	
Misox *	11: 52	9: 36	
Lostallo *	13: 14	10: 42	
Roveredo	14: 2	11: 21	
Bellenz *	15: 18	12: 22	

Und überdies bezahlt der Reisende mit der Diligence auf jedem Wechselplatz (die hieneben mit * bezeichnet sind) dem Postillion ein Trinkgeld von Bündnerw. Kr. 8 oder Reichsw. Kr. 6. Hingegen ist er von Weg- und Brückengeldern frei. Kinder unter vier Jahren werden nicht in die Diligencen aufgenommen. Für Kinder von vier bis sechs Jahren wird nichts, für solche von sechs bis zwölf Jahren die Hälfte des Preises bezahlt, und es haben dieselben auch nur ℔ 20 Gepäck frei.

Eine Verkürzung obiger Stationen kann bei Berechnung der Preise nicht in Anschlag gebracht werden, sondern es muss auch bei späterem Einsteigen, oder früherm Aussteigen, die ganze betreffende Station nach obigem Tariff bezahlt werden. Die Fahrt wird immer beim Einschreiben des Platzes bezahlt.

§. 8.

Für Frachtstücke über ℔ 20 so wie für das allfällige Übergewicht des Passagiergutes (was jedoch im Ganzen nie über ℔ 120 für eine Person betragen soll) werden bezahlt für jedes ℔ von 32 Loth, von Chur aus:

nach Ragatz und herwärts	Bündnerw. Kr.	½
— Andeer	—	1
— Hinterrhein	—	2
— Misox	—	3
— Bellenz	—	4

Der Expansionsdrang der Unternehmung, die offensichtlich die Vereinigung des gesamten Fahr- und Briefpostwesens im ganzen Kanton in einer einzigen grossen Unternehmung nach dem Vorbild der von Fischerschen Post in Bern anstrebte, stiess rasch auf Widerstand, insbesondere auch bei J.U. Sprecher von Bernegg, Postdirektor. Die Unternehmer selber mussten allerdings schon nach einem Jahr erkennen, dass eine Weiterführung zu den Vertragsbedingungen unmöglich sei. Die Reisendenfrequenzen blieben unter den Erwartungen; einzig die piemontesische Subsidie bewahrte vor direktem Schaden.

In seinem Vorschlag an den Kanton für einen neuen Kontrakt ging Tscharner so weit, einen rechtlichen Anspruch auf den Brieftransport geltend zu machen. Schliesslich sei die Anstalt als eine kantonale bezeichnet. Die Postdirektion dagegen nannte sie eine rein private Spekulation, die sich ein Standesregal zum Gegenstand des Gewinns gewählt habe. Die Regierung lehnte Tscharners Begehren ab und sprach den Leitern gar den vertraglich zugestandenen Direktor-Titel ab. Ein leidenschaftlicher und ränkevoller Streit folgte. Die Standeskommission und der Grosse Rat hatten sich mit der Angelegenheit zu befassen, bevor auf den 1.8.1825 ein neuer Vertrag zustande kam. Die Brieftransporte erhielt die Unternehmung nicht zugesprochen, doch blieben der Direktor-Titel, die Bezeichnung «kantonale Anstalt», der landesherrliche Schutz und die Erlaubnis, Siegel und Wappen des Kantons zu führen. Einer Schneebruchentschädigung von 4300 fl stand eine Pachtsumme von 500 fl gegenüber, so dass für die Unternehmung 3800 Gulden herausschauten. Gleichzeitig reduzierte allerdings Piemont seinen Beitrag von ursprünglich 15 000 Lire jährlich auf 40 000 Lire, in absteigenden Beträgen auf fünf Jahre verteilt.

Auf dem Gebiet der Sachentransporte war inzwischen ein neuer Rückschritt eingetreten. «Die Transitordnung von 1825 brachte wieder alle von den Porten je ersonnenen Beschränkungen: unbegrenzte Kehrordnung, Ladungsbeschränkung, Bevorzugung der Rood vor der Strackfuhr usw. Namentlich in der Ladungsbeschränkung ging man sogar immer weiter [...] So war [...] das Maximum für jeden Fuhrmann auf 20 Zentner beschränkt, wo doch 2 gute Pferde in der Ebene füglich 30 hätten fortbringen können.»

Übrigens hatte auch die Fussacher Messagerie ihre liebe Not mit den Porten. Obschon ihr der «freie Durchzug» und die Befreiung von den hohen «Abfuhrgebühren» der Porten vertraglich zugesichert war, beschloss die Port Thusis, «alle Postal-Gegenstände, als Gelder, Reisende und Effekten nicht durch Fuhrwerke, die die Messagerie erwählt, fahren

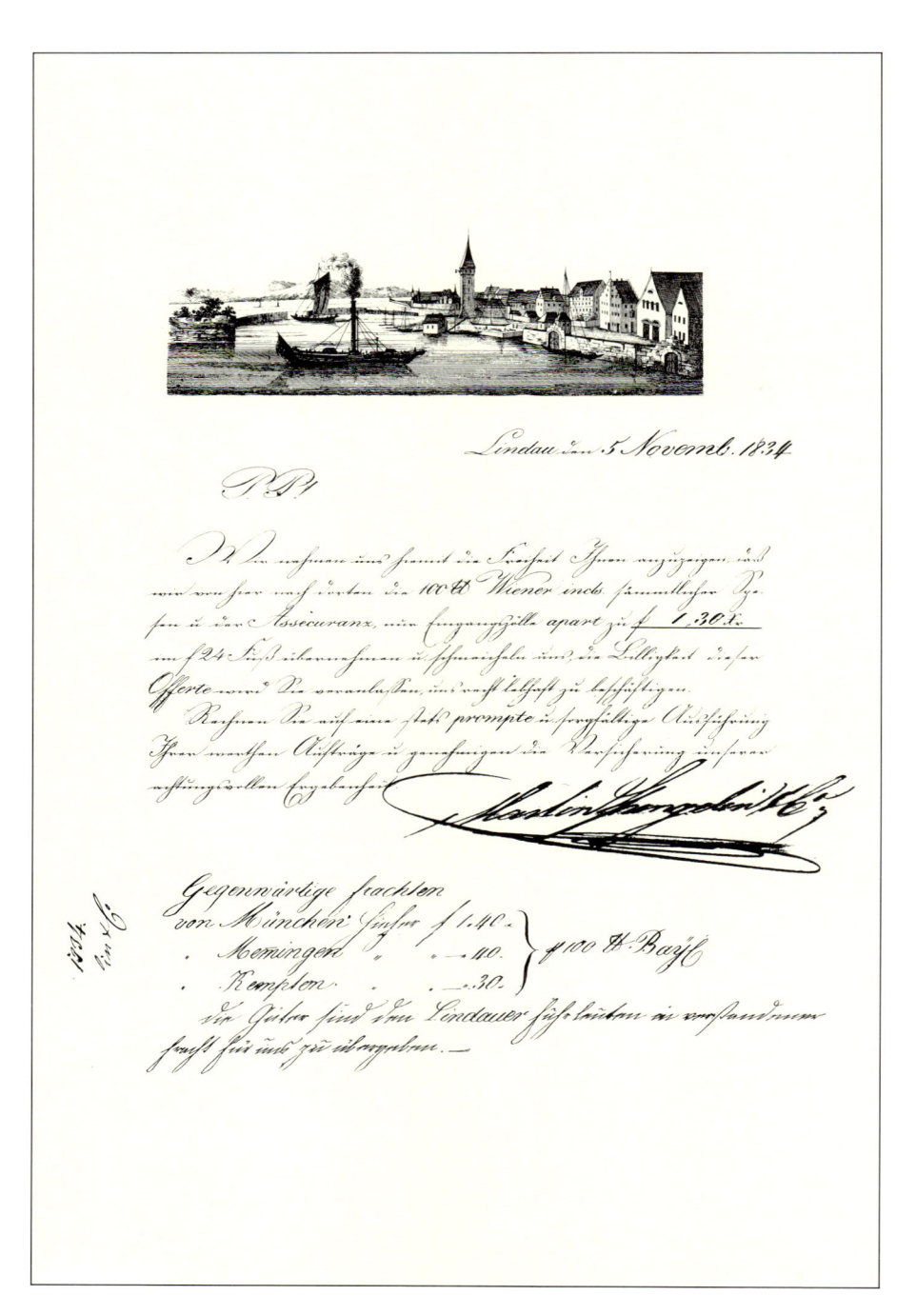

Geschäftsbrief der Lindauer Firma Spengelen & Co. von 1834. Stahlstich: «Offerte vom 5. November 1834 der Firma Martin Spengelen & Co. in Lindau an Joh. Bauer & Cie. in Chur.

Wir nehmen uns hiemit die Freiheit Ihnen anzuzeigen, dass wir von hier nach dorten die 100 Pfund Wiener incls. sämmtlicher Spesen u. der Assecuranz, nur Eingangszölle apart zu f 1.30 Xr (1 Gulden 30 Kreuzer; der Verfasser) im f 24 Fuss übernehmen u. schmeicheln uns, die Billigkeit dieser Offerte wird Sie veranlassen, uns recht lebhaft zu beschäftigen.

Rechnen Sie auf eine stets prompte u. sorgfältige Ausführung Ihrer werthen Aufträge u. genehmigen die Versicherung unserer achtungsvollen Ergebenheit.

Gegenwärtige Frachten

von München hieher	*f. 1.40*
von Memmingen hieher	*f —.40*
von Kempten hieher	*f —.30*

per 100 lbs. Bay. (bayrische Pfund. D. Verf.)

Die Güter sind den Lindauer Fuhrleuten in verstandener Fracht für uns zu übergeben.»

zu lassen, sondern dass solche von der Rood befördert werden». Es bedurfte der Drohung aus Chur mit einem Spezialgericht, dass sich die renitente Gemeinde der kleinrätlichen Gewalt unterzog. Die verkehrshemmende Einrichtung der Porten konnte sich, auf ihre verbrieften Rechte pochend, noch bis 1861 halten. Hingegen kam es ebenfalls 1825 im Zusammenhang mit dem neuen Vertrag mit der Tscharnerschen Unternehmung erstmals zu einer klaren Umschreibung der Regalrechte:
«1. Der Transport der Briefe, Pakete und Geldgruppi wird als anerkannte Gegenstände der Postaldirektion betrachtet und sollen nach wie vor

gänzlich von den Verfügungen der Briefpostdirektion abhangen und nur wenn diese es zuträglich finden sollte, der Diligence-Anstalt mit deren Zustimmung zugewiesen werden.
2. Alle Diligencegegenstände dagegen als: Transport der Reisenden und ihres Gepäcks sollen ausschliesslich der neuen Unternehmung zufallen.»
Nach Abschluss des Vertrags, der zehn Jahre dauern sollte, erliess der Kleine Rat eine ausführliche öffentliche Bekanntmachung. Darin wurde besonders betont:
Diese Direction steht in keiner Beziehung mit der Expedition der Briefe und anderer Postalgegenstände und den darauf bezüglichen Verfügungen, indem dieselben als abgesönderter Verwaltungszweig, wie bis anhin auch von nun an, der Cantonal-Briefpost-Direction allein zustehen.»
Als eigenartig wird uns die Bauweise der damaligen Fahrzeuge beschrieben. Neben zweirädrigen gab es auch schwere, vierrädrige Vehikel, gedeckte und ungedeckte.
«Da in vielen Fällen Reisende von auswärts mit eigenem Fuhrwerk in Chur eintrafen, so wurden letztere bei ihrem Übergang 'über den Berg' bei daselbst vorhandenem Schlittweg einfach abgetakelt, d.h. ihrer Räder entledigt und dann auf Schlitten verladen.
Eigentümlich mutet uns sodann die Bestimmung im Tarif an, wonach es dem Reisenden freigestellt war, die Wagenschmiere selbst zu liefern.»
Interessantes weiss Lenggenhager schliesslich über die Bespannung der Wagen, die Bekleidung der Postillone sowie das Posthornblasen zu berichten:
«Bei dreipferdiger Bespannung pflegten alle drei Pferde nebeneinander eingespannt zu werden und es durfte der Postillon also nicht vom Bocksitz aus ihre Leitung übernehmen, sondern er ritt auf dem 'Handross'. Bei vierspännigen Fuhrwerken – zwei Pferde vor die zwei 'Stangenpferde' gespannt – waren zwei Postillone nötig, wobei der eine das Handross der Stangenpferde, der andere dasjenige des Vorspanns ritt.
Das Tenu der damaligen Postillone bot einen geradezu malerischen Anblick dar: mit grossen Sporen versehene 'Kurierstiefel', welche stets hübsch gewichst sein mussten, gelbe oder weisse, lederne Reithosen, blauer Rock mit Ärmellitzen, hinten mit 'Schwalbenschwänzen' – einem modernen Frack ähnlich – vorn mit zwei Reihen gelber blankgeputzter Knöpfe besetzt, dazu ein hoher, schwarzlackierter 'Zilinder' auf dem Kopfe und endlich das bekannte Posthorn an der Seite.
Das kunstgerechte Blasen des Posthorns war allen Postillonen zur besondern Pflicht gemacht und wiederholt sah sich das 'Zentralpostamt'

Geschäftsreklame der Gebrüder Risch vom Gasthof zum Weissen Kreuz in Chur mit Postrouten und Preisangaben in drei Sprachen.

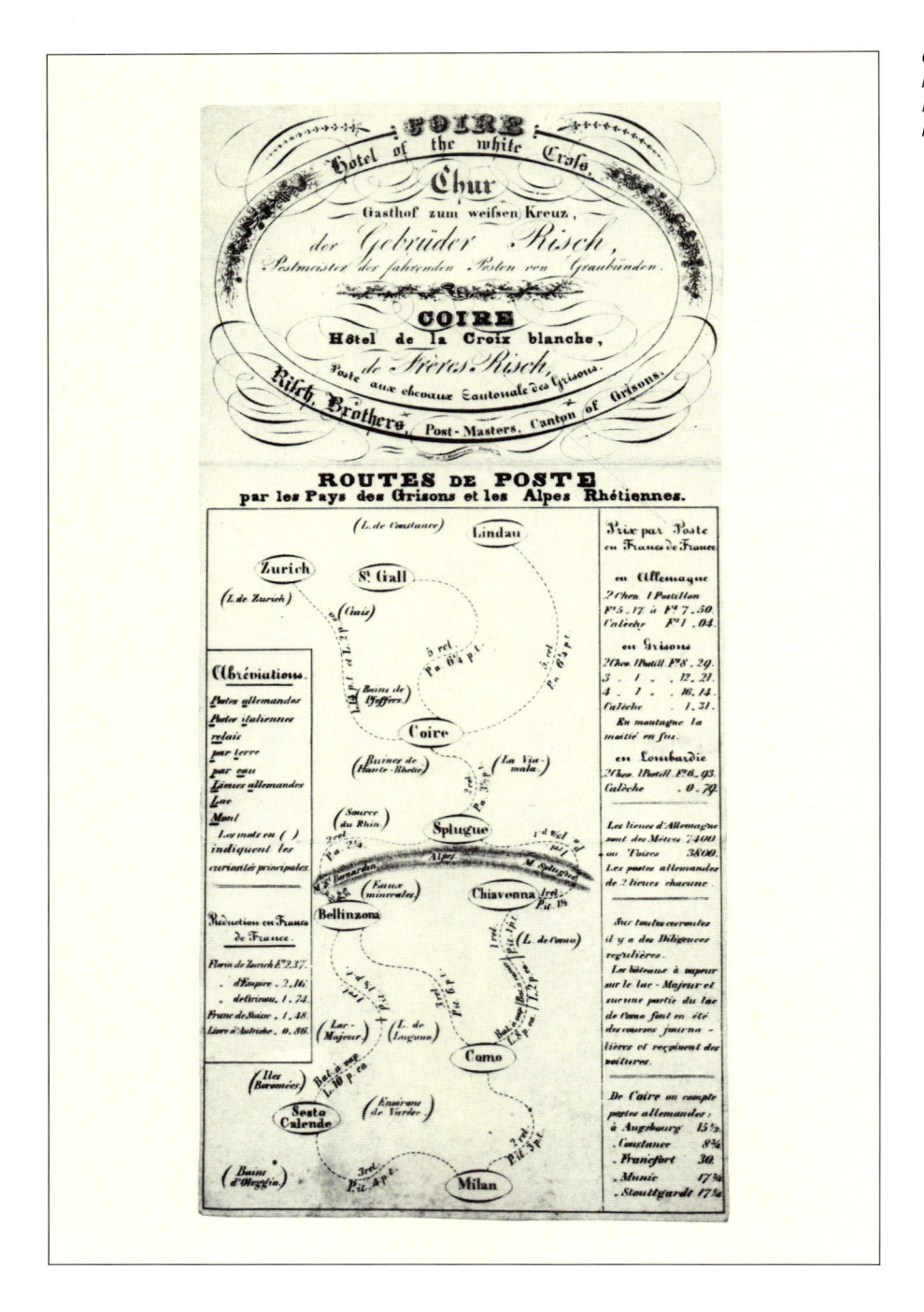

genötigt, ›die Postpferdehalter zu ermahnen, etlichen Postillonen bessere Übung im Hornblasen anzuempfehlen‹.»

Das Jahr 1826 brachte bedeutende Neuerungen. Der Lindauer/Fussacher Bote, treuer Diener der Kaufmannschaft und vieler Reisender seit dem 15. Jahrhundert, tat am 30. September 1826 seine letzte Fahrt. Diese Einrichtung hatte sich den Forderungen einer neuen Zeit nicht anzupassen vermocht. Die Unternehmung Tscharner & Dalp, die noch immer die Vereinigung der Passagier- und der Postsachenbeförderung im Auge hatte, übernahm von der Fussacher Messagerie die wöchentlich

Verhaltungsregel
für die Posthalterei auf der Station Chur.

1. Der Herr Posthalter soll immer entweder selbst auf der Station anwesend, oder durch seinen Substituten ersetzt und jederzeit mit einem Post-Reglement versehen seyn, indem in Fällen von Streitigkeiten über Sinn oder Anwendung der bestehenden Verordnungen für die fahrende Post der Reisende mit Niemand anders darüber einzutreten hat.

2. Die Station Chur hält wenigstens acht Pferde erster Klasse und west Reserverpferde. Erstere sollen längstens in einer Viertelstunde, letztere in Dreiviertelstunden, nach gegebener Bestellung zum Abfahren bereit stehen.

3. Wenn die auf die Station gehörigen Pferde abwesend wären, der Reisende aber mit schon gefütterten Retourpferden einer andern Station bedient werden könnte; so hat der Posthalter kein Recht ihn zurückzuhalten, um die eigenen Pferde zurück zu erwarten.

4. Die Fahrt von der Station Chur soll, ausserordentliche Umstände vorbehalten,
bis _Thusis_ in _2 ½_ bis _3 ½_ Stunden
bis _Ragatz oder Maienfeld_ _2_ _3_
geschehen.

5. Nach zurückgelegter Fahrt soll der Postillion, ausserordentliche Umstände vorbehalten, sich mit seinen Pferden
auf der Station _Thusis längstens 1 ½ Stund_ _Ragatz oder Maienfeld_ aufhalten und dann ohne Aufenthalt auf der Strasse durchgehends im Schritt oder zuweilen kleinen Trab zurückkehren.

6. Die Postillione sind nicht berechtiget irgend etwas über die Tariffe zu fordern, sondern sollen abwarten, ob und wieweit ihre gute Bedienung und ordentliches Benehmen den Reisenden zu einem Trinkgeld bestimmen möge.

7. Reisende, welche nicht sogleich bei Ankunft auf der Station Pferde zur Weiterreise bestellen, müssen den Postzeddel an den Postalter abgeben, der ihnen denselben wieder zustellt, wenn sie wieder Postpferde zur Weiterfahrt nehmen. Wenn der Reisende den Postzeddel verloren hätte; so ist er gehalten, den Betrag der Weggebühr von Chur an den Postalter nachzuzahlen, und dieser bleibt für diesen Betrag gegen die Direktion verantwortlich.

8. Allfällige Vermehrung der Pferdezahl, laut Art. 4. Abschn. II. des Reglements, muss auf dem Postzeddel bemerkt werden.

9. Für jeden auf Verlangen oder durch Schuld des Reisenden entstehenden Aufenthalt über eine halbe Stunde, sey es vor der Abfahrt, sofern nicht vor der vom Reisenden bestimmten Zeit eingespannt worden, sey es unterwegs, ist der Posthalter berechtigt, sich für jede halbe Stunde den Betrag von ½ Post vergüten zu lassen.

10. Auf den bergabwärts bedienenden Stationen soll sich der Posthalter bei jedem Fuhrwerk vor dessen Abfahrt überzeugen, ob dasselbe in guter Ordnung und ob Geschirr, Hemmkette, Spannriemen u. s. w. gehörig versichert seyen.

11. Streitigkeiten zwischen Reisenden und den Posthaltern (sofern sie den Postdienst betreffen) werden, laut Dekret des Hochlöbl. Großen Raths, durch die betreffenden Ortsrichter in Chur und in Bellenz summarisch entschieden.

12. Gegenwärtige Verhaltungsregel soll immer an der Thüre des Posthauses angeschlagen bleiben, auch soll die ganze Nacht durch immer Licht im Poststall gehalten werden.

Chur den 1 Juni 1824.

Die Direktion der Kantonal-Extraposten und Diligence:
v. Tscharner und Dalp.

einmalige Führung einer Diligence und einer Stafette von Maienfeld nach Isola am Südfuss des Splügenpasses. Der Grundsatz der Trennung von Postsachen- und Reisendenbeförderung war schon zwei Jahre zuvor durchbrochen worden, als sich die kantonale Postdirektion zur Einrichtung von zwei wöchentlichen Diligencenkursen zwischen Ragaz und Chur für Reisende, Briefe, Gelder und Gepäck verpflichtet hatte. Tscharner beanspruchte, gestützt auf den Vertrag von 1823, das Recht des Reisendentransports. Weil nun niemand die Postbeförderung zu gleich günstigen Bedingungen übernehmen konnte und wollte wie die Diligencen-

anstalt, wurde sie ihr auf dieser Strecke ebenfalls übertragen. Ein neuer Vertrag mit Österreich, der nach dem Wegfall der Fussacher Messagerie nötig wurde, brachte auch mit Deutschland raschere Verbindungen.
Ebenfalls ins Jahr 1826 fällt eine Reorganisation im Postwesen. Die nebenamtlich tätige Kantonal-Postdirektion, die sich auch Postkommission oder Oberpostdirektion nannte, sollte weiterhin aus drei Mitgliedern bestehen, eines aus jedem Bund, zwei reformierten und eines katholischen Bekenntnisses. Über das Postamt wurde neu bestimmt, dass es aus drei oder nach Bedarf aus mehr oder weniger Personen bestehen solle. Ferner: «Das Postamt bestellt und entsetzt die Briefträger (damals gab es einen einzigen, der nebenbei auch als Schreiber im Postamt Verwendung fand. – Anm. d. Verfassers), es zählt ihnen die auszutragenden Briefe und Pakete zu und nimmt ihnen jedesmal die Porti ab.» Dem ersten Beamten wurde vorgeschrieben, «halbjährig Rechnung an den Präsidenten der Postdirektion abzulegen und den dem Kantonsärarium zutreffenden Saldo dem Herrn Standeskassier einzuhändigen».
Eine weitere Neuerung des Jahres 1826 führte zu wüsten Auseinandersetzungen: der Grossratsbeschluss, der dem kantonalen Postamt unter Mitberatung und Mitbestimmung der Hochgerichte die Befugnis der Wahl der Landboten übertrug. Das Landbotenwesen war ja bisher vom Ausbau des Postwesens kaum berührt worden. Seine Angliederung wurde auch nicht angestrebt. Die Posteinrichtung war einseitig auf den Transit zugeschnitten und hatte stark fiskalischen Charakter: Hauptzweck war der Reinertrag, und in dieser Hinsicht bot der geringe Verkehr im Innern zuwenig. Der Grundsatz der Förderung des Gemeinwohls im Verkehrs- und Postwesen galt noch nicht.
Alle Talschaften ausserhalb der Strecken Maienfeld–Splügen–Chiavenna und Splügen–Bellinzona waren auf Boteneinrichtungen angewiesen, die, wie bereits erwähnt, von den Hochgerichten, Gemeinden oder von Privaten unterhalten wurden. Niemand war befugt, sich in diese Angelegenheiten einzumischen. Ein Versuch des Grossen Rates, 1813 mit einer Verordnung über eine Portotaxe für die vier damals bestehenden Landboten (Engadiner, Bergeller, Oberländer und Davoser Bote) eine gewisse Einheitlichkeit zu erreichen, war von vornherein zum Scheitern verurteilt, weil die dazu gehörende «Anmerkung» jeder Abweichung Tür und Tor öffnete (siehe Abbildung «Portotaxe»).
Graubünden stand übrigens mit der Einrichtung der Landboten nicht allein da: Das Malcantone, das Maggia-, das Blenio- und das Verzascatal verfügten zu Beginn des 19. Jahrhunderts über keinerlei Postverbindung. Wer Korrespondenzen aufgeben oder empfangen wollte, musste

Verzeichnis der Porto-Taxen für die Landboten im Innern (von eher zweifelhaftem Wert, weil die Anmerkung Abweichungen aller Art zulässt).

Porto-Taxe
für die Landboten im Innern des Kantons, wonach sich das Kantonal-Post-Bureau zu richten hat.

Engadiner Bote.

Stationen.	Briefe und Plicks.		Gepäcke.			Zeitung	Geld.	Colli.
	von 6 Loth und abwärts	über 6 Loth	unter 2 lb.	von 2 bis 5 lb.	von 5 bis 10 lb.	von 10 bis 20 lb.	pr. ein Jahr.	pr. fl. 100.	pr. Ctnr.
			pr. jedes lb.						
Von Chur bis Bergün	Bl. 3	Bl. 5	Bl. 6	Kr. 3	Kr. 2	Kr. 1½	fl. 1.—	Kr. 14	Kr. 22
Von Chur bis Samaden und Scanf. . . .	- 5	- 8	- 10	- 4	- 3	- 2	- 1.30	- 20	- 30

Vom 1. April bis 1. Juni wird dem Engadiner Bote zugestanden, obige Packeten-Taxe von Chur bis Samaden und Scanf um 2 Bluzger zu erhöhen.

Oberländer Bote.

Stationen.	Briefe.		Gepäcke.			Zeitung.	Geld.
	von 6 Loth und abwärts	über 6 Loth	von 10 Kreuz. und abwärts	bis 20.	von 20 Kreuz. aufwärts	pr. ein Jahr.	pr. fl. 100.
			pr. jede Kreuze.				
Von Chur bis Dissentis und viceversa	Bl. 3 à 6		Bl. 4	Kr. 3		fl. 1.—	Bl. 21
Von Chur bis Ilanz und viceversa	- 3	d.o	- 2	- 1½		fl. 60	.o à 11

Davoser Bote.

Stationen.	Briefe.		Gepäcke.			Zeitung.	Geld.
	von 6 Loth und abwärts	über 6 Loth	von 25 Kreuz. abwärts	von 25 Kreuz. aufwärts	von 100 Kr.	pr. ein Jahr.	pr. fl. 100.
Von Chur bis Grüsch	Bl. 3	5 à 6	Bl. 1½	Bl. 1	Bl. 50	10 à 11	
Von Chur bis Davos	- 3	5 à 6	- 3	Kr. 1½	Kr. 1½	fl. 1	21

Bergeller Bote.

Stationen.	Briefe und Plicks.		Gepäcke.			Zeitung	Geld.	Colli.
	von 6 Loth und abwärts	über 6 Loth	unter 2 lb.	von 2 bis 5 lb.	von 5 bis 10 lb.	von 10 bis 20 lb.	pr. Jahr.	pr. fl. 100.	pr. Rapp.
Von Chur bis Stalla .	Bl. 3	Bl. 5	Bl. 6	Kr. 3	Kr. 2	Kr. 1½	fl. 1.—	Kr. 14	Kr. 22
Von Chur bis Castasegna	- 5	- 8	- 10	- 4	- 3	- 2	- 1:30	- 20	- 30

Ueber Gegenstände, die einen großen Raum einnehmen, aber nicht ins Gewicht fallen, können sich die Boten mit dem Empfänger besonders abfinden, auch werden durch diese Taxe schon bestehende Accorde, welche die Boten mit Korporationen oder einzelnen Personen bis dahin gehabt haben möchten, nicht aufgehoben.

Sodann ist zu merken, daß diese obige Taxe von ihnen netto zu beziehen, und daß die Bureau-Taxe allemahl hinzuzusetzen ist.

sich in die Zentren Lugano, Locarno, Bellinzona oder Biasca begeben. Das Maggiatal erhielt zwar vom Kleinen Rat auf Gesuch des commissario hin schon 1811 einen «corriere pedonale», einen Fussbotenkurs zugesprochen. Aus dem Malcantone hingegen musste man sich nach dem Tagebuch eines dortigen Einwohners noch 1842 für die Aufgabe von Briefen nach Lugano begeben.

Die Bemühungen des Postamtes, eine einigermassen erträgliche Ordnung in das Landbotenwesen zu bringen, führte zu leidenschaftlichen Kämpfen und masslosen Anschuldigungen. Als zur Verbesserung der misslichen Verbindungen mit dem Engadin ein zweiter wöchentlicher Botenkurs (mit Anschluss an die ausserkantonalen Posten) hergestellt werden sollte, schrieb das Landammannamt des Hochgerichtes Oberengadin an den Kleinen Rat, dass die «Provinzial-Botenschaft derjenigen Landesteile, die nicht an der grossen Poststrasse liegen, nicht allgemeine Standeseinrichtungen seien, sondern allein von den Landschaften abhangen, welche sie auch aufzustellen und zu besolden haben». Als das Postamt unter Hinweis auf die grossrätliche Ermächtigung von 1826 auf der Massnahme beharrte, fuhr Bundespräsident Gaudenz von Planta als Beauftragter des Hochgerichts Oberengadin mit ganz grobem Geschütz auf, indem er dem Postsekretär Nett Frechheit und Unverschämtheit, Eigendünkel und Titelsucht vorwarf. «Indem man nun die Erfahrung hat, wie breite Amtsgesichter unsere Postangestellten schneiden, möchte auch erwartet werden, dass sie als Majestät aufzutreten der Kitzel anwandeln mögte.» Das Postamt händigte nun ganz einfach dem Boten die Briefe nicht aus, wenn er an dem vom Hochgericht festgesetzten Tag eintraf. Ein ähnlicher Streit um das Recht der Botenwahl entbrannte um das Oberländer Botenwesen (Ilanz hatte anfangs 1832 einen eigenen Boten aufgestellt, dem später auch andere Gemeinden des Oberlandes ihren Briefverkehr übertrugen). Der Bote des «ganzen Oberen Bundes», Giger aus Disentis, fühlte sich vom Ilanzer Boten Cavelti konkurrenziert. Klage und Widerklage folgten sich. Das Hochgericht Disentis wollte den Entscheid der Postdirektion nicht annehmen, doch diese wurde vom Grossen Rat geschützt.

Erst 1833 räumten die Hochgerichte und Gemeinden der Bündner Kantonalpost das Recht ein, die Botenkurse einheitlich zu gestalten, die Postboten zu wählen und zu entlassen. Es wäre nun allerdings unrecht, solche Vorfälle als provinzielle Eigenbrötelei abzutun. Sie müssen, wie auch das geschilderte Verhalten der Port Thusis gegenüber der Lindauer Messagerie, vielmehr als Ausfluss der jahrhundertealten dezentralisierten Staatsgewalt gesehen werden, der verfassungsmässigen Strukturen des Landes, das fast souveräne Hochgerichte und Gerichte in einem losen Staatenbund vereinigt hatte. Das zähe Festhalten an überlieferten, aus weitgehender Autonomie heraus entstandenen Rechten, das freilich jede Entwicklung hemmte, mag zum Teil auch weniger auf Uneinsichtigkeit zurückzuführen sein als auf eine pure Existenzangst. Man stelle sich nur vor, wie viele Einwohner an dem komplizierten etappenweisen Warentransport mit dem vielen Ab- und Aufladen ihr Brot verdienten. Ihre Abneigung gegen Strassenverbesserungen und damit Beschleunigungsmöglichkeiten ist deshalb verständlich.

Im Jahre 1829 kündigte die Unternehmung Tscharner & Dalp alle Verträge und Abmachungen auf, um vom Kanton vermehrtes Entgegenkommen zu erzwingen. Ausser einer niedrigeren Pachtsumme wurde jedoch nichts erreicht. Als der Grosse Rat über den neuen Vertrag mit der Diligencen- und Extrapostanstalt beriet, hielt gemäss Protokoll vom 25.6.1830 eine Reihe Abgeordneter dafür, «man dürfe unter keinen Umständen die Kantonskasse irgendwie damit belästigen; denn wer an der Reisendenpost gewinne, seien die Wirte, Posthalter und Unternehmer, nicht aber das Land». Der Weg für eine weitere Verpachtung war somit vorgezeichnet.

Zu einer Vergrösserung des Unternehmens kam es allerdings wegen Widerständen von den verschiedensten Seiten her nicht mehr. Als 1830 die St. Galler Post um einen Kurs vermehrt wurde, übertrug man diesen einem Churer Gastwirt. Und als die Führung der Zürcher Diligencen auf der Strecke Ragaz–Chur am 25. Mai 1833 nach Vertrag an Graubünden überging, übernahm sie der Kanton – entgegen den ausdrücklichen Vertragsbestimmungen – auf eigene Rechnung. Obschon der Vertrag auf sechs Jahre abgeschlossen war, erklärte der Grosse Rat diesen nach drei Jahren, nachdem der Gesellschafter Dalp gestorben war, als erloschen und beschloss, die Reisendenpost fürderhin durch den Kanton *in Regie* zu betreiben. (Die Gemeinde Misox hatte der Regierung vorgeschlagen, «diese Einrichtung nicht mehr in Privathände abzugeben, sondern als Regal selbst zu übernehmen, überzeugt davon, dass der Kanton gute Geschäfte mache, wie es beispielsweise der Kanton Bern beweise, seitdem dort die Post verstaatlicht sei, welche früher im Privatbesitz der Familie Fischer lag».)

Eine an der Tagsatzung 1832 von 13½ Ständen beschlossene Revision des Bundesvertrages in Richtung Schaffung einer ständigen, mit Kompetenzen ausgerüsteten Zentralbehörde mag zwar diesen Beschluss erleichtert haben. Auf eidgenössischer Ebene scheiterten jedoch die Bestrebungen zu einer Vereinheitlichung des Postwesens. Näherliegend ist die Vermutung, der Entscheid des Kantons Tessin, das Postwesen ab 1834 in eigene Verwaltung zu übernehmen, hätte hier stimulierend gewirkt. Mit diesem Kanton kam denn auch schon Mitte Oktober 1834 ein Vertrag zustande.

Das sonderbare Vorgehen des Grossen Rates wurde von einem Schiedsgericht als «rechtlich nicht begründet» bezeichnet; Tscharner sollte eine Entschädigung erhalten. Die Verhandlungen über deren Höhe zogen sich jedoch derart in die Länge, dass sie schliesslich mit dessen Erben zu Ende geführt werden mussten.

Die in Mittel- und Nordeuropa weitverbreitete Postorganisation Thurn und Taxis, die nach Ausdehnung strebte, interessierte sich nach dem Ausbau der Bündner Kunststrasse über den Bernhardin und den Splügen auch für den Transitweg durch Graubünden und wollte das Postwesen dieses Standes pachtmässig übernehmen. Graubünden lehnte ab, bot jedoch 1834 Hand zu einem Vertrag über die Beförderung von Korrespondenzen über Splügen und Bernhardin oder eine neu anzulegende Strasse über den Julier in Richtung des lombardisch-venetianischen Königreichs oder der übrigen italienischen Staaten. Ein Blick nach Deutschland zeigt, dass sich dort – allerdings auf weit grösserer Fläche – noch ein ähnliches Bild der Zerrissenheit bot wie in der Schweiz. In einer Eingabe an den Deutschen Bund klagte Friedrich List: «38 Zoll- und Mauthlinien in Deutschland lähmen den Verkehr im Innern und bringen ungefähr dieselbe Wirkung hervor, wie wenn jedes Glied des menschlichen Körpers unterbunden wird, damit das Blut ja nicht in ein anderes überfliesse. Um von Hamburg nach Österreich, von Berlin in die Schweiz zu handeln, hat man 10 Staaten zu durchreisen, 10 Zoll- und Mauthordnungen zu studieren, 10mal Durchgangszoll zu bezahlen.»
Auf den 1. Januar 1834 schlossen sich Bayern und Württemberg zu einem Zollverein zusammen und ersetzten die Binnenzölle durch einheitliche Zölle gegen aussen. Weitere deutsche Staaten schlossen sich dem Verein später an.

2.4 Kantonaler Eigenbetrieb (1835–1848)

Nach elfjähriger Tätigkeit stellte die Diligencen- und Extraposten-Anstalt ihre Tätigkeit ein, da der Kanton Graubünden auf den 1.1.1835 die Personenbeförderung mit der Brief- und der Güterpost vereinigte, um sie hinfort auf eigene Rechnung zu betreiben. War auch das Vorgehen des Kantons vom rechtlichen Standpunkt her nicht über alle Zweifel erhaben, so war es doch aus verkehrspolitischer Sicht ein wichtiger Schritt nach vorne. Die zwei unabhängigen Direktionen und die Rivalitäten zwischen deren Direktoren Tscharner und Sprecher hatten eine gedeihliche Entwicklung der Bündner Post lange genug gehemmt.
Die Bemühungen der vereinigten Fahr- und Briefpostanstalt um grössere Anteile am Briefposttransit waren gegenüber dem mächtigen Österreich wenig erfolgreich. Anders sah es bei den Reisenden aus: Diese liessen sich weniger von der Machtstellung eines Gebietsherrn

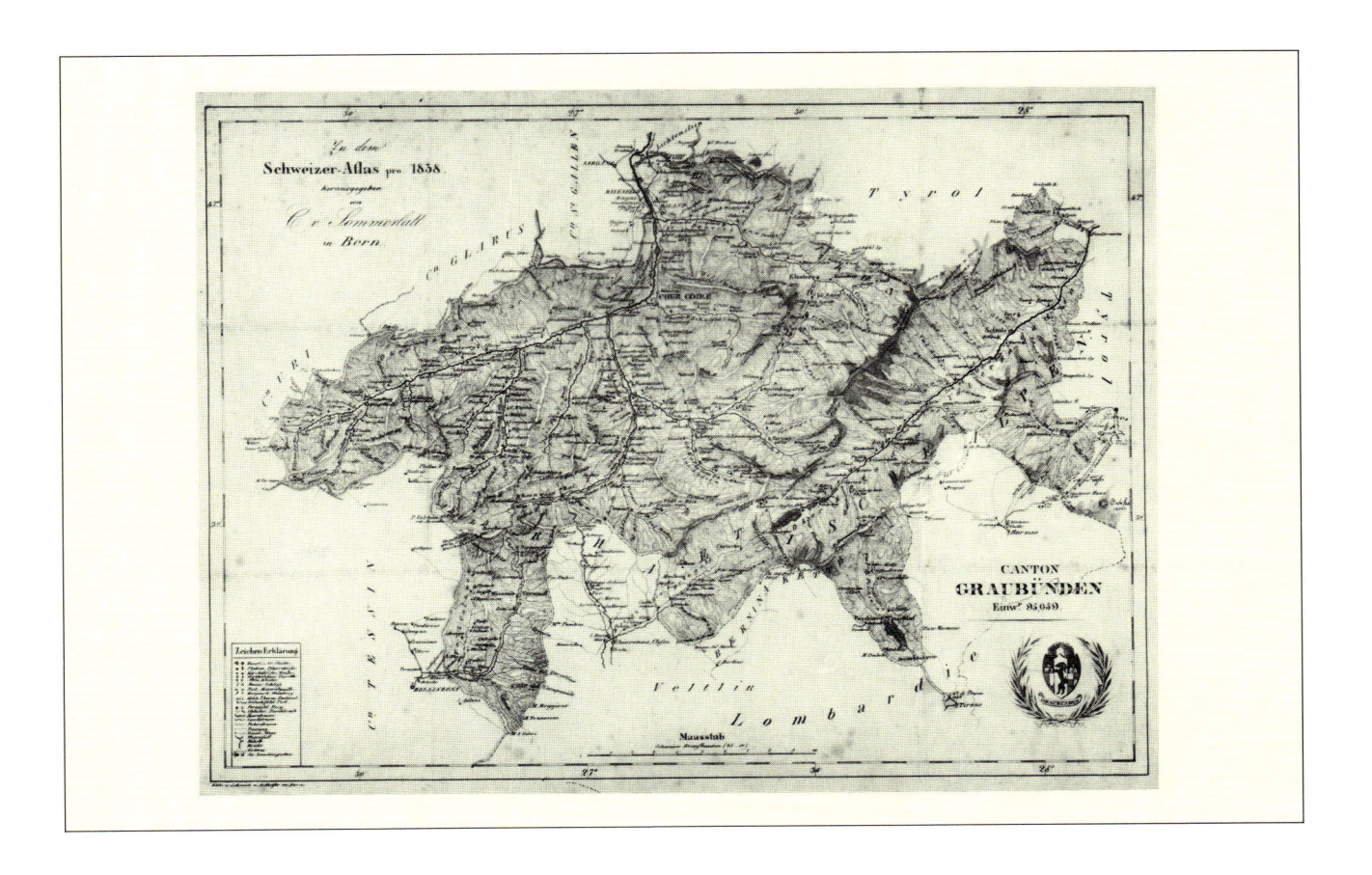

leiten als von Sicherheit, Schnelligkeit und Wohlfeilheit der Beförderung auf einzelnen Routen. Und hier gab sich Bünden alle Mühe, mit den Einrichtungen des Brenners im Osten und des Gotthards im Westen konkurrenzfähig zu bleiben.

Bei der Übernahme des gesamten Transportdienstes durch den Kanton war zu entscheiden, ob die Transporte mit eigenen Pferden und Wagen oder weiterhin von privaten Pferdehaltern durchzuführen seien. Die erste Möglichkeit kam nicht in Frage. Die Postdirektion schloss deshalb mit den von Tscharner eingeführten Posthaltereien neue Verträge ab. Der Übergang verlief ohne Schwierigkeiten.

Auf den 1. Januar 1835 ergibt sich folgendes Bild der Postkurse:
1. Über den Splügen: zwei wöchentliche Fahrposten, dazu eine Briefstafette Lindau–Mailand;
2. über den Bernhardin: zwei wöchentliche Fahrposten (im Winter ab Splügen statt der zweiten Fahrpost nur eine Briefpost);
3. nach Zürich: drei wöchentliche Fahrposten, in der Gegenrichtung vier;
4. nach St. Gallen und Westdeutschland: vier Fahrposten, in der Gegenrichtung drei;
5. nach und von Lindau: zwei wöchentliche Fahrposten oder eine Fahrpost und ein Briefkurier nach Augsburg, Wien und den östlichen Staaten.

Für gute Anschlüsse an den Übergangsstationen war mit Verträgen gesorgt; die Fahrgeschwindigkeit war nahe an die obere Grenze gelangt. Und noch ein Anliegen der Reisenden war schon von der Tscharnerschen Post im Laufe der Zeit berücksichtigt worden: Wenn schon mit den Schönheiten der durchfahrenen Landschaft geworben wurde, wollte man etwas davon sehen. Wenn man den Fahrplan von 1826 betrachtet, versteht man diesen Wunsch:

Stationen	Ankunft	Abgang
Bregenz		Montag, abends 8 h
Chur	Dienstag, morgens 10 h	Dienstag, abends 5 h
Splügen	Mittwoch, morgens 2 h	Mittwoch, morgens 6 h
Isola	Mittwoch, morgens 9 h	Mittwoch, abends 2 h
Chiavenna	Mittwoch, abends 4 h	Mittwoch, abends 5 h
Como	Donnerstag, morgens 5½ h	Donnerstag, morgens 6½ h
Mailand	Donnerstag, morgens 11 h	

Die Reisenden hatten die meisten Nachtstunden im Wagen oder Schiff zuzubringen; während des Tages waren Aufenthalte bis zu sieben Stunden in Kauf zu nehmen. «Durch die sehenswertesten Gegenden und über den im Winter oft schwierigen Berg ging die Fahrt in Stille und Dunkelheit, im einsamen und langweiligen Isola aber durfte der geduldige Passagier die schönsten Reisestunden von 9 Uhr vormittags bis 2 Uhr nachmittags verbummeln.» 1830 wurden dann die überlangen Tagesaufenthalte durch Verlegung der Auswechslungsstation von Isola nach Chiavenna verkürzt, und bei späteren Kursänderungen wurden nach Möglichkeit die Fahrten auf den Tag verlegt, um zur Nachtzeit den Reisenden Ruhe zu gönnen.
Weniger Entgegenkommen fanden die Reisenden bezüglich Bequemlichkeit, und zwar aus Spargründen.
Die Fahrordnung des Eilwagens zwischen Zürich und Chur, wie sie am 1. Dezember 1837 beschlossen wurde, geht aus der nebenstehenden Übersicht hervor.
Während sich die Untere Strasse bereits seit längerer Zeit in durchwegs befahrbarem Zustand befand – der Bernhardin verfügte über die erste innerschweizerische Fahrstrasse nach dem Tessin, der Gotthard folgte erst in einigen Jahren – und am Ausbau der Oberen Strasse bereits gearbeitet wurde, stand es in andern Talschaften noch schlecht. In der «Churer Zeitung», Nr. 17 von 1836, hiess es u.a.: «Die ganze sogenannte

Posthausschild der Graubündner Kantonalpost. Es hing bis Ende 1848 am Gasthaus zum Freieck in Chur, wo sich das Postamt befand.

1837

		von Zürich nach Chur						von Chur nach Zürich					
Tage	Tageszeit	Ankunft (Uhr/Min.)	Expeditionszeit (Min.)	Abgang (Uhr/Min.)	Beförderungszeit (Std./Min.)	Stationen	Entfernung Std.	Beförderungszeit (Std./Min.)	Ankunft (Uhr/Min.)	Expeditionszeit (Min.)	Abgang (Uhr/Min.)	Tageszeit	Tage
Täg-lich	Morgen	—	—	8 —	1 45	Zürich		1 45	6 15	—	—		Täg-lich
		9 45	5	9 50		Meilen	3	1 45	4 25	5	4 30		
		11 35	10	11 45	1 30	Rapperswil	3	1 30	2 35	5	2 40	Mittag	
	Mittag	1 15	10	1 25	1 30	Uznach	3	1 30	12 55	10	1 05		
		2 55	5	3 —	1 15	Weesen	3	1 15	11 15	10	11 25		
		4 15	10	4 25	2 20	Wallenstadt	4	2 10	9 50	10	10 —		
		6 45	10	6 55	2 —	Ragaz	3½	2 —	7 30	10	7 40		
		8 55				Chur	4½				5 30	Morgen	

Prättigäuer-Strasse» befinde sich «in einem so verwahrloseten abscheulichen Zustande, dass man wohl Mühe haben dürfte, in zivilisirten Ländern ein Seitenstück zu derselben zu finden, und jeder, der sie passirt, mit gerechtem Unwillen erfüllt wird, zu dem sich, wenn er ein Bündner ist, noch unwillkührlich ein lebhaftes Schamgefühl gesellen muss».
Drei Jahre später wurde in Nr. 98 der gleichen Zeitung die bewegte Klage auf das Schanfigg, das Oberland «und andere Paradiesgärten des Strassenbaues» ausgedehnt.
In diese Zeit fiel eine Reorganisation des Postamtes. Ab 1838 umfasste dieses einen Postamtsdirektor, der wie bisher zugleich Kassier war, neu einen eigentlichen Kontrolleur, ein Fahrpostbüro mit einem Beamten und einem «Gehülfen» sowie ein «Brief- und Frankationsbureau», das ebenfalls mit einem Beamten und einem Gehülfen besetzt war. Zu diesen sechs Mann kamen je ein Brief- und Paketträger sowie ein Fakin (Packer). Im gleichen Jahr schlug die sanktgallische Regierung der bündnerischen vor, die beiden Postverwaltungen zu verschmelzen. Der Bescheid fiel negativ aus.
Auf den 1. April trat Anton Stäger als «Postcommis» in den Dienst der kantonalen Postverwaltung, nachdem einige «achtbare Männer» aus Maienfeld unbedingte Bürgschaft für ihn geleistet hatten. Ihm wurde im ersten Jahr eine Jahresbesoldung von 400 Gulden (= 680 Franken) angeboten, in vier Jahren bei gutem Verhalten doppelt so viel. Auf seine Leistungen werden wir in den nächsten Kapiteln noch zurückkommen.
Die Postkommission forderte immer wieder die Verbesserung der Land- und Passstrassen. Auch in den Tälern regte sich der Wunsch nach besseren Verbindungen, und schliesslich zwang die Transportkonkurrenz von Brenner und Gotthard zum Handeln. Zwischen 1820 und 1826 erhielt der Julier von Bivio bis Silvaplana, 1827 bis 1828 die Strecke Silvaplana–Maloja–Castasegna eine «Kunststrasse», und 1835 bis 1840 folgten weitere Teile der Oberen Strasse. Es wird denn auch berichtet, dass die Kranken von Chiavenna her leicht auf Wagen durch das Bergell zu den eisenhaltigen Quellen von St. Moritz gelangen konnten, was sieben bis acht Stunden beanspruchte. Die regelmässigen Postkurse mussten allerdings noch einige Zeit warten. Während Bernhardin und Splügen ab 1842 bereits über tägliche Verbindungen verfügten, kam die Strecke Chur–Lenzerheide–Julier–Maloja–Bergell erst 1844 an die Reihe. Ab 1846 verkehrte zweimal wöchentlich eine Kutsche zwischen Samaden und Chiavenna und dreimal wöchentlich im Sommer und zweimal im Winter ein viersitziges Wägelchen zwischen Chur und Ilanz sowie zwischen Landquart und Küblis. Ausserdem gab es ebenfalls ab 1846 einen

«Passagier-Billett» des Ober-Postamtes Graubünden, lautend auf H. von Salis, für eine Fahrt von Chur nach Chiavenna am 17. Juni 1839.

privaten Fuhrdienst zwischen Chur und Disentis und ab 1848 ebenfalls einen privaten Wagenkurs mit vier Plätzen zwischen Chur und Davos. Zur gleichen Zeit soll eine wöchentliche Verbindung über den Albulapass bestanden haben, obschon die Strasse noch nicht gebaut war. 1847 beförderten die Posten in Graubünden 4157 Reisende über den Splügen, 1754 über den Bernhardin und 696 über den Julier, Extraposten nicht inbegriffen.

Es zeigte sich eine grosse Überlegenheit des Splügens gegenüber dem Bernhardin, der zum eigentlichen Sorgenkinde wurde, das grosser Zuschüsse bedurfte, so dass man ernsthaft den Ersatz der Diligencen durch einspännige Briefwägelchen erwog!

Während zwölf Jahren bildeten wöchentlich zweimalige Fussbotengänge die postalische Verbindung zwischen der Hauptstadt und dem Engadin. So weit der Strassenzustand das gestattete, bedienten sich die Boten kleiner Wägelchen und nahmen in diesem Falle auch ein bis zwei Reisende mit, vorausgesetzt, dass es diesen an der nötigen «christlichen Geduld und Leibeskonstitution» nicht fehlte. Eine Wandlung trat erst 1844 mit der Aufnahme der Kurse über den Julier ein. Zwar hatte die Postdirektion schon 1839 der Regierung je eine wöchentliche Fahrpost über den Albula und den Julier vorgeschlagen, die «mittels eines bequemen Bergwagens mit einem Sitz zu zwei Plätzen» zwei Reisende hätte aufnehmen können. Das «Passagiergeld der Reisenden» wäre dabei den Boten zugefallen. Dem Julierboten sollte ein Jahreslohn von 650 fl und jenem über den Albula 700 fl in vierteljährlichen Raten ausgerichtet werden, wobei der bisherige «Jahreslohn von 18 fl» (!), den die Regierung dem Engadiner Boten als Entschädigung für die portofrei beförderte Korrespondenz ausgerichtet hatte, wegfallen sollte. Im Geschäftsbericht 1842 der Postdirektion heisst es zu diesem Projekt, es habe sich gezeigt, «dass zu diesfälligen Verbesserungen wenig oder keine Neigung vorhanden sei. Die löbl. Obrigkeiten von Ober- und Unterengadin erklärten geradezu, dass sie die vorgeschlagenen Einrichtungen für überflüssig fänden und sich mit den dermaligen begnügen wollten.» Unter solchen Voraussetzungen blieb es begreiflicherweise beim bisherigen Botenbetrieb.

«Mit besonderer Berücksichtigung derjenigen, welche die Heilquellen im Engadin besuchen wollten», war für den Sommer 1842 eine «postmässige Fahrt» zwischen Chur und dem Oberengadin zur Bewerbung ausgeschrieben worden. Erfolglos. Erst ein Jahr später fanden sich «drei Partikulare, Balzer an der Mühlen, Landammann Jost in Lenz und Thomas Senti in Malix», bereit, im Sommer 1843 dreimal wöchentlich eine «Postchaise» zu vier Plätzen auf eigene Kosten zwischen Chur und Silvaplana zu führen. Und wieder ein Jahr später kam das Projekt von 1839 zur Durchführung. Im Jahre 1848 bestand die Postverbindung mit dem Oberengadin aus einem wöchentlich einmaligen Fahrbotenkurs über den Albula und einer Fahrpost über den Julier, die montags, mittwochs und freitags um fünf Uhr in Chur abfuhr. Obschon die Albula- und die Flüelastrasse noch nicht ausgebaut waren, beförderte die Julierpost 1847 nur 696 Postreisende.

Seit Anfang des 19. Jahrhunderts schlossen, «Gottesgewalt vorbehalten», wöchentlich einmal der Tiraner Bote, der Unterengadiner und der Münstertaler Bote an den Chur–Engadin-Botengang an. Der Tiraner Bote hatte offenbar wenig zu transportieren, so dass seine Einkünfte gering blieben, denn das Hochgericht Puschlav bat 1826 die kantonale Postverwaltung um eine Subvention von 1 Louisdor für seinen Boten, «da derselbige mit dem jetzigen Gehalt von jährlich 6 Louisd'or nicht auskommen» könne. 1846 wurde nach dem Ausbau der neuen Strasse ein wöchentlich zweimaliger Postkurs von Samaden nach Tirano eingeführt und gleichzeitig «statt des bisherigen, sehr unzuverlässigen Boten ein taugliches Subjekt angestellt».

Der Unterengadiner und der Oberengadin-Churer Bote pflegten ihre Sendungen in Scanfs auszutauschen. Ab 1843 führte «Lieutenant Rimathè» aus Strada wöchentlich zwei Kurse zwischen Nauders und Scanfs. Doch schon 1845 hatte, wie aus einer Klage des Landammannamtes Obtasna an die Regierung hervorgeht, das eine Einladung erst

Der letzte Engadiner Postbote. (Aus einem Buch von 1896.)

nach acht Tagen erhalten hatte, «der Botengang wegen verlotterter Strasse im Unterengadin aufhören müssen». Ein ausführliches Übereinkommen aus dem Jahre 1833 betreffend einen wöchentlichen Botengang aus dem Unterengadin und Münstertal über den Flüela und durch das Prättigau nach Chur scheint auch nicht oder nicht mehr funktioniert zu haben. 1848 verkehrte dann wöchentlich zweimal ein Fahrbote zwischen Samaden und Schuls. Die Fahrt erforderte zwei Tage. Ein Münstertaler Bote trug 1821 einmal wöchentlich die Postsachen auf dem Rücken nach Ponte zum Anschluss an den Chur–Engadin-Boten. «Oftmals musste er

So eintönig und schmucklos wie heute waren die Poststellen der kantonalen Post nicht beschriftet. Eine ähnliche Posttafel von «Mayenfeld» ist im Verkehrshaus in Luzern zu bewundern.

Wagenschild der Graubündner Kantonalpost mit den Wappen der III Bünde. (Das heutige Bündner Kantonswappen wurde erst 1932 verbindlich umschrieben.)

wegen blos 3–4 Briefen die 30 Stunden lange Strecke zu Fuss zurücklegen. Da ihm dies mit der Zeit zu beschwerlich wurde, so schaffte er sich ein Pferdlein an. Aber jetzt wurde er von den Ruttnern zu Zernez und Cierfs hart darob angefahren und sie verboten ihm während der Winterszeit und des Schneebruchs per Pferd Waren zu transportieren. Auf dieses hin richtete der Bote eine Bittschrift an den Kleinen Rat, man möchte ihm erlauben seine Touren mit seinem Pferdlein unbehelligt und zu jeder Jahreszeit auszuführen.»

Noch 1848 verfügte das Münstertal nur über einen wöchentlichen Fussbotenkurs. Der spätere Kreispostdirektor Stäger erzählt in seinen «Gedenkblättern» von einem aus Russland heimkehrenden Münstertaler, der in Zernez mit dem Fussboten vereinbarte, dass ihm dieser den Inhalt des Koffers auf drei Wochen verteilt und in der vierten Woche den leeren Koffer bringen solle. Um in der ersten Woche in den Besitz der notwendigsten Kleidungsstücke zu kommen, legte er diese im Koffer obenauf.

Auch im Bergell gab es nur einen wöchentlichen Fussboten zwischen Samaden und Chiavenna, bis dieser im Juni 1846 durch einen wöchentlich zweimaligen Fahrbotenkurs ersetzt wurde, der auch vier Personen mitnehmen konnte. Die Fahrt von Samaden nach Chiavenna kostete 7 Gulden und 30 Kreuzer.

Vom Oberland her vermittelte lange Zeit ein einziger Fussbote Korrespondenzen zwischen Disentis und Chur. Später schufen auch die Gemeinden Kästris, Valendas und Versam eine solche Verbindung mit Chur. 1832 folgte Ilanz mit einem eigenen Boten. Doch das war zuviel für den geringen Verkehr des Vorderrheintales. Christoph Gabriel aus Ilanz und Christian Mathias Giger aus Disentis gerieten, «mit währschaften Knüppeln» versehen, aneinander. Vom 1. Mai 1846 an kursierten die bereits erwähnten Berner Wägelchen bzw. Privatfuhrwerke im Oberland.

Die Mängel des Landbotenwesens führten immer wieder zu Begehren an den Kanton, diese Einrichtung auf eigene Rechnung zu betreiben. Ein entsprechendes Gesetz von 1833 kam nicht zur Anwendung. Die Vorstellungen der Postkommission, «dass das Bedürfnis eines schnelleren und vermehrten Botendienstes in den einzelnen, so verkehrsarmen Talschaften kein so fühlbares sei, um durch jene Massregel eine jährliche Einbusse von einer nicht unbedeutenden Summe in Aussicht zu stellen», dürften das vereitelt haben. 1848 erstellte die Postdirektion auf erneutes Drängen hin eine «Berechnung der Kosten bei Übernahme des Landbotenwesens für Rechnung des Kantons» und entwarf ein Reglement, das indessen unter kantonaler Verwaltung nicht mehr zur Anwendung kam. Während somit auf einigen wenigen Strecken die kantonale Diligence

POST=BUREAU SPLUGEN.

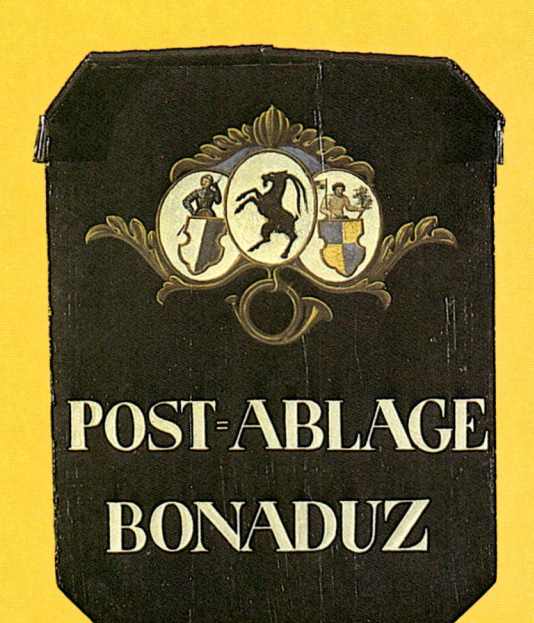

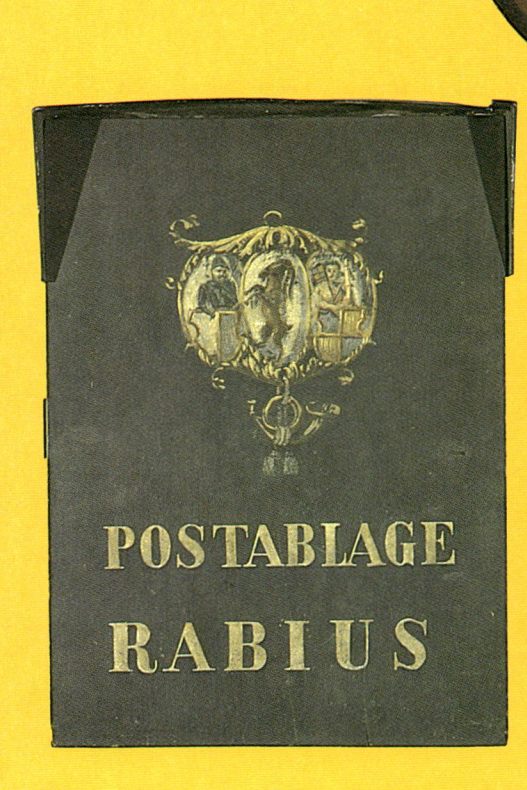

POST=ABLAGE BONADUZ

POSTABLAGE RABIUS

POSTABLAGE LENZ

oder wenigstens ein Berner Wägelchen anstelle der Landboten-Kurse trat, mussten zahlreiche Talschaften auf die eidgenössische Post warten. Wo die Kutsche durchfuhr, entstanden in den vierziger Jahren Postablagen. Die Ablagehalter bezogen keine oder nur eine geringe Besoldung. Sie durften von jedem eingehenden Brief beim Empfänger einen Blutzger Gebühr einziehen. Im Hauptberuf waren die Ablagehalter oft Wirte, die von diesem öffentlichen Dienst eine befruchtende Wirkung auf ihr Gewerbe erwarteten. Da die Kutschen mit den Reisenden, Kondukteuren und Postillonen sowie die Boten hier anhielten und die Korrespondenzen hier abgegeben und abgeholt werden mussten, ging diese Rechnung wohl auf. Beim Übergang des Postwesens an den Bund bestanden in Graubünden 80 Postablagen.
Das Postamt in Chur war nach der Übernahme des Fahrpostdienstes bald einmal nicht mehr in der Lage, mit seinem kleinen Personalbestand die Arbeit zu bewältigen. Die Reorganisation vom Mai 1842 brachte eine Arbeitsteilung im «Zentralpostamt»:

Expeditionsbüro für Briefe
Lokal- oder Distributionsbüro
Fahrpostbüro mit eigener Kasse
Kontrollbüro

Der Postamtsdirektor, neu Postdirektor genannt, hatte sich nicht mehr mit dem Taxieren und Sortieren zu befassen, sondern konnte sich auf die Leitung und Überwachung des Betriebs konzentrieren. Die drei Betriebsbüros wurden mit je zwei, das Kontrollbüro mit einem Beamten oder Postkommis ausgestattet, so dass sich die Beamtenzahl mit dem Direktor auf acht erhöhte. Die Postkommission bestand nun aus einem Präsidenten, zwei Mitgliedern, drei Suppleanten und einem Aktuar.
Wie reiste man zur Zeit der kantonalen Post z.B. über den Splügen? Im Sommer standen grosse, 6- bis 12plätzige gedeckte Postkutschen zur Verfügung. Der Kanton lieferte den Hauptwagen, für Beiwagen hatte der Posthalter zu sorgen. Im Winter musste man sich jedoch mit einspännigen offenen Schlitten mit 60 cm «Geleiseabstand» begnügen, die gegen Kälte und Nässe wenig Schutz boten. «An irgend einem steilen Ort mussten die Reisenden zu ihrem Missvergnügen von den geheizten Wagen in diese Schlitten umsteigen, in denen sie allen Unbilden der Witterung ausgesetzt waren.» Für Wünsche nach mehr Komfort hatten die Instanzen kein offenes Ohr: «Der Widerstand der Strassenkommission, die von den Mehrkosten des Schneebruchs bei Einführung breiter Schlitten

zurückschreckte, war nicht zu brechen, und auch beim Grossen Rat konnte ein nachhaltiges Interesse an bequemen, warmen Postschlitten nicht geweckt werden.» Versuchsweise wurde im Winter 1836/37 doch die Schneebahn bis Splügen für zweispännige Schlitten offengehalten, damit sich die Reise wenigstens «bis an den Fuss des Berges» im Wagen zurücklegen liess. «Über die Berge selbst wisse jeder vernünftige Reisende, dass dies nicht geschehen könne», meinte die Postdirektion. Der strenge Winter verursachte derartige Mehrkosten, dass der Versuch nicht wiederholt wurde.

1843 beschloss der Grosse Rat dann doch die Anschaffung von zwölf neuen breiten Schlitten. Er beauftragte die Regierung, die Schneebahn auf der ganzen Strecke für zweispännige Schlitten offenzuhalten. Die Postdirektion handelte rasch: Die zwölf Schlitten wurden beschafft und etliche alte «auf breites Geleise umgeändert». Doch zu ihrem Einsatz kam es nicht, weil die Schneebahn weiterhin nur schmal gebrochen wurde. Die Neuerung war am Widerstand der Fuhrleute gescheitert, die die Kosten für eine Änderung ihrer Schlitten nicht auf sich nehmen wollten. Ein Gesuch der Post an den Grossen Rat, seinem Beschluss Nachachtung zu verschaffen, führte dazu, dass dieser krebste und verfügte, «die Postdirektion sei durch den Kleinen Rat zu ermächtigen, die vorrätigen neuen Postschlitten auf schmäleres Geleis umändern zu lassen, oder wenn dieses nicht konvenieren sollte, die nötige Anzahl neuer Schlitten mit schmälerem Geleise anzuschaffen.» Man empfand es als «unbillig [. . .], auf Kosten der eigenen Landsleute und der Staatskasse durchreisenden Fremden bequeme Fahrgelegenheit zu verschaffen», und sah darin eine unnötige Generosität, zu der man sich nicht verpflichtet fühlte.

Verzeichnete Graubünden in den vierziger Jahren doch einige Fortschritte im Postwesen, so kann dasselbe für die Eidgenossenschaft als Ganzes nicht behauptet werden. An Versuchen fehlte es zwar nicht, eine gewisse Einheitlichkeit zu erreichen. 1843 lud Zürich zu einer Postkonferenz ein, die von 17 Ständen besucht wurde. Graubünden war durch Bundespräsident Bavier und Postdirektor Caduff vertreten. Angestrebt wurden u.a. einheitliche Passagier-Taxen. Im März 1844 folgte eine Gegenkonferenz von neun Ständen in Bern, ohne Teilnahme Graubündens. Im September tagten die gleichen Stände wie das erste Mal. 1845 trafen sich die Gotthardkantone, und 1847 fand wieder eine schweizerische Postkonferenz statt, an der es um einen Vertrag mit Österreich ging. Die Zerfahrenheit im schweizerischen Postwesen hatte indessen ihren Höhepunkt erreicht. Gewissen Deputierten der Eidgenossenschaft waren in

Die Boten der Kantonalpost trugen solche Schilder.

Wien Gespräche über politische Fragen (Sonderbund!) weit wichtiger als postalische Angelegenheiten. «Noch niemals war in so erbärmlicher Weise die tiefe Zerrissenheit der Schweiz dem Auslande gegenüber zur Schau gestellt worden, noch niemals hatten die Schweizer im Auslande eine kläglichere Rolle gespielt als an diesen Postkonferenzen.» Graubünden hatte keinen eigenen Vertreter abgeordnet, sondern den Präsidenten der Postkommission St. Gallen, Landammann Jakob Baumgartner, bevollmächtigt, der versuchte, mehr Durchgangspost auf Bündens Pässe zu lenken. Die Verträge, die auf den 1. Oktober 1847 hätten in

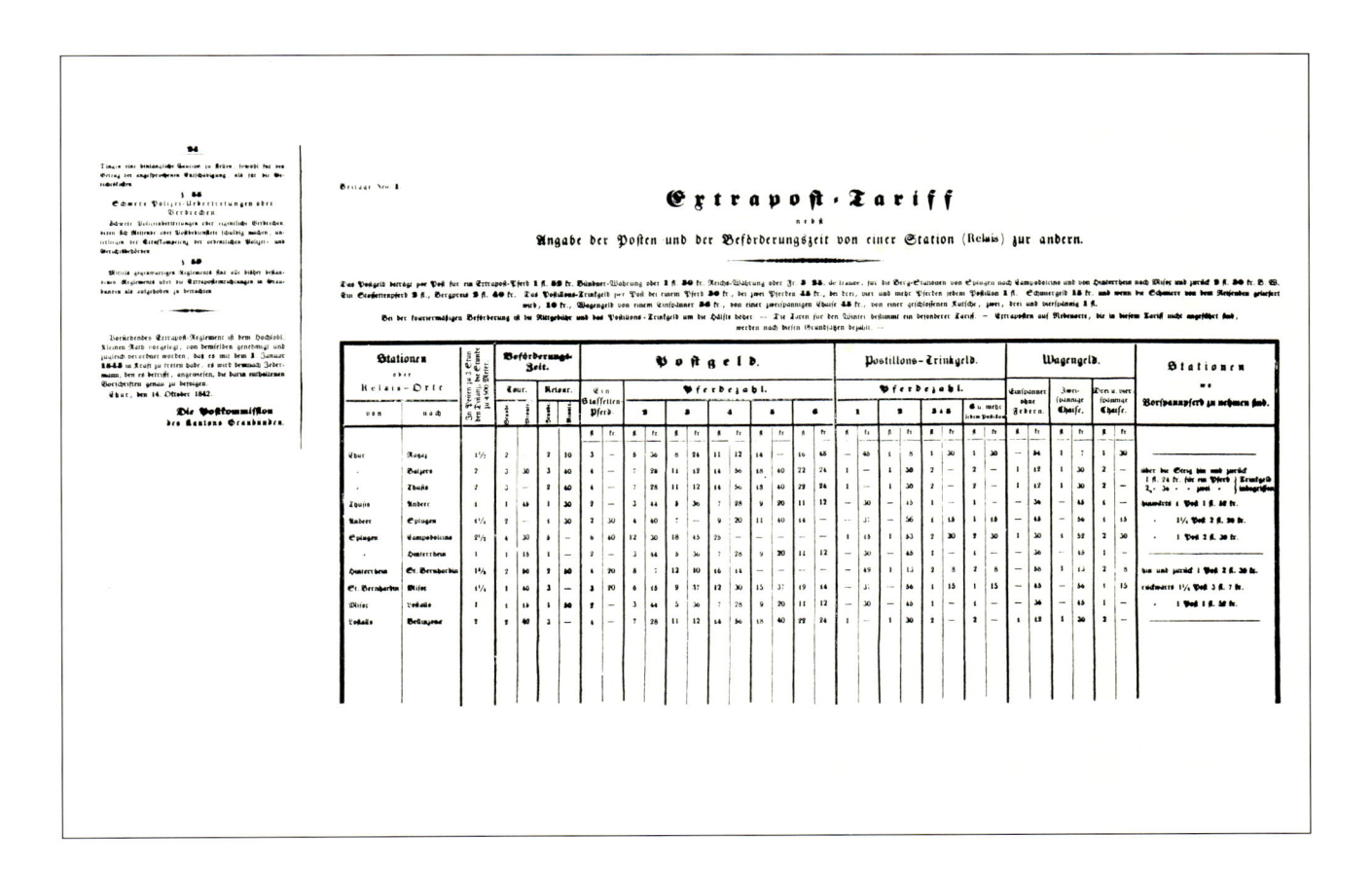

Kraft treten sollen, kamen nicht mehr zur Anwendung, vorerst wegen der Uneinigkeit der Kantone (Sonderbundskrieg 1847), dann aber auch wegen der sich zuspitzenden politischen Verhältnisse in der Lombardei (sardinisch-österreichischer Krieg vom Mai 1848). Die Bundesverfassung von 1848 schaltete dann die Machtbefugnisse der Kantone im Postwesen zum Wohle des ganzen Landes aus; der Vertrag mit Österreich wurde erst 1849 vom schweizerischen Generalpostdirektor Benedikt La Roche-Stehelin in einer neuen Fassung abgeschlossen.

Einen Höhepunkt während der Zeit der Kantonalpost bildete zweifellos das eidgenössische Schützenfest von 1842, und zwar in politischer wie in postalischer Hinsicht. Jene Feste besassen nach Pieth «eine ganz andere Bedeutung als heute. Sie waren 'das offizielle Parlament, in welchem Schweizer aller Gaue sich zusammenfanden und sich als Ganzes fühlten, in welchem allein sie ihre Klagen über die Zerrissenheit des Vaterlandes und ihre Sehnsucht nach grösserer Einigung aussprechen konnten'. Diesen Charakter trug auch das Churer Fest.»

Nach den schlechten Erfahrungen bei einem gleichen Anlass in Solothurn zwei Jahre zuvor sorgte Anton Stäger für eine bedeutende Erhöhung des Pferdebestandes. Dank 36 «zu billigen Bedingungen» eingemieteter Pferde musste kein einziger Reisender die Fahrt verschieben. «Vier Maienfelder Pferde, sobald sie zum Hafer kamen, führten unter Anderem einen besetzten 22plätzigen Wagen.» Mit Genugtuung vermerkt Stäger in seinen Erinnerungen: «Dieser Organisation verdankte die Postkasse einen ganz anständigen Gewinn und dieselbe gereichte der Postverwaltung zur Ehre.» Zwischen Chur und Walenstadt verkehrte damals täglich ein neunplätziger Wagen. «Die Reise von Chur nach Zürich dauerte drei Tage, insofern kein Sturm auf dem Wallensee war, die Rückreise ebenso lange; am siebenten Tage konnte man ruhen, wie unser Herrgott befohlen hat. Von Chur nach Bern brauchte man fünf Tage.» 135 Gemeinden in Graubünden hatten 1848 keine postalischen Verbindungen und keine Postablagen. «Diese mussten an Private, welche den Postdienst kommissionsweise besorgten, exorbitante Taxen bezahlen.»

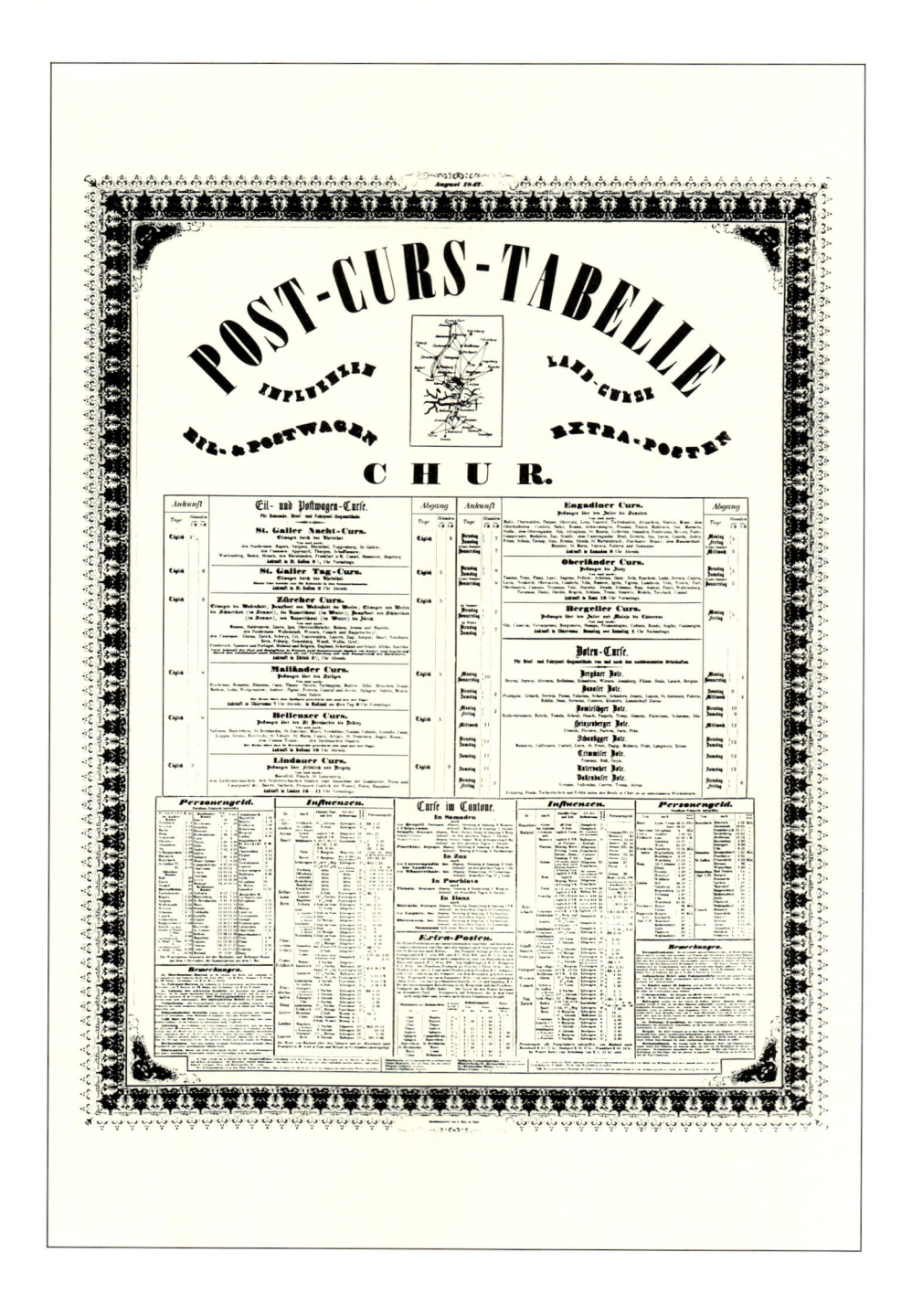

Die Zahl der beförderten Reisenden betrug auf den Routen nach:

	Zürich	St. Gallen	Cleven	Bellenz	Ober-Engadin (Julier)	Engadin-Bergell	Oberland
1837	—	—	1100	—	—	—	—
1838	—	—	1208	—	—	—	—
1839	1887	1690	1456	305	—	—	—
1840	2554	1786	2218	424	—	—	—
1841	3422	2197	2741	347	—	—	—
1842	4479	2820	3112	1132	—	—	—
1843	3493	2188	3038	1406	—	—	—
1844	4093	2225	3291	1755	522	—	—
1845	4391	2378	3612	1765	581	—	—
1846	4949	2616	4192	2127	847	123	624
1847	4679	2521	4157	1754	696	150	583

Entwicklung des Reiseverkehrs in Graubünden

Die hohen Zahlen von 1842 wurden beeinflusst durch das eidg. Schützenfest in Chur, der Rückgang von 1847 durch den Sonderbundskrieg.

2.5 Das Reisen vor 150 Jahren: beschwerlich und kostspielig

«Wer dieses grosse und in so vieler Rücksicht merkwürdige Land der Schweitz genau kennen lernen will, muss dafür einen eignen Reiseplan entwerfen, und viele Wochen allein dazu bestimmen», schreibt der aus Schlesien stammende Arzt Johann Gottfried Ebel in der dritten Auflage seiner «Anleitung, auf die nützlichste und genussvollste Art die Schweitz zu bereisen» von 1809/1810. (In der ersten Auflage seines Handbuches von 1793 hatte er Graubünden nicht beschrieben, weil es dort, wie man ihm versichert habe, «nichts Grosses, Ausserordentliches und Schönes in der Natur» gebe.)
Ebel bezeichnet den damaligen Weg über den Bernhardin als für Saumpferde besser als jenen über den Splügen. Als «nächste Strasse in das Untere-Engadin und ins Tyrol» nennt er den Weg «durch Schallfik und Langwies über den Strelaberg nach Davos, 7 Std». Die Strasse über den Albula-Berg werde auch mit kleinen Leiterwagen befahren, «auf denen man sitzen und liegen kann». Auch die Strasse aus dem Tirol durch das

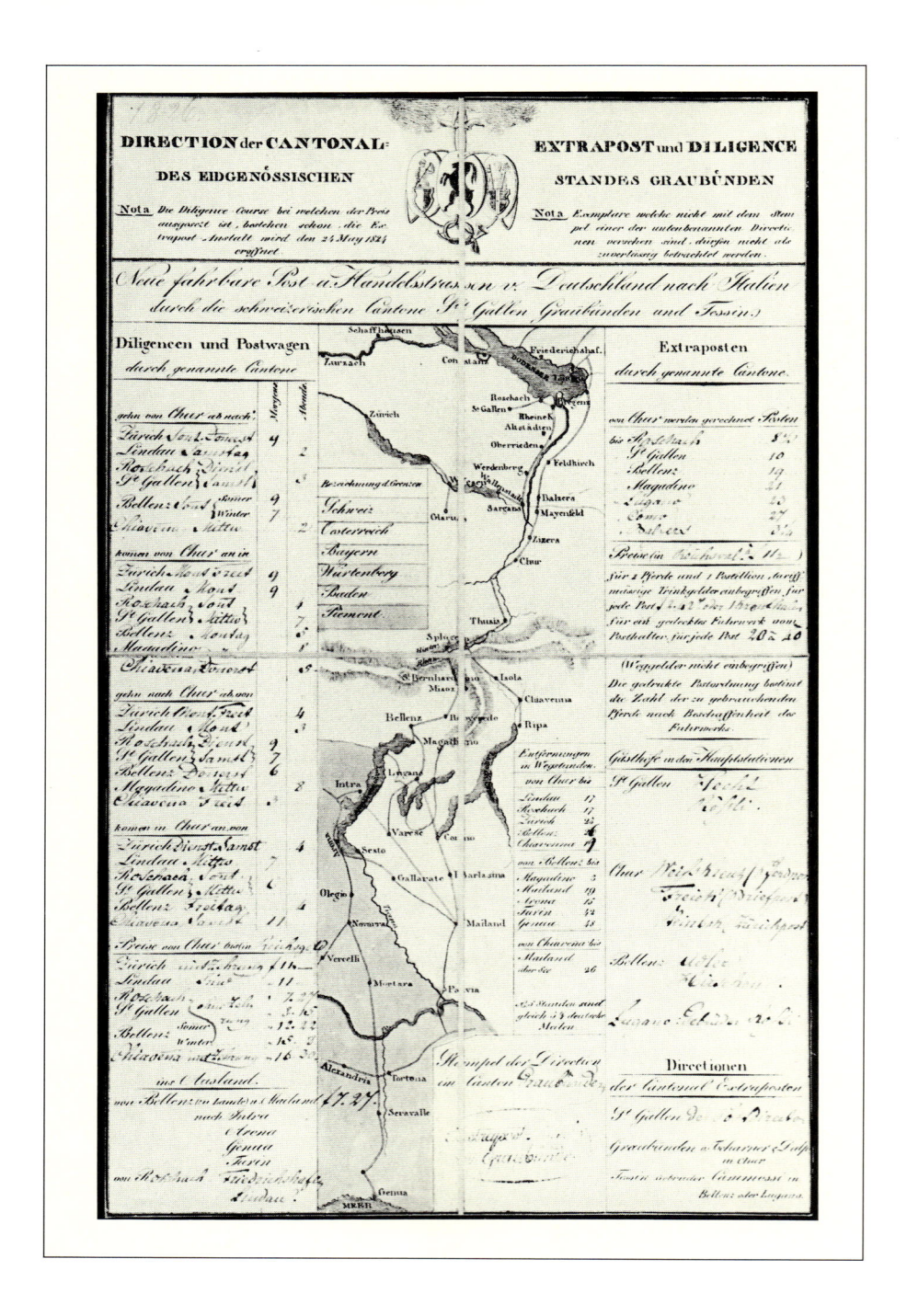

ganze Engadin «bis Seglio, 1½ Std. höher als St. Moritz» (also nicht etwa Soglio, sondern Sils. Der Verf.) und bis Casaccia könne mit kleinen Leiterwagen befahren werden. Im übrigen verweist Ebel auf den Staatskalender Graubündens für 1806, in dem alle Wege und Bergpfade vollständig aufgeführt seien. «Wer also Bündten sehr durchkreuzen sollte, findet hier Rath.» Im Anhang «Die besten Schriften über die Schweitz» führt Ebel nicht weniger als 24 Schriften über Graubünden auf, die er zum Teil bewertet. Beispiel: «Er hat gute Quellen benutzt, aber ist doch zu leichtgläubig, und daraus sind viele Unrichtigkeiten bey ihm entstanden. Auch

Kantonale Postkutsche in der Rofflaschlucht um 1840. Kol. Stich von Lohse.
Eigenartigerweise war zu Beginn der regelmässigen Fahrverbindungen über die Alpen kaum von Kutschen oder Wagen die Rede, sondern meistens von Diligencen. So nannte sich auch die erste Unternehmung dieser Art «Direktion der Extraposten und Diligencen». Im ersten von dieser Einrichtung befahrenen Alpen-Hochtal, im Rheinwald, fand denn auch dieses aus der lateinischen Sprachfamilie stammende Wort als «Dilischenza» Eingang ins Walserdeutsche.

ist des Verfassers Witz nicht selten schmutzig, und fast immer übel angebracht.»

Über die langwierigen Verhandlungen und Intrigen vor und während Planung und Bau der ersten befahrbaren Kunststrasse über die Bündner Alpen und über die Konkurrenzsituation zwischen Bernhardin und Splügen orientieren eine «mit Vorwissen der hohen Cantonsregierung» von Peter Conradin von Tscharner, Kommissär des Kantons für die Verhandlungen mit dem Königreich Sardinien, verfasste Schrift «Die neue Bernhardiner Strasse» von 1819 sowie eine nur mit X. gezeichnete Druckschrift «Über den jetzigen Zustand der Bernhardiner-Strassen-Angelegenheit», erschienen 1823 in St. Gallen.

1825 erschien der Reiseführer «Die neuen Strassen durch den Kanton Graubündten» mit 30 Aquatinta-Blättern des Aquarellisten Johann Jakob Meyer mit noch heute instruktiven Texten des bereits genannten J.G. Ebel. Ein solches «Itinerar» mag dem Reisenden die Vorbereitung seines Vorhabens sehr erleichtert haben. Für einen geregelten Dienstablauf waren jedoch auch die Aufgaben der Postbediensteten sowie das Verhältnis zwischen diesen und den Reisenden zu umschreiben.

Das Extrapostreglement des Schweizerischen Kantons Graubünden von 1842 schrieb u.a. vor, dass «die Posthäuser auf den zum Pferdewechsel bezeichneten Stationen, im Umfange des Kantons Graubünden, [...] auf der der Hauptstrasse zugekehrten Seite mit einem den Namen der Station tragenden Schilde bezeichnet und mit einem Glockenzuge versehen sein» mussten.

Weggeld-Quittung vom Monte Spluga von 1848.

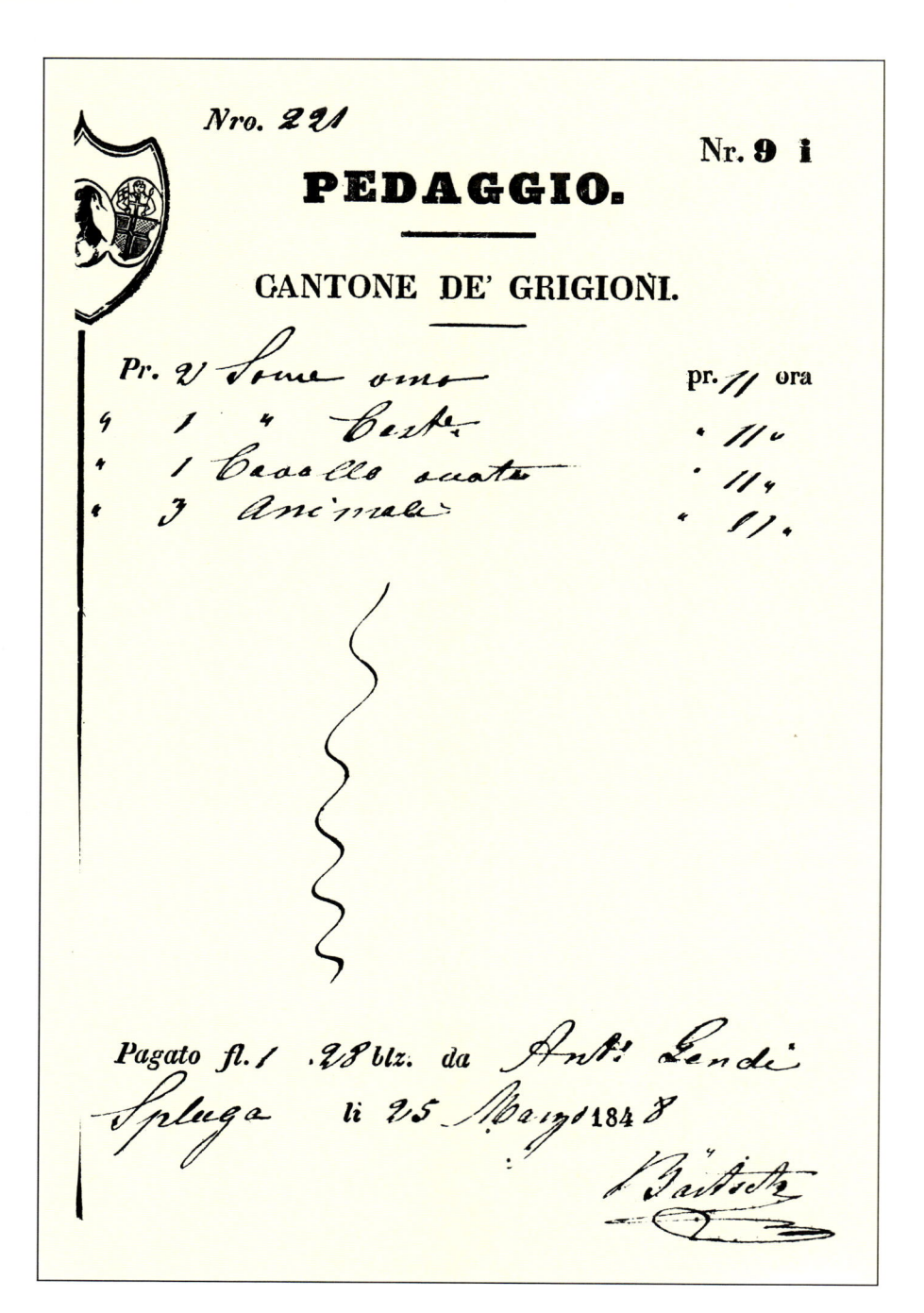

> Nro. 221   Nr. 9 i
>
> **PEDAGGIO.**
>
> CANTONE DE' GRIGIONI.
>
> Pr. 2 Some omo   pr. // ora
> „ 1 „ Carta   „ //„
> „ 1 Cavallo scarico   „ //„
> „ 3 Animali   „ //„
>
> Pagato fl. 1 .28 blz. da Ant° Gendi
> Spluga li 25 Marzo 1848

«Die Reisenden sollen in denselben während des Umspannens unentgeltliche Aufnahme und ein reinliches, zur Winterszeit geheiztes Zimmer finden. [...] In dem zur Aufnahme der Reisenden bestimmten Zimmer soll jeder Zeit an einem sichtbaren Orte ein Buch offen liegen, in welches dieselben allfällige Beschwerden über Posthalter, Postbedienung oder anderes den Postdienst Betreffendes auf anständige Weise und mit Angabe ihres Namens und Wohnortes eintragen können.» Eigenartigerweise ist kein einziges solches Beschwerdebuch der neugierigen Nachwelt erhalten geblieben.

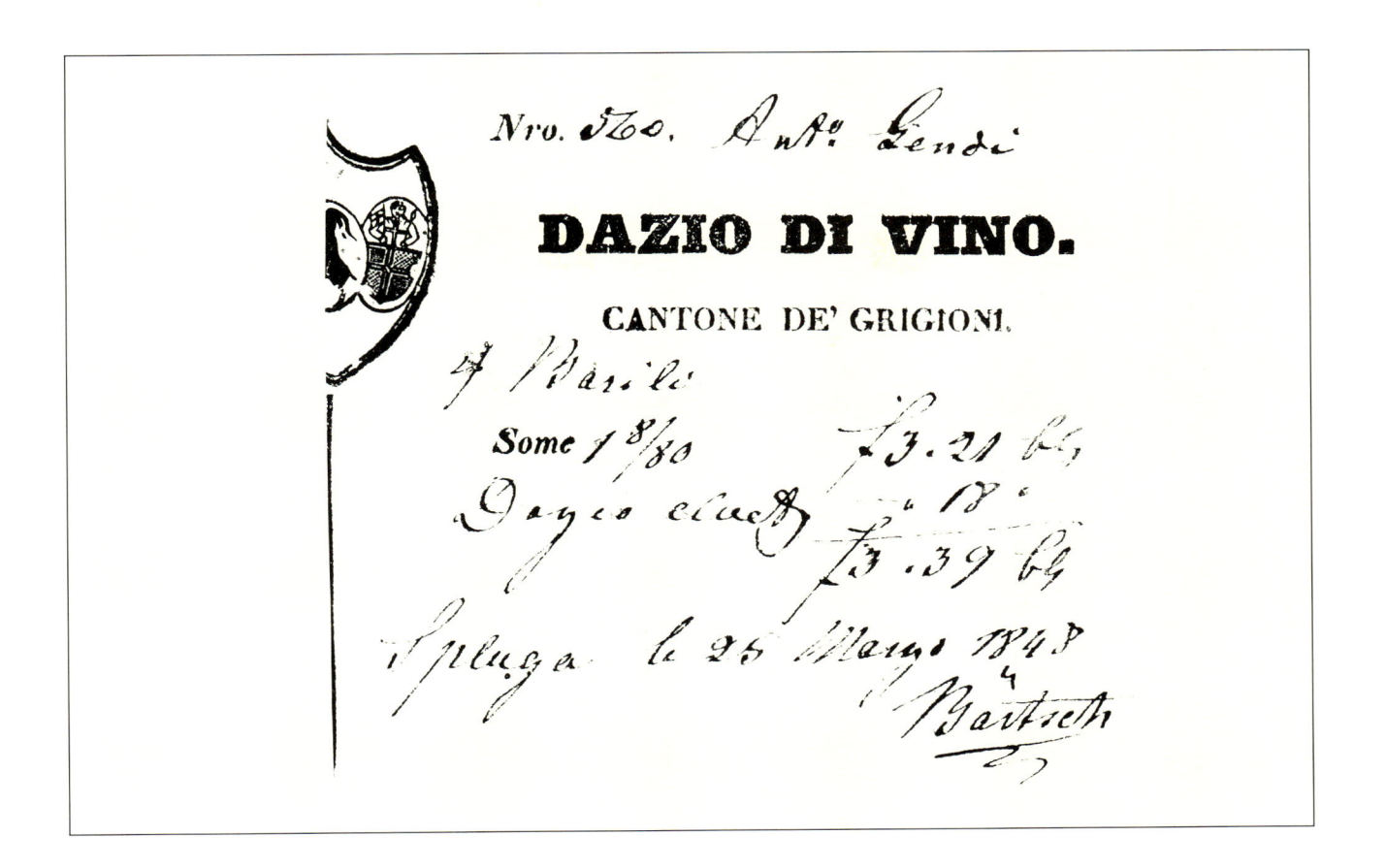

Zoll-Quittung für Wein von 1848.

Zu den Pflichten der Posthalter gehörte es u.a.,
«die von der Postkommission bestimmte Anzahl diensttauglicher Pferde, nebst dazu benöthigtem Geschirr zu halten; keine gefährliche oder mit Untugenden behaftete Pferde für den Postdienst zu verwenden, z.B. scheue, stättige, mit Koller behaftete Pferde und ganze Hengste. Der Postkommission steht das Recht zu, untaugliche Pferde den Posthaltern abzuerkennen; [...] darüber zu wachen, dass die Postillons jederzeit zum Postdienste gerüstet und während desselben in vollständiger Postmontur reinlich gekleidet und mit dem Posthorn versehen seien.»

«Die Anzahl der Pferde zur Bespannung» hing vom Gewicht der Ladung ab, wobei für Personen über 12 Jahren 125 Pfund, für Kinder von 5 bis 12 Jahren 60 und für zwei Kinder bis 5 Jahre 50 Pfund berechnet wurden. Für die Ermittlung des Gepäck-Gewichts waren ebenfalls «in Anschlag zu bringende» Ansätze festgehalten für Koffer, für eine «Vache» oder eine halbe «Vache», ein Felleisen, einen Mantelsack usw. Anmerkung: «Der Schweizer-Zentner ist = 50 Kilogramm. Ein Kilogramm = zwei Pfund Schweizergewicht.» Beim Fahren zur Nachtzeit war, ausser bei hellem Mondschein, auf Kosten des Reisenden in den Laternen des Wagens stets Licht zu unterhalten. Das Tabakrauchen war dem Postillon während der Fahrzeit unbedingt untersagt.

Recht unterschiedlich müssen die Reisetarife in der Schweiz zur Zeit der kantonalen Posten gewesen sein: «Nach dem 'Nouvelliste vaudois' (1826 Nr. 7) ist auf der Strasse von Lausanne nach Genf der Postdienst am besten in der ganzen Schweiz bestellt; es sind 11 Stunden, und dafür be-

Post-Tariff
zwischen
Chur und dem Ober-Engadin.

A. Für Waaren, welche nach dem Gewichte berechnet werden.

			Bis Stalla und Bergün.	Bis ins Oberengadin.
Von Pfund	bis Pfund	2	8 Blz.	12 Blz.
:	:	5	11 :	15 :
:	:	8	14 :	21 :
:	:	10	18 :	25 :
:	:	15	21 :	30 :
:	:	20	28 :	40 :
:	:	25	32 :	49 :
Colli über Pfd. 25 bezahlen für jeden Rupp (zu 16⅔ Schw. Pfd.)			18 :	35 :

B. Für Sendungen, welche nach dem Werthe berechnet werden.

		Bis Stalla und Bergün.	Bis ins Oberengadin.
Für Silber unter fl. 50		8 Blz.	14 Blz.
von : 50 bis fl. 100		14 :	23 :
: 100 : : 200		26 :	41 :
: 200 : : 300		40 :	58 :
: 300 : : 400		49 :	1 fl. 6
: 400 : : 500		56 :	1 : 23
: 500 : : 600		63 :	1 : 37
: 600 : : 700		1 fl. —	1 : 51
: 700 : : 800		1 : 7	1 : 65
: 800 : : 900		1 : 14	2 : 9
: 900 : : 1000		1 : 21	2 : 23
Was über fl. 1000 von jedem fl. 100		— : 7	— : 12
Für Gold über fl. 1000 ⅛ Abzug.			

C. Für Passagiers von Chur nach

Julier Curs.		Albula Curs.	
Malix	— fl. 52 Blz.	Malix	— fl. 52 Blz.
Churwalden	1 : —	Churwalden	1 : —
Parpan	1 : 35	Parpan	1 : 35
Lenz	2 : 35	Lenz	2 : 35
Tiefenkasten	3 : —	Brienz	3 : —
Conters	3 : 52	Alveneuerbad	3 : 35
Schweiningen	4 : —	Filisur	4 : —
Mühlenen	5 : —	Bergün	4 : 52
Stalla	6 : —	Weissenstein	6 : 18
Silvaplana	7 : 35	Ponte	8 : —
St. Moritz	8 : —	Bevers	8 : 35
Samaden	8 : 35	Samaden	8 : 52
Bevers	8 : 52	Zuz	8 : 35
Ponte	9 : 18	Scanfs	8 : 52
Scanfs	10 : —		

D. Für Briefe.

	einfach.	über ½ Loth schwer.	über 1 Loth schwer.
	Blz.	Blz.	Blz.
1.° Nach allen Ortschaften zwischen Chur und dem Albula- und Julier-Berg	4	6	8
2.° Von Chur nach allen zwischen Silvaplana und Scanfs liegenden Ortschaften des Ober-Engadins	8	12	16

Chur, im Mai 1842.

Das Central-Postamt.

zahlt eine Person Fr. 4, dagegen für die 17 Stunden von Lausanne nach Bern 12 Fr. – Im Aargau zahlt der Postreisende ½ Fr. für die Schweizerstunde. – Vermöge der Einrichtung in Bünden geht der Postwagen von Chur nach Bellinzona in höchstens 34 Stunden, und von Chur nach Ragaz in 3; für den ersten Weg zahlt man im Sommer 18, im Winter 24 Fr., für den zweiten zu jeder Zeit 2½ Fr. Gegenwärtig wird der Lauf im Kanton Tessin von Bellinzona nach dem Lago Maggiore und von da weiter auf dem Dampfschiff fortgesetzt, oder nach Lugano; und anderseits von Ragaz nach Rorschach am Bodensee.»

Brustschild des Unterengadiner Boten mit dem Wappen der drei Bünde.

Ein Kommentator des 20. Jahrhunderts meint rückblickend: «Man spricht gerne von der Poesie des Reisens in der Zeit, wo noch der Pferdezug, mit Geröll und Peitschenknall, allein die Strasse beherrschte. Mit Recht! Doch darf man dabei die andere Seite nicht übersehen, denn das Reisen in der altehrwürdigen, poesieumwobenen Postkutsche war bei den damaligen Strassen durchaus nicht immer angenehm, sondern mitunter recht beschwerlich und strapaziös, ja sogar gefährlich.»

Postillon in der Winteruniform.

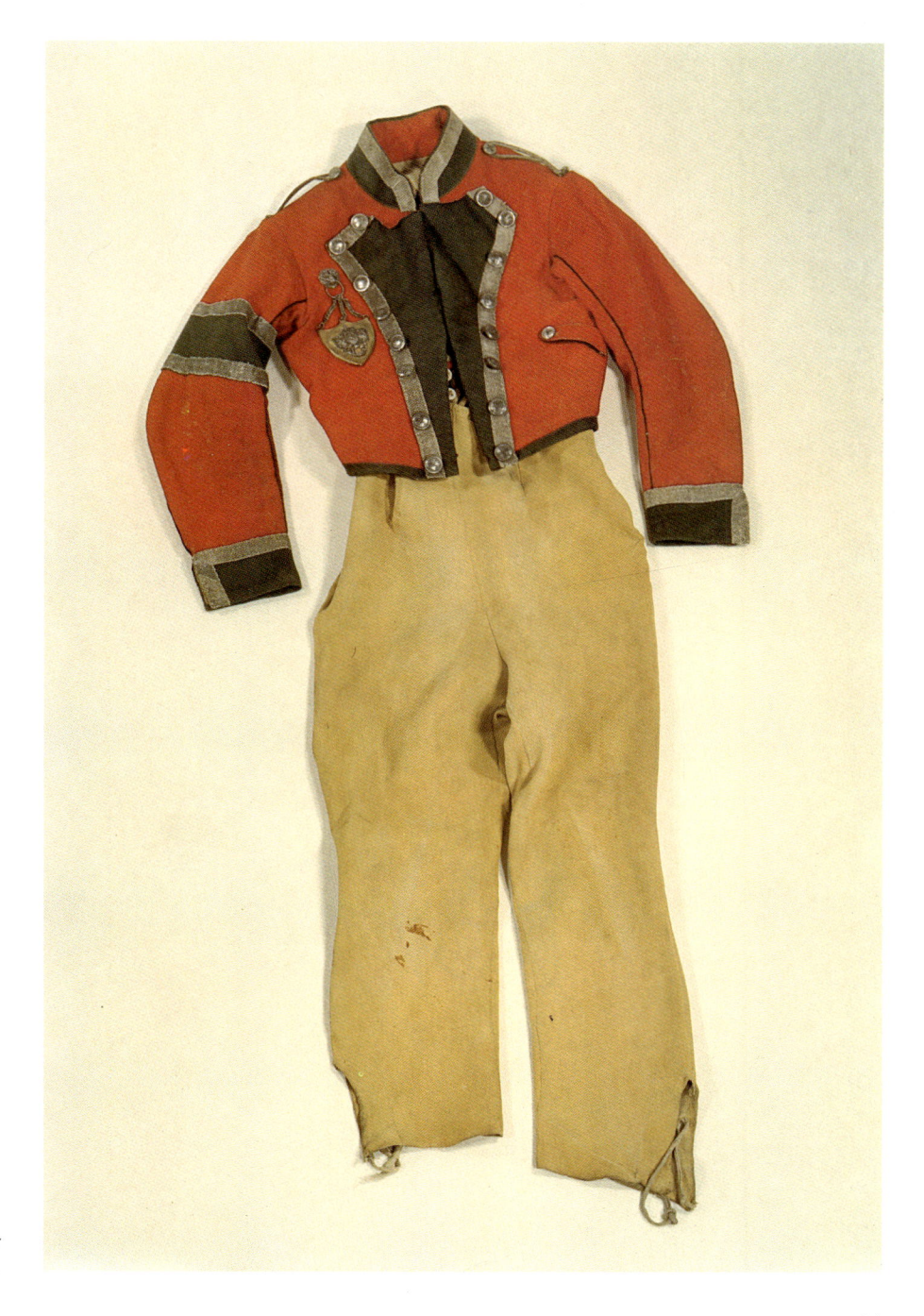

Uniform eines Postillons der Graubündner Kantonalpost.

*Pferdewechsel 1870 in Bergün.
Holzschnitt nach einer Zeichnung
von V. Tobler.*

3. Der Bund übernimmt das Postwesen

3.1 Der Übergang vom Kanton an den Bund

Im entscheidenden Zeitpunkt nach Beendigung des Sonderbundskriegs verfügte die Schweiz glücklicherweise an ihrer Spitze über fähige Männer, die die Revision der Bundesverfassung von 1815 zügig an die Hand nahmen. Graubünden war in der Revisionskommission durch Oberst Rageth Abys vertreten. Am 27. Juni 1848 stimmte die Tagsatzung dem Verfassungsentwurf zu, der in der Folge an die Kantone ging. Am 1. August 1848 erhoben sich sämtliche Bündner Grossräte für deren Annahme von ihren Sitzen, und zwanzig Tage später sprachen sich 55 Gemeinden dafür und nur 11 dagegen aus. 15½ Kantone stimmten der Verfassung zu und 6½ lehnten sie ab, worauf die Tagsatzung am 12. September 1848 die Bundesverfassung in Kraft erklärte und damit den Übergang vom lockeren Staatenbund zum starken Bundesstaat vollzog.

Mit der neuen Verfassung übernahm der Bund das Postwesen im ganzen Umfang der Eidgenossenschaft, wobei «die gegenwärtig bestehenden Postverbindungen im Ganzen ohne Zustimmung der beteiligten Kantone» nicht vermindert werden durften und die Tarife im ganzen Gebiet der Eidgenossenschaft nach den gleichen, möglichst billigen Grundsätzen zu bestimmen waren. Eine einzige Postverwaltung trat auf den 1.1.1849 anstelle der fünfzehn selbständigen Postverwaltungen in der Schweiz, die unter sich und mit angrenzenden Staaten Verträge abgeschlossen hatten. Ausser der Post wurden Münzen, Masse, Gewichte und Zölle zentralisiert.

Der Bund hatte die Kantone für den Ausfall an Posteinnahmen mit einer jährlichen Summe zu entschädigen, die dem Durchschnitt des Reinertrags der Jahre 1844 bis 1846 entsprach. Er war zudem verpflichtet, «das zum Gebrauche taugliche und erforderliche Material zu übernehmen». Für 16 Postwagen, 3 grosse gedeckte Schlitten, 15 kleine ungedeckte Schlitten, 12 Packschlitten, 2 Fourgons und einen kleinen Packwagen sowie Mobilien und Gerätschaften erhielt der Kanton Graubünden vom Bund eine Obligation in der Höhe von Fr. 25 184.65.

Die Schweiz wies damals 23 km Eisenbahn auf: die «Spanischbrötli-Bahn» Zürich–Baden, eröffnet 1847, sowie «955 Stunden Strassenstrekken, auf welchen 498 Postwagen liefen». Das Postnetz umfasste somit annähernd 4800 km. Zum Vergleich einige Zahlen von 1983: Eisenbahnen des allgemeinen Verkehrs rund 5000 km, davon SBB fast 3000 km; Postauto-Liniennetz rund 7800 km. Da die bestehenden Verbindungen nicht vermindert werden durften, waren die Alpenverbindungen nicht in Gefahr. Der angesehene Baedeker verlieh sogar der eidgenössischen

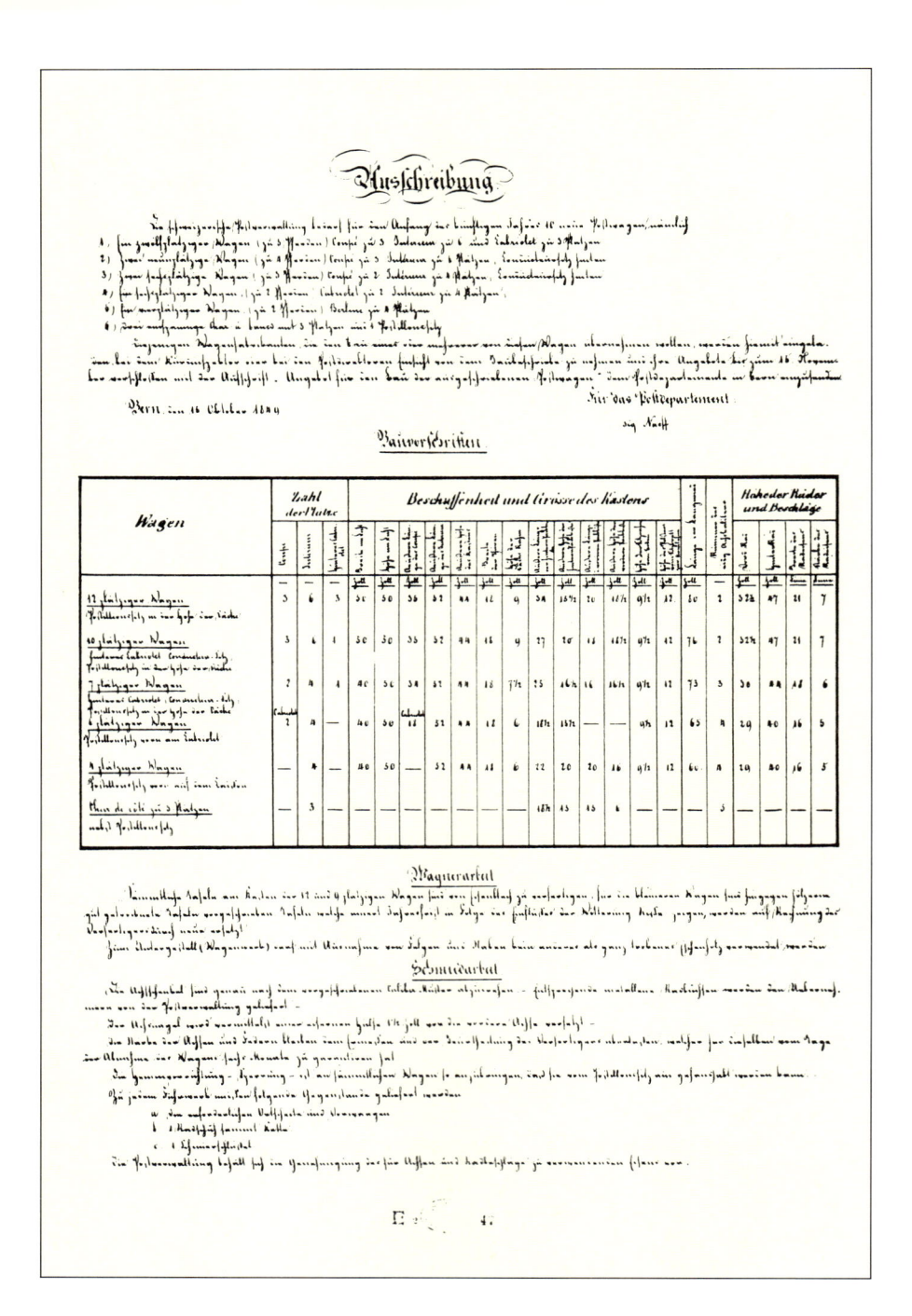

Reisepost seinen begehrten Stern, allerdings nicht ohne den Kauf des neunzig Artikel umfassenden Extrapostreglements zu empfehlen.

In Graubünden gab es zur Zeit des Übergangs folgende Postkurse: Chur–Zürich (Weesen–Walenstadt mit Dampfschiff), Chur–Splügen–Bellinzona und –Chiavenna, Chur–Küblis, Chur–Samaden, Samaden–Nauders, Samaden–Chiavenna und Reichenau–Trans.

«Offiziell fuhr der kantonale Postillon am 1.1.1849 aus seinen weissen hirschledernen Hosen und aus seinem verschnürten Kamisol in die einfache eidgenössische Montur. Man steckte ihn in einen roteingefassten

Postillonsrock von blaugrauem Tuch und rotem Kragen und roten Aufschlägen auf der Brust und an den Schössen, stülpte ihm einen runden schwarzlackierten Filzhut mit silbernem Band auf das edle Haupt, bekleidete ihn mit einer Weste aus rotem und langen Hosen aus grauem Tuch. Damit war die kantonale Buntscheckigkeit aufgehoben, und für den Simplon galt, was für den Gotthard und für Graubünden üblich war.» Auch das mag zwar, wie manches andere, nicht von einem Tag auf den andern geschehen sein: 1849 wurde vorerst einmal organisiert, 1850 entstanden die neuen Bundesgesetze, und 1851 wurde das Münz- und Taxwesen in Angriff genommen, denn die seit 1807 vom Kanton Graubünden geprägten Halb-, Ganz-, Fünf- und Zehnbatzenstücke, Sechstelbatzen und Neublutzger sowie die Bündner Dublonen (Sechzehnfrankenstück aus Calanda-Gold) sollten wie die unzähligen Münzen und Währungen der übrigen Kantone dem Franken und Rappen weichen.

Vom 1. Januar bis 31. August 1849 amteten die kantonalen Postverwaltungen provisorisch weiter, unterstanden aber der Oberpostdirektion in Bern. Auf den 1. September 1849 wurden sie eidgenössisch. Dabei wurden im dienstinternen Verkehr die vorher üblichen Höflichkeitsformen, «Grüsse und Titulationen», abgeschafft.

In Graubünden, wo die topographischen Verhältnisse der Entwicklung des Postwesens von jeher besondere Schwierigkeiten entgegengesetzt hatten, bedurfte es grosser finanzieller Opfer für seine Verbesserung. Manches, was die schwachen Kräfte überstiegen hatte, wurde nun dank der Hilfe des Bundes möglich. Ungesäumt wurden Postbüros und Ablagen errichtet: 1850 waren es 32, 1860 schon 266 und 1870 gar 319. Die bedeutendste Verbesserung trat aber mit dem fortschreitenden Ausbau des Strassennetzes im Kursbetrieb ein, obschon der finanzielle Ertrag weit hinter den Kosten zurückblieb. Bald führten tägliche Postkurse in die entferntesten Täler, Nachtkurse über Julier, Splügen und Bernhardin mit Anschluss an die ausländischen Postverbindungen, und nach und nach erhielten dank der Fürsprache von Nationalrat Andreas Rudolf Planta von Samaden bei seinem Freund, Bundesrat Jakob Dubs, auch die abgelegensten Dörfer die tägliche Postverbindung durch Fussboten.

3.2 Organisation und Betrieb

Das Bundesgesetz vom 4. Juni 1849 über die Organisation der eidg. Postverwaltung teilte aus rein administrativen Gründen das Gebiet der

Schweiz in elf Postkreise auf, die heute noch bestehen. Der X. Postkreis, Chur, besteht aus dem Kanton Graubünden «mit Ausschluss des Hochgerichtes Misox und Calanca», und aus dem sanktgallischen Bezirk Sargans. Das ausgeklammerte Moesano gehört zum Postkreis XI, Bellinzona, der ausserdem den ganzen Kanton Tessin umfasst.

Die Oberleitung des Kursbetriebs lag beim Postkursinspektorat, einer Dienstabteilung der Oberpostdirektion in Bern. Es umfasste zwei Unterabteilungen: Das Kursbüro war die administrative Zentralbehörde, dem Trainbüro mit zwei Train-Inspektoren oblag das Materielle, d.h. Beschaffung und Unterhalt der Fuhrwerke. In den Postkreisen standen die Kreispostdirektoren auch dem Postwagenbetrieb vor, der sich mit dem Anwachsen der Aufgaben zu besonderen Kurs- oder Betriebsabteilungen entwickelte.

Fahrplanplakat um 1850 für «Schw. Eidgenössisch patentirte regelmässige Omnibusfahrten» von Chur nach Ragaz und Fideriserau. Fahrplatzbestellung in Chur bei P. Koch unweit dem Obern-Thor und M. Caderas vor dem Todtenthörli.

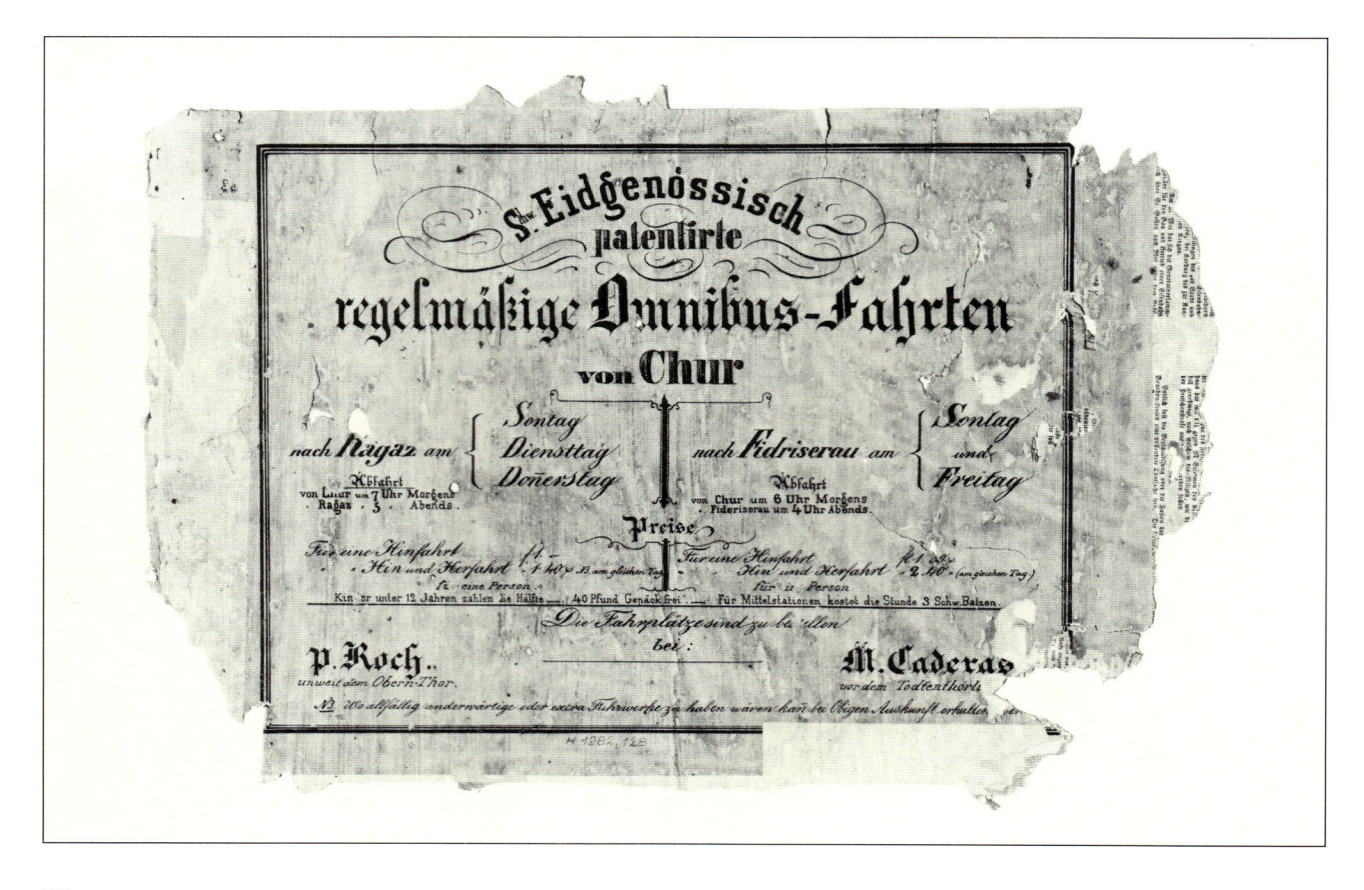

Anton Stäger, der unter der kantonalen Posthoheit zum Chef des Fahrpostbüros avanciert war (sein Sohn brachte es sogar zum Oberpostdirektor), wurde im Sommer 1849 zum Kreispostdirektor des Kreises XI ernannt. Wegen der «dort zu jener Zeit ziemlich anarchischen Zustände im Postwesen» bat er darum, ihn «in der bisherigen bescheidenen Stelle des engern Vaterlandes zu belassen». Kurz darauf erhielt er Bescheid, auf den 1. September 1849 zum Direktor des Postkreises X in Chur ernannt worden zu sein. Nach zwölftägiger Bedenkzeit nahm Stäger an. Seine Besoldung betrug 2400 Franken im Jahr, «während ich als Bürochef 1360 sammt einem Uniformrock bezog». Stäger trat die Nachfolge des aus Altersgründen zurücktretenden kantonalen Postdirektors Caduff an. Ihm zur Seite standen zunächst Johann Lorez als Kontrolleur und Johann Rohner als Kassier.
Die Bundesverfassung sprach der Post das alleinige Recht zur Beförderung von Reisenden mit regelmässigen Kursen und mit Extraposten zu. Das Postdepartement konnte indessen Konzessionen erteilen. Das Schweizerische Bundesblatt von 1851 hielt dazu fest: «Auf das Regal des Transports von Reisenden wollte man nicht verzichten, weil wir dessen grosse Vortheile für das Publikum vor dem Privattransport in fast allen Kantonen haben kennen und schätzen lernen. Es entspricht aber auch ganz den republikanischen Grundsätzen, dass der Staat den Vortheil leichtern Geschäftsverkehrs nicht nur den Vermöglichern zutheil werden lasse, die in Malleposten zu reisen vermögen, nicht nur den Städten, die an grössern Hauptrouten liegen, sondern dieselben möglichst allgemein auf alle Gegenden, und auf die Pakete und Geldsendungen, wie auf Briefe und Zeitungen ausdehne.»
Dem neuen Postregal Nachachtung zu verschaffen war nach Stäger eine der schwierigsten Aufgaben, weil unter der kantonalen Verwaltung eine grössere Anzahl Boteneinrichtungen entstanden war, die sich mit dem regelmässigen Transport von Waren und Reisenden befassten. Der Personaletat des Postkreises Chur umfasste 1851 sechs Kreisbeamte, 28 Posthalter, 220 Ablagehalter (die sich grossenteils mit einer Jahresbesoldung von 8 bis 20 Franken alter Währung = 12 bis 30 Franken neuer Währung zufrieden gaben, wobei sie die Lieferung des eidgenössischen Postschildes als Ehrenzeichen sehr in Betracht zogen...), 8 Kondukteure, 56 Fahr- und Fussboten sowie 9 Packer und Briefträger. 72 Berggemeinden hatten nur einmal in der Woche eine Postbedienung.
Auskunft über die Fahrmöglichkeiten gab die Kurskarte (siehe Vorsatzblatt hinten). Das «Amtliche Kursbuch» erschien erst von 1892 an. Die Legende zur Kurskarte lautete:

«Jede Linie bezeichnet einen Kurs auf welchem für die Hin und Herfahrt die Abfahrt und die Ankunft Stunden angegeben sind: die arab. Zahlen zeigen die Morgenstunden von 1 Uhr bis 12 Uhr Mittags, und die römischen Ziffern die Abendstunden von I Uhr Mittags bis XII Uhr Mitternachts an. Die Entfernungen der Stationen sind in Schweizerstunden zu 16 000' (16 000 Fuss.D.Verf.) angegeben. Wo die Kurstage nicht besonders bezeichnet sind, finden die Fahrten täglich statt. Mit den sämmtlichen Postkursen werden Reisende, Briefe, Pakete und Gelder befördert. Juli 1852.» Mit der eidgenössischen Post erschienen auch die ersten eidgenössischen Briefmarken (einige Kantone wie Zürich, Basel und Genf waren in dieser Beziehung bereits vorausgegangen), und damit ergab sich die Möglichkeit, Postsendungen «franco» aufzugeben. Die Vorausbezahlung war nicht leicht durchzusetzen, sei es, weil man glaubte, beim Empfänger den Eindruck zu erwecken, er vermöchte das Porto nicht zu bezahlen, sei es, weil man annahm, die Sendungen kämen eher an ihre Bestimmung, wenn die Taxen erst nach abgeschlossener Leistung der Post eingezogen würden.

Extraposten, kuriermässige Beförderung und Stafetten

Herr Baedeker hat offensichtlich weniger an die Kursfahrten gedacht, wenn er den Erwerb der ganzen Vorschriften über Extrafahrten empfahl. Die Extraposten waren für jene eine ideale Einrichtung, die weniger auf die Kosten achten mussten, dafür nicht an Kurszeiten gebunden sein wollten und nach mehr Bequemlichkeit und Eleganz trachteten. Noch 1910 pflegte Herr Rothschild aus Frankfurt für die Fahrt zu seiner alljährlichen Kur nach Schuls bei der Post Bevers seine Extrapost zu bestellen, wobei der Posthalter, die Gepflogenheiten des illustren Gastes kennend, jeweils das Nötige für die Bereitstellung des der Abfahrt vorangehenden Gabelfrühstücks anordnete.
Extraposten waren beileibe nicht etwa schneller. Die Kosten waren zwar höher, die Fahrzeit aber durchaus nicht kürzer, d.h. in der Regel 25 Minuten je Wegstunde. Für ganz Eilige bestand die Möglichkeit der kuriermässigen Beförderung, für die ein Zuschlag von 50% auf den Taxen und Trinkgeldern der Extraposten zu entrichten war.
Extraposten waren nur auf bestimmten Strecken erhältlich. Als Bergpässe mit dieser Einrichtung nannte das Reglement von 1852 in Graubünden den Splügen (Chur–Cleven) und den Bernhardin (Splügen-Bellenz). Wenn in diesem Reglement etliches an das frühere kantonale er-

Die Briefmarke und damit die Vorauszahlung des Portos hatte Mühe, sich durchzusetzen. Einerseits fürchtete man, beim Empfänger den Eindruck zu erwecken, er vermöchte das Porto nicht zu bezahlen, und anderseits glaubten viele, der Transportauftrag werde sicherer erfüllt, wenn der Preis dafür wie bisher erst «nach getaner Arbeit» vom Empfänger eingezogen werde. Der abgebildete Brief stammt aus der Zeit, als es noch keine Briefumschläge gab: der Brief selber wurde gefalzt und versiegelt. Er reiste im Jahr 1855 von Jenaz nach Davos Dörfli. Die Marke ist mit Tinte entwertet; den geraden Ortsstempel brachte die Poststelle rechts der Marke an. Der Durchgangsort Küblis verwendete dagegen schon damals einen Rundstempel mit Datum. Ein interessantes Detail: Der Postgehilfe, der zu jener Zeit in Davos Dörfli den ganzen Postdienst besorgte, bezog eine Jahresbesoldung von 70 Franken!

innert oder gar damit übereinstimmt, kommt das nicht von ungefähr: Da war Kreispostdirektor Stägers Hand im Spiel, der für die Ausarbeitung des Extrapostenreglements nach Bern berufen worden war.

Die Extraposten waren ein Teil des Postregals, d.h., wo solche vorgesehen waren, hatte die Post das alleinige Recht, Reisende auch ausserhalb der fahrplanmässigen Kurse zu befördern. Ihre Glanzperiode erlebte die Extrapost in den fünfziger Jahren, als die Eisenbahnen erst im Entstehen waren und die Postkutsche noch den Verkehr auf den grossen Durchgangsrouten versah. Im Geschäftsbericht der Postverwaltung für

1860 heisst es: «Extrapostrouten bestehen zwar noch in allen Postkreisen. Allein ihre Benützung kommt, mit Ausnahme der Alpenpässe, so selten vor und es ist die Ausbeute dieses Dientszweiges so gering geworden, dass es allen Anschein hat, als neige sich dieses Institut, welches solange dem Kurswesen und dem Personenverkehr Leben und Farbe verliehen hatte, zum Untergang.» Im Zeitraum von 1881 bis 1900 gab es nur noch in vier Postkreisen Extraposten: Lausanne (umfassend Wallis, Waadt und Freiburg), Luzern (umfassend Uri, Schwyz ohne March, Ob- und Nidwalden, Zug und Luzern), Graubünden und Bellinzona. 1910 bestand nur noch eine einzige Extrapost ausserhalb Graubündens: Gletsch–Furka–Andermatt–Oberalp–Disentis; ferner in Graubünden auf den Linien Reichenau–Flims, Thusis–Bernhardin–Misox, Thusis–Splügen–Chiavenna, Chur–Lenzerheide–Julier–St. Moritz, St. Moritz–Maloja–Chiavenna, Davos–Flüela–Süs, Schuls–Pfunds, Zernez–Ofen–Münster und Sta. Maria–Umbrail–Stilfserjoch.

Für jede Extrapostroute bestand ein besonderer Tarif. Die Taxe setzte sich zusammen aus einer Expeditionsgebühr, Pferdegeld und Wagengeld sowie allfälligen Berg- und Nachtzuschlägen. Pferde- und Wagengeld waren für mindestens sieben Kilometer zu berechnen. Die Wagen stellte in der Regel die Postpferdehalterei; oft kamen auch posteigene Fahrzeuge zum Einsatz, und gelegentlich brachte gar der Reisende seine eigenen Fahrzeuge mit. In diesem Falle entfiel das Wagengeld. Bis 1872 bildeten die Postillons-Trinkgelder einen Bestandteil des Extraposttarifs. Ferner wurden Gebühren für das Schmieren der Wagen, das «Schmiergeld», berechnet. Für die kuriermässige Abfertigung, die dem Reisenden dank verkürzter Fahrzeiten und Umspannfristen die rascheste Beförderung sicherte, musste das Ladegewicht bei gleicher Bespannung um einen Drittel niedriger sein als bei gewöhnlichen Extraposten.

War die Extrapost auf der einen Seite das ideale Reisemittel für betuchte Leute, so war sie andererseits gar kein einträgliches Geschäft für die Post. Ihr verblieb die Expeditionsgebühr (zuletzt vier Franken je Extrapost) und die Wagengebühr, falls sie die Wagen stellte. Vom übrigen, auf die Postpferdehalter entfallenden Teil der Einnahmen verblieb nur ein kleiner Prozentsatz für die Postkasse, zuletzt vier Prozent. Als indirekten Profit im Zusammenhang mit dem Extrapostdienst seien indessen die nach Einführung dieser Dienstzweige entstehenden Taxen für Telegramme und später auch Telefongespräche erwähnt. Am 5. Dezember 1852 wurden die ersten Telegrafenlinien (Freileitungen!) Zürich–Chur–Bernhardinpass–Bellinzona und Zürich–Gotthard–Bellinzona in Betrieb genommen.

Postbeförderungsvertrag von 1854 mit Postpferdehalter Peter von Cleric, Chur.

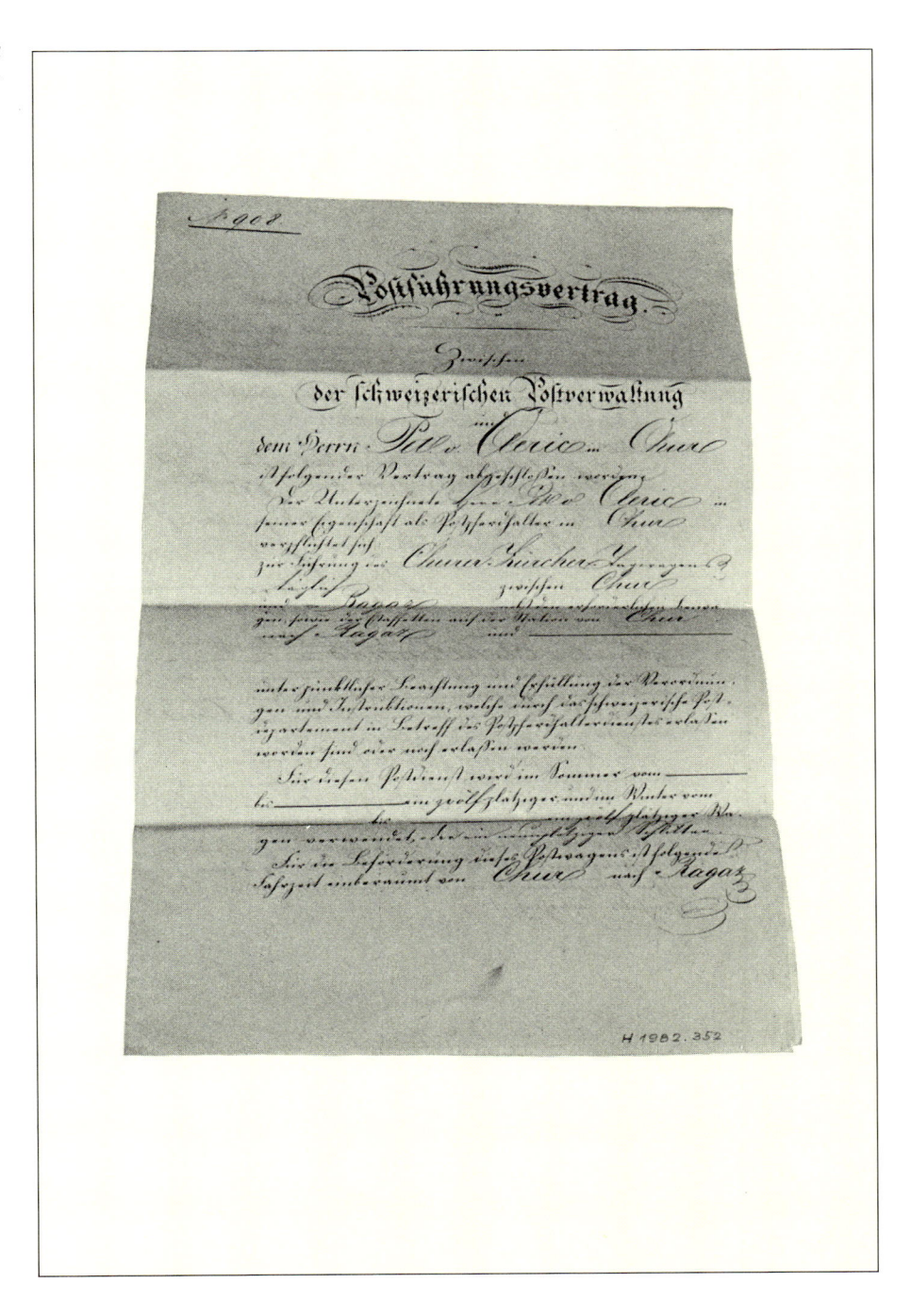

Die mit Morseapparaten ausgerüsteten Büros nahmen in der Folge rasch zu. Das erste Telefonnetz in Graubünden bekam St. Moritz am 15. Juli 1889 mit 37 Abonnenten. Chur folgte am 12. September 1890. Die Herstellung der Verbindungen oblag besonders ausgebildeten «Frauenzimmern» oder «Jungfern». 1904 beschloss der Bundesrat auf eine Forderung des Personals hin, im Dienstverkehr und in Akten die «Jungfer» durch «Fräulein» zu ersetzen, sofern es sich um unverheiratete Frauenzimmer handelte. Noch kurz vor dem Telefon war die erste Schreibmaschine aufgetaucht: Der «hohe Bundesrat» hatte 1885 auf Antrag der

Verwaltung einen Kredit für die erste «Remington» bewilligt. Bald folgte ein Nachtragskredit von 525 Franken für eine zweite Maschine...
Wesensverwandt mit der Extrapost waren die Stafetten oder Estafetten zur Vermittlung amtlicher Depeschen der Bundesbehörden, Kantonsregierungen oder Militärstellen. Die Postpferdehalter waren zur Beförderung dieser Depeschen verpflichtet. Sie erhielten dafür die gleiche Entschädigung wie für das Führen von Beiwagen. Entsprechend ihrem immer eiligen Charakter mussten die den Stafetten anvertrauten Botschaften innerhalb der für Eilwagen angesetzten Fahrzeit, längstens 25 Minuten die Wegstunde, befördert werden. Zur Kontrolle gab man der Stafette einen sogenannten Stundenzettel mit, auf dem jede Station die Ankunfts- und Abgangszeit, ferner die Namen des Postpferdehalters und des Postillons einzutragen hatte. Stafetten konnten auch von Privaten in Anspruch genommen werden.

«Empfangschein» der Poststelle Reichenau aus dem Jahre 1879 für ein aufgegebenes Group (Wertpaket).

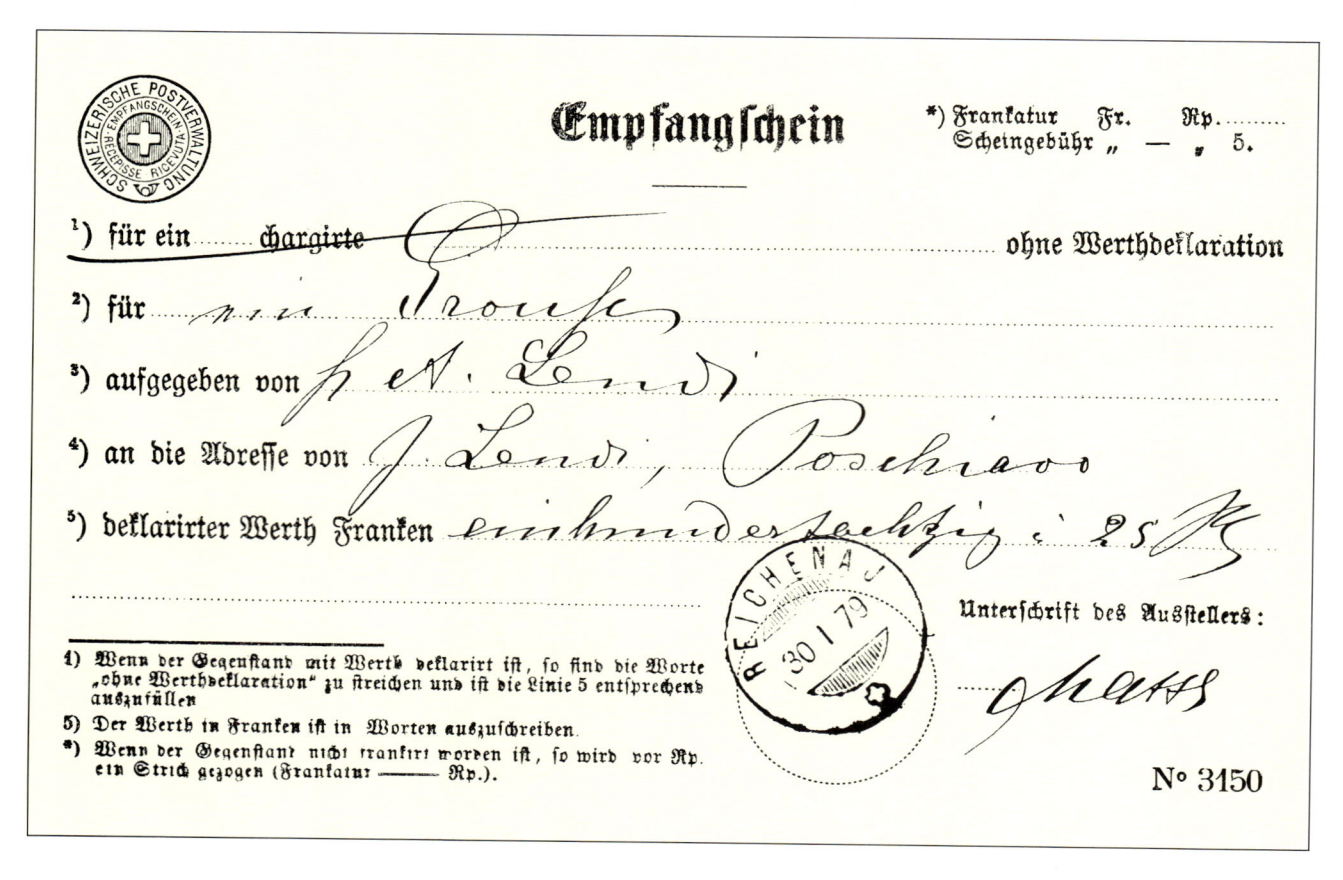

Der Kursbetrieb

Der Reisende hatte sich mündlich oder schriftlich «bei gleichzeitiger Erlegung der Taxen», in der Regel bis eine Stunde vor Abfahrt, bei der Abgangsstelle anzumelden. Sein Name, sein Reiseziel und die Fahrtaxe wurden in die Reisendenrechnung und in den Stundenpass eingetragen. Als auch Telegraf und Telefon zur Verfügung standen, konnte der Fahrpreis mit amtlicher Postanweisung überwiesen werden, denn die Bestellung galt erst mit der Bezahlung als verbindlich. Die Vergebung der Plätze erfolgte in der Reihenfolge der Anmeldung. Im Stundenpass, der jedem Kurs mitgegeben wurde, waren auf jeder Station die Reisenden, die Verkehrszeiten sowie die empfangenen und die ausgelieferten Postsäcke und Pakete einzutragen.

Der Beiwagendienst

Für jede Linie war der Umfang der Beiwagenpflicht genau bestimmt und im Postführungsvertrag festgelegt. Anfänglich bildeten die Linien ohne Beiwagen die Ausnahme; das Bild kehrte sich auch hier ins Gegenteil mit dem Ausbau der Eisenbahnen und dem Wegfallen der grossen Postlinien. Eines einzelnen überzähligen Reisenden wegen wurde bei Postkursen mit Kondukteurbegleitung nie ein Beiwagen gestellt: Der Kondukteur hatte dem Überzähligen seinen Sitz abzutreten und sich auf dem Bocksitz neben dem Postillon niederzulassen. Bei Kursen ohne Kondukteurbegleitung liess man dem überzähligen Reisenden die Wahl, entweder neben dem Postillon auf dem Bocksitz Platz zu nehmen oder durch Bezahlung von zwei Reisendentaxen die Lieferung eines einspännigen Beifuhrwerks zu erwirken. 1881 wurde diese Doppelbezahlung abgeschafft; von nun an erhielt auch ein einziger Passagier zur normalen vollen Gebühr einen Beiwagen.
Die Beiwagen fuhren in der Regel vor dem Hauptwagen. Sie waren für die Post ein recht unrentables Geschäft, insbesondere dort, wo das Fahrzeug von einer weiter entfernten Station her leer zugeführt und dem Pferdehalter eine Entschädigung ausgerichtet werden musste, die das Mehrfache der Einnahmen betrug. Die Zahl der beiwagenpflichtigen Linien wurde deshalb mit dem Anwachsen des Eisenbahnnetzes raschestmöglich abgebaut.
Nach der Eröffnung der Eisenbahn Rorschach–Chur im Jahre 1858 stellte sich für Kreispostdirektor Stäger die Frage, wie den «postali-

Tarif

zur Berechnung der Entschädigung für die Beiwagenführung.

(Laut Kreisschreiben des Postdepartements vom 10. Dezember 1851.)

Weg-Stunden.	Entschädigungsbetrag für									
	1 Pferd.		2 Pferde.		3 Pferde.		4 Pferde.		5 Pferde.	
	N. Fr.	Rp.	N. Fr.	Rp.	N. Fr.	Rp.	N. Fr.	Rp.	N. Fr.	Rp.
1	1	42	2	84	4	26	5	68	7	10
1 1/8	2	13	4	26	6	39	8	52	10	65
2	2	84	5	68	9	52	11	36	14	20
2 1/8	3	55	7	10	10	65	14	20	17	75
3	4	26	8	52	12	78	17	04	21	30
3 1/8	4	97	9	94	14	91	19	88	24	85
4	5	68	11	36	17	04	22	72	28	40
4 1/8	6	39	12	78	19	17	25	56	31	95
5	7	10	14	20	21	30	28	40	35	50
5 1/8	7	81	15	62	23	43	31	24	39	05
6	8	52	17	04	25	56	34	08	42	60
6 1/8	9	23	18	46	27	69	36	92	46	15
7	9	94	19	88	29	82	39	76	49	70

Bemerkungen.

I. Für die Vergütung der Beiwagenbespannung ist folgendes Regulativ maßgebend:
  a. Für eine Chaise oder einen Char-à-banc mit 2 bis 3 Plätzen wird 1 Pferd bezahlt;
  b. für einen Beiwagen oder eine Beichaise mit 4 bis 6 Plätzen 2 Pferde. In der Regel sind 6 Personen mit 2 Pferden zu führen; wo eine Ausnahme wegen großer Steigungen oder schlechter Straßen gerechtfertigt erscheint, hat der Kreispostdirektor speziell diese Ausnahme zu bewilligen;
  c. für einen Beiwagen mit 7 bis 9 Plätzen 3 Pferde;
  d. für einen Beiwagen mit 10 bis 15 Plätzen 4 Pferde;
  e. für einen Beiwagen mit mehr als 15 Plätzen 5 Pferde.
II. Die gleiche Entschädigung wird für Beförderung amtlicher Depeschen bezahlt.
III. Für Lieferung der Fuhrwerke sind folgende Taxen festgestellt:
  a. Für ein einspänniges Fuhrwerk . . . . . . Fr. — Rp. 85
  b. „ „ zweispänniges „ . . . . . . „ 1 „ 42
  c. „ „ dreispänniges „ . . . . . . „ 2 „ 13
  d. „ „ vierspänniges „ . . . . . . „ 2 „ 84
IV. Als Postillonstrinkgeld wird bezahlt:
  a. Für 2- bis 4plätzige Wagen per Fahrt . . . . Fr. — Rp. 60
  b. „ 5- „ 9 „ „ „ . . . . „ — „ 75
  c. „ 10- „ 18 „ „ „ . . . . „ — „ 90
Für die Rückfahrt der Beiwagen wird jedoch nur dann das Postillonstrinkgeld vergütet, wenn dieselbe von der Post zum Personentransport benutzt wird.

Bern, 10. Dezember 1851.

---

schen Kredit in hohem Masse präjudizierenden Verspätungen des Splügenkurses ein Ziel gesetzt werden könnte». Er schlug vor, den schweizerischen Postkurs von Chiavenna bis Colico auszudehnen, womit die direkte Verbindung zwischen den schweizerischen Eisenbahnen und der italienischen Dampfschiffverwaltung auf dem Comersee hergestellt würde. So «könnte der Splügenkurs füglich um 12 Uhr mittags zum Schnellzug anstatt oft erst nach Abgang des letzten Zuges in Chur eintreffen.» Dank persönlicher Interventionen auf eigene Kosten in Wien beim österreichischen Bautenminister von Toggenburg, einem gebürtigen Bündner, der gleichzeitig zum Ministerposten auch das Amt des Oberpostmeisters von Österreich bekleidete, konnte die Reform durchgeführt werden. Die Reisendenfrequenz über den Splügen nahm einen bedeutenden Aufschwung.

3.3 Die Postpferdehalterei

Das Führen eines Postkurses wurde – normalerweise nach öffentlicher Konkurrenz-Ausschreibung – einem sogenannten Postpferdehalter übertragen. Auf Grund von Pflichtenheften konnten sich Interessenten über den Umfang der Fahrleistung, Bespannung, Fahrzeiten, Auswärtsaufenthalte, Beiwagenlieferungen usw. orientieren. Das Pflichtenheft bildete die Grundlage für den Postbeförderungsvertrag. Kurszahlung und Vergütung für Beiwagen wurden monatlich ausgerichtet. Die Kündigungsfrist betrug in der Regel für beide Seiten drei Monate. Zu Unrecht wurde der Verwaltung gelegentlich Vergebung an den Meistbietenden vorgeworfen. Die Höhe des Angebots spielte zwar eine Rolle, aber nicht die ausschlaggebende. Über die Bewerber wurden gründliche Erkundigungen eingezogen, besonders wenn die Angebote allzu grosse Unterschiede aufwiesen, von Überforderungen bis zu offensichtlichen Unterbietungen.
Die Verpflichtungen der Postkursunternehmer waren in der Instruktion für die Postpferdehalter zusammengefasst, einem Diensterlass, der häufig geändert wurde. In erster Linie hatte der Unternehmer die nötige Zahl dienstkundiger Postillone, genügend taugliche, fehlerfreie Pferde mit den erforderlichen Geschirren bereitzustellen. Zugelassen waren «sowohl Kummet- wie Sillen- (Brustblatt-)Geschirre», doch musste bei einem aus mehreren Wagen bestehenden Postzug das Geschirr einheitlich sein. Um den Bedürfnissen des fahrplanmässigen Kursdienstes, der Beiwagenstellung und der Extrapostführung genügen zu können, waren die Unternehmer der grösseren Betriebe genötigt, einen ausserordentlich hohen Pferdebestand zu unterhalten. Beispielsweise verfügte die Postpferdehalterei in Samaden vor Eröffnung der Albulabahn stets über 230 bis 260 Pferde, jene in Tiefencastel über 200 Pferde.
Für Schaden oder Nachteil aus Verschulden der Postillone durch Verwendung ungeeigneter Pferde oder mangelhafter Geschirre war der Postpferdehalter gegenüber der Post haftbar. Diese konnte die Entlassung ihr nicht geeignet scheinender Postillone und die sofortige Erset-

Postkondukteur-Schild aus Silber von Kondukteur M. Trepp (1850–1926).

zung untauglicher Pferde verlangen. Der Postpferdehalter hatte auf Verlangen persönlich bei der Kreispostdirektion vorzusprechen. Bei längeren Abwesenheiten hatte er sich bei ihr abzumelden. Die unentgeltliche Mitfahrt in den von ihm geführten Kursen war ihm nur mit der Bewilligung der Direktion gestattet und nur dann, wenn noch Platz vorhanden war. Die Postpferdehalter waren verpflichtet, beim Umspannen, bei Strassenunterbrüchen, Verkehrsstörungen, Unfällen usw. sich gegenseitig zu helfen. Schliesslich hatte der Unternehmer der Post gegenüber durch zwei Bürgen Sicherheit zu leisten, wobei die Bürgschaftssumme in der Regel die Hälfte einer Jahreskurszahlung betrug. Im Laufe der Jahre wurde diese als sehr drückend empfundene Verpflichtung gemildert und schliesslich in den ersten Jahren unseres Jahrhunderts fallengelassen.

Zwischen den Kreispostdirektionen und den Postpferdehaltereien bestand ein reger Geschäftsverkehr. Die Regelung der vertraglichen Beziehungen, die Extrapost- und Beiwagenführung, Postillonsmutationen, Pferde- und Wagenverwendung, Anstände und Unregelmässigkeiten aller Art sowie Unfälle erforderten «umfangreiches Schreibwerk, zu dessen Erledigung Maschinen damals noch nicht zur Verfügung standen».

Für die Betreuung der Reisenden sorgte die Post mustergültig. Bei nasskaltem Wetter stellte sie Wolldecken zur Verfügung. Der Postpferdehalter lieferte Stroh in die Wagen, die Verwaltung ging noch weiter und liess mit angebrannter Kohle gefüllte walzenförmige Behälter als Fusswärmer in die Wagen bringen.

Stramme Ordnung und straffe Disziplin zeichneten die Pferdepostbetriebe aus. Verfehlungen wurden mit scharfen Ordnungsbussen geahndet. In den Jahren 1851 und 1852 entfielen von allen Ordnungsbussen der Post 75 Prozent auf Postpferdehalter, Kondukteure und Postillone und nur 25 Prozent auf das eigentliche Postpersonal. Der Bussenansatz war für die damaligen Verhältnisse recht hoch. Nach den früheren Vorschriften wurden die Postpferdehalter mit drei bis sechs Franken gebüsst, wenn die Rossgeschirre mangelhaft oder nicht vorschriftsgemäss waren. Trat ein Postillon nicht vorschriftsgemäss oder unsauber gekleidet den Dienst an, so hatte er eine Busse von zwei bis vier Franken zu gewärtigen; überdies ging er des Postillontrinkgeldes verlustig (solange ein solches ausgerichtet wurde). Am schärfsten geahndet wurden Passagier- und Warenschmuggel sowie die Mitnahme regalpflichtiger Sendungen, auch wenn sie nur aus Gefälligkeit erfolgten. Gesalzene Bussen gab es für Trunkenheit, Einkehren unterwegs, Renitenz, Pferdeschinderei, Nichtunterlegen des Radschuhs usw. Neben den Bussen gab es auch Abzüge. Kursverspätungen, die sich nicht mit schlechten Fahrverhältnissen oder ausserordentlichen Vorkommnissen begründen liessen, unterlagen einem Abzug von 15 Rappen je verspätete Minute. Der Pferdehalter konnte sogar gebüsst werden, wenn er die monatliche Beiwagenrechnung zu spät eingab. Schliesslich scheint es anfänglich mit der Höflichkeit nicht immer geklappt zu haben, denn die Kreisdirektionen wurden von höherer Stelle aus angewiesen, «hierin mit der nötigen Strenge, mit wirksamen Mitteln auf eine Besserung zu dringen».

Kondukteur in der Sommeruniform, ca. 1890.

3.4 Kondukteure und Postillone

Den Postkreisen waren die Postkondukteure, die Wagenmeister und die Wagenwascher unterstellt. Die Wagenmeister waren Berufsleute, die sich auf eine fachgemässe Wartung der Wagen verstanden.
Gerngesehene und meist auch imponierende Gestalten waren die Postkondukteure, deren Aufgabe darin bestand, die Postkurse zu begleiten, die Reisenden zu plazieren, die Billette zu kontrollieren, den Reisenden in allen Lagen mit Rat und Tat beizustehen, Streitigkeiten zu schlichten

Bündner Bergpostkondukteur im Winter (1890).

und für richtige Postvermittlung auf den Stationen zu sorgen. Er verkörperte gegenüber dem Reisenden die Verwaltung und war zugleich der Vorgesetzte des Postillons.

Mit dem Ausbau des Telegrafennetzes kam eine wichtige Aufgabe hinzu: Der Reisepostkondukteur hatte während der Fahrt die Leitungen zu kontrollieren.

Seinen Platz hatte der Kondukteur im Wageninnern, bei grossen achtplätzigen Wagen auf der Bankette. Musste er einem überzähligen Reisenden seinen Sitz abtreten, so erhielt er eine Entschädigung von 5 Rp.

je km. Die jährlichen Ausgaben der Post für abgetretene Kondukteurplätze machten 1860 über 47 000, 1867 sogar mehr als 51 000 Franken aus. Besonders hoch fielen diese Entschädigungen in den Postkreisen Chur und Bellinzona aus, wo 1863 ein Kondukteur im Mittel 906 bzw. 565 Franken bezog. Im Jahre 1867 wurden diese Entschädigungen zum letzten Mal ausgerichtet. Eine Neuregelung mit gleichmässiger Verteilung der Bezüge in Form eines allgemeinen Besoldungszuschusses hatte sich aufgedrängt.

Mit der Ausweitung des Schienennetzes büsste die Stellung des Postkonduktuers an Bedeutung ein. Sein Dienst wurde immer mehr den Postillonen überbunden. Aus dem Personenpostdienst ausscheidende Kondukteure wurden vorzugsweise im Bahnpostdienst weiterbeschäftigt. Das Schild mit dem Schweizerwappen auf der Brust sowie die ange-

Postkondukteure Willi, Senti und Theus (1941).

stammte Amtsbezeichnung trugen sie mit unverkennbarer Würde und in pietätvollem Gedenken an vergangene Zeiten auch im neuen Wirkungsfeld.

Eine ganz besondere Stellung nahmen die Rosselenker der bespannten Postfahrzeuge, die Postillone, ein. Angestellt und besoldet wurden sie vom Postpferdehalter. Sie standen indessen auch in einem direkten Dienstverhältnis zur Postverwaltung, die sich vorbehielt, willkürlichen Auflösungen des Dienstverhältnisses die Genehmigung zu versagen und Dienstverfehlungen gleich wie bei Postangestellten disziplinarisch zu ahnden. Die Anstellung durch den Postpferdehalter erfolgte anfänglich ohne jede Förmlichkeit, später mit einem Dienstvertrag. Die Namen der Postillone waren der Kreispostdirektion zu melden, die Zeugnisse dieser Stelle vorzulegen. Voraussetzungen waren ein Mindestalter von

Postkondukteure Donat Willi, Peter Minsch und Simon Marchion (1925).

18 Jahren und ein Ausweis als guter Fuhrmann. Eine Vorschrift, wonach «in der Regel» auf rein schweizerischen Linien nur Schweizer Bürger zugelassen werden sollen, erschien erst um die Jahrhundertwende. Jeder Postillon erhielt ein Dienstbuch, in das sein Dienstherr die Daten von Ein- und Austritt sowie sein Urteil über Qualifikation und Dienstbesorgung einzutragen hatte.

Gleich von Anfang an wurden die Postillone in der bereits beschriebenen Weise uniformiert. Eine eigenartige Einrichtung waren die Postillontrinkgelder, die mit Trinkgeldern nichts zu tun hatten, sondern Bestandteil des Fahrgelds und des Postillonlohns waren. Ohne Rücksicht auf die Wegstrecken wurden 60 Rp. für Wagen bis 4 Sitze, 75 Rp. für solche mit 5 bis 9 Plätzen und 90 Rp. für grössere Vehikel erhoben. Der Einzug erfolgte durch die Poststellen oder die Kondukteure, zugute kamen sie den Postillonen; bei Dienstverfehlungen wurden sie ihnen allerdings vorenthalten. Schon 1872 wurden die Postillontrinkgelder abgeschafft. Ein Widerspruch lag in dieser Bezeichnung auch insofern, als den Postillonen ein Ansprechen von Reisenden um Trinkgelder im eigentlichen Sinn des Wortes ausdrücklich verboten war, wie auch die Beeinflussung der Reisenden bei der Wahl der Gaststätten.

Seinen Lohn erhielt der Postillon vom Postpferdehalter. Erstmals in der Instruktion von 1892 schrieb die Post einen Mindestlohn vor. Dieser betrug monatlich 30 Franken, wenn der Postillon beim Brotherrn Verköstigung und Unterkunft genoss, sonst 90 Franken. (Man setze diese Beträge ins Verhältnis zu den bereits erwähnten Bussen!) Die Kosten für

Postkondukteure trafen sich.

*Postillon in der Sommeruniform
1881–1890.*

auswärtige Verpflegung von Mann und Ross hatte der Postpferdehalter zu übernehmen, ebenfalls die Unfallversicherungsprämien und später zwei Drittel der Krankenversicherungsprämien.

Die Post richtete den Postillonen besondere «Löhnungszulagen» aus, deren Höhe sich nach dem Dienstalter, der Bedeutung und dem Umfang des Dienstes und der Qualifikation richtete. Die vorgesetzte Poststelle hatte der Kreispostdirektion jedes Jahr ihr Urteil über jeden einzelnen Postillon in Form von Noten abzugeben über Führung, Pferdewartung, Fuhrwerkbesorgung, Kleidung und Verhalten. Einzelne Postillone ka-

Postillon von Zernez um 1900.

men auf eine Zulage bis 400 Franken im Jahr. Der Postpferdehalter durfte Lohn und Unterhalt in keiner Weise wegen dieser Zuschüsse der Verwaltung schmälern. Die Anfänge dieser «Postillonsprämiierung» gehen schon auf das Jahr 1852 zurück. Zur Anerkennung ihres Betragens, namentlich aber auch Weckung des Wetteifers unter den Postillonen – wie es im betreffenden obrigkeitlichen Erlass hiess – wurden damals Geldprämien I. Klasse (20 Franken) und II. Klasse (10 Franken im Jahr) ausgesetzt. Die «Anteilgenössigkeit» erstreckte sich auf ältere und längere Zeit ununterbrochen im Dienst stehende Postillone. Anfänglich war

Postillon Christian Trepp; bis anfangs der 1920er Jahre auf den Strecken Julier, Maloja und Flüela eingesetzt.

neben den bereits genannten Erfordernissen auch noch Fertigkeit im Posthornblasen ausbedungen. Für gute Posthornbläser gab es sogar noch besondere zusätzliche Zulagen. Das Posthorn hatte der Postillon aus eigenen Mitteln anzuschaffen; die Postverwaltung beschränkte sich auf das Liefern einheitlicher Schnüre dazu!

Mit dem Posthornsignal hatte der Postillon die bevorstehende Abfahrt anzukündigen. Das gleiche Signal diente beim Einfahren in Stationen mit Pferdewechsel dazu, die rechtzeitige Bereitstellung von Ersatzpferden für Extraposten zu fördern. Es ist vorgekommen, dass eingeschriebene Reisende zurückblieben, weil der Postillon das Abfahrtssignal nicht geblasen hatte; der Reisende wurde dann mit Extrafuhrwerk auf Kosten der Fehlbaren (Postkondukteur und Postillon) nachgeführt. Mit der Ausdehnung des Eisenbahnnetzes kam das Posthornblasen aus der Mode; die Verpflichtung fiel dahin.

Ein durch Verfügung der Oberpostdirektion vom Dienste ausgeschlossener Postillon durfte bei Strafe von keinem andern Postpferdehalter mehr angestellt werden. Die Kreispostdirektionen führten Verzeichnisse aller in der ganzen Schweiz disziplinarisch vom Dienst ausgeschlossenen Postillone mit Angabe des Ausschlussgrundes.

Obschon die Postillone Angestellte des Postpferdehalters waren, wachte die Verwaltung über deren Wohlergehen. Sie stellte nicht nur verbindliche Vorschriften über die Entlöhnung auf, sondern kam auch in der Abgabe von Kleidern – unentgeltlich oder zu ermässigten Preisen – immer weiter entgegen. Die Postillone, die sich in einem das ganze Land umspannenden Verband zusammengeschlossen hatten, erfreuten sich besonderer Fürsorge der Landesväter. So bestimmte ein Bundesratsbeschluss von 1896, den Postillonen mit einer täglichen Dienstzeit von mehr als fünf Stunden seien vom 1. Januar 1897 an im Jahr 17 Ruhetage, womöglich an Sonntagen, zu gewähren. Die Ablösungskosten trug die Verwaltung; sie beliefen sich im Jahre 1897 auf 18 187 Franken.

Einige Jahre später bildete die «Lage der Postillone» wiederum ein Traktandum der Bundesbehörden. Immer weiter wurden die Fürsorgeeinrichtungen ausgebaut. Im Geschäftsbericht über das Jahr 1908 steht darüber zu lesen: «Die Verwaltung ist nun in den letzten Jahren den Postillonen in mannigfacher Hinsicht, wie Löhnung, Löhnungszulagen, Urlaubsbewilligung, Entschädigung bei Unfällen, Stellvertretung in Krankheitsfällen und bei Einberufung in den Militärdienst und Verabfolgung von Dienstkleidung in so weitgehendem Masse entgegengekommen, dass nunmehr wohl erwartet werden darf, dass für geraume Zeit von dieser Seite keine weiteren Zumutungen an die Verwaltung gestellt werden.»

In der ganzen Schweiz wurden 1850 650 Postillone beschäftigt. Diese Zahl stieg bis 1855 auf 778 an und sank als Folge der Eröffnung von Eisenbahnen auf den Hauptstrecken bis 1860 auf den tiefsten Stand von 482. Später bewegte sich die Kurve wieder aufwärts, vor allem wegen der immer zahlreicher werdenden Paketfourgons in den Städten, und erreichte 1913 den höchsten Stand von 1304 Mann.

Der Postillon hatte die Pferde stets vom Bocksitz aus zu leiten. Der Sitz neben ihm durfte an einen überzähligen Reisenden vergeben werden,

Posthorn-Dienstsignale
Signaux de service pour cor postal

Segnali di servizio per corno postale
Service signals for post horn

1850

Abgang einer jeden Post
Départ de chaque diligence

Partenza di ogni diligenza
Departure of the mail-coach

Ankunft einer Dienstpost
Arrivée d'une diligence de service

Arrivo di una diligenza di servizio
Arrival of the mail-coach

Ankunft einer Extrapost
Arrivée d'une course spéciale

Arrivo di una corsa speciale
Arrival of an extra mail-coach

Zahl der Wagen
Nombre de voitures

Numero di carrozze
Number of coaches

Zum Ausweichen
Pour demander le passage

Per chiedere via libera
Caution!

Postillons-Ruf
Appel du postillon

Richiamo del postiglione
Postillon's call

Anzahl der Pferde
Nombre de chevaux

Numero di cavalli
Number of horses

wenn dieser damit einverstanden war. Auf Bergstrassen war das allerdings aus Gründen der Betriebssicherheit nicht gestattet. Im Bergschlittenbetrieb konnten einzelne Gepäckschlitten ohne Begleitung durch einen Postillon eingesetzt werden, wenn man sie zwischen Personenschlitten einreihen konnte. In Ortschaften mit Poststellen war es den Postillonen verboten, vor Wirtshäusern anzuhalten.

Nach der Instruktion von 1850 für Kondukteure hatte dieser mit «Unparteilichkeit und Schonung und wenn durchaus nötig durch tätiges Einschreiten» als Schlichter aufzutreten, wenn Reisende aneinander gerie-

Postfuhrwerke 1896

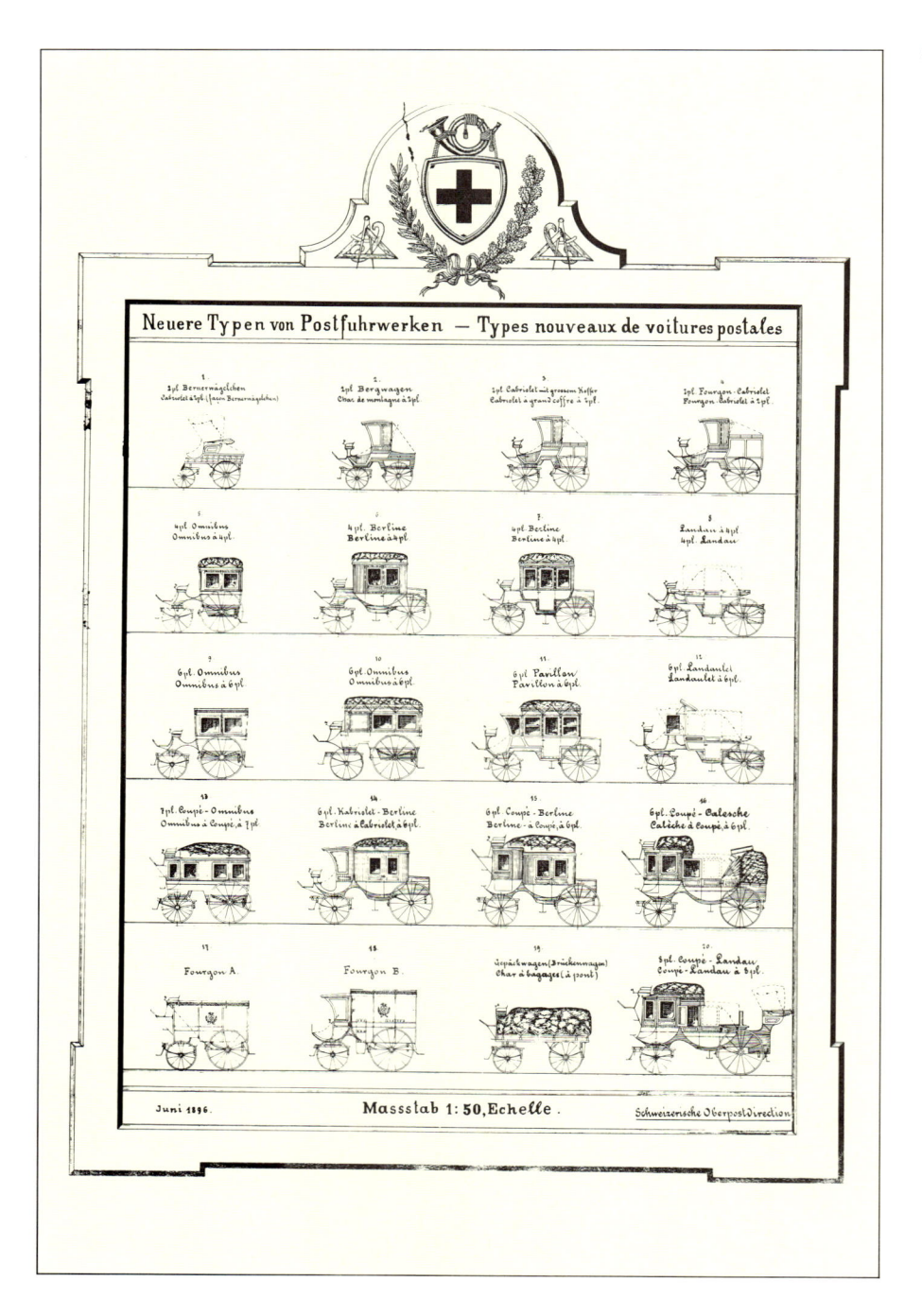

ten. Die Instruktion von 1902 dringt sogar in Richtung «amtlicher Galanterie» vor, wenn sie bestimmt, es sei den Reisenden «eventuell durch Stützen mit der Hand beim Aufsteigen behülflich zu sein». Wie sehr man um das Material besorgt war, geht aus dem Verbot hervor, «Streichhölzer an der schönen gelben Kutsche anzureiben». Die Dienstinstruktion von 1911 verbot den Postillonen schliesslich das Tabakkauen im Dienst.

Planzeichnungen von Postwagen und ersten Postautomobilen um 1906/1910.

3.5 Fahrzeuge und Bespannung

Um die Mitte des 16. Jahrhunderts herum kamen von Ungarn her die aus dem Morgenlande stammenden «Arben» nach Deutschland, wo man sie «Gutschen» nannte. (Evtl. von «Kocsi», d.h. aus Kocs stammend, abgeleitet, da im Dorfe Kocs die ersten derartigen Fahrzeuge gebaut worden sein sollen.) Indessen ging es ziemlich lange, bis sie sich einigermassen eingebürgert hatten, denn noch im Jahre 1588 verbietet Herzog Julius von Braunschweig deren Gebrauch geradezu mit der Begründung, dass hierdurch «die männliche Tugend, Redlich-, Tapfer-, Ehrbar- und Standhaftigkeit deutscher Nation beeinträchtigt würde und das Gutschenfahren gleich dem faullenzen und bärenhäutern wäre».

Die von den Kantonen übernommenen Wagen erhielten auf beiden Seiten eine eidg. Nummer in schwarzer Farbe. Im Kursbetrieb bildeten posteigene Wagen die Regel. Für den Beiwagendienst der Pferdehalter bestand kein einheitlicher Wagentyp; es waren lediglich «hinlänglich geräumige, gedeckte, mit Jalousien verschliessbare und auf Federn ruhende» Wagen verlangt. In den älteren Wagentypen war der Mittelplatz besonders unbeliebt: «Links und rechts war je ein Fensterplatz besetzt, und von allen 10 Postreisenden hatte einzig sein Gegenüber das gleiche Pech, von der schönen Landschaft nur hin und wieder etwas erhaschen zu können. Deshalb ging man zum Bau der achtplätzigen Wagen über,

9plätzige Berline mit Coupé und Bankette 1860/80.

die 2 Plätze unter dem Kutscherbock (Coupé), 4 Fensterplätze im Innern (Intérieur) und 2 hoch oben auf luftiger Höhe (Banquette) aufwiesen», die es den Reisenden besonders angetan hatten, obschon sie einen Zuschlag von 5 Rappen je Kilometer zu entrichten hatten.

Der elegante Achtplätzer entwickelte sich zum klassischen Bergwagen. Für die zweispännigen Überlandkurse bildete die vierplätzige Berline die Regel, ein etwas schweres, solide gebautes und gegen die Unbill der Witterung guten Schutz gewährendes Fahrzeug.

Über die Bespannung der verschiedenen Wagen bestanden genaue Vorschriften. Auf den Alpenstrassen waren schon für die Achtplätzer fünf Pferde nötig. Vorne gingen drei Pferde als Vorspann, zwei an der Deichsel. Das Gespann machte einen besonders imponierenden Eindruck, wenn es fünf gleichartige Pferde (Schimmel, «Kohli» oder «Fuchsen»)

4plätzige Kalesche Nr. 2166 für die Strecke Chur–Arosa 1909–1914.

aufwies. Bot das fünfpferdige Gespann schon bei der gemächlichen Bergfahrt einen prächtigen Anblick, so war das noch viel mehr der Fall bei der rassigen Talfahrt, bei der allerdings mancher Reisende ein gewisses Gruseln verspürt haben mag.

Bei der Übernahme des Postwesens durch den Bund besass die Post 498 Wagen und 247 Schlitten. Der Höchstbestand von 2231 Wagen und 1059 Schlitten wurde 1913 erreicht. Bedingt durch den Krieg 1914 bis 1918 und das Auftauchen des Automobils ging der Bestand dann sehr rasch zurück. Seit 1915 wurden keine neuen Reisepost-Fuhrwerke mehr angeschafft.

Das Problem der Schlittenbreite kam auch unter eidgenössischer Posthoheit nochmals auf das Tapet. Die nur 60 cm breiten Schlittengeleise über den Splügen hatten zur Folge, dass die Schlitten oft umstürzten.

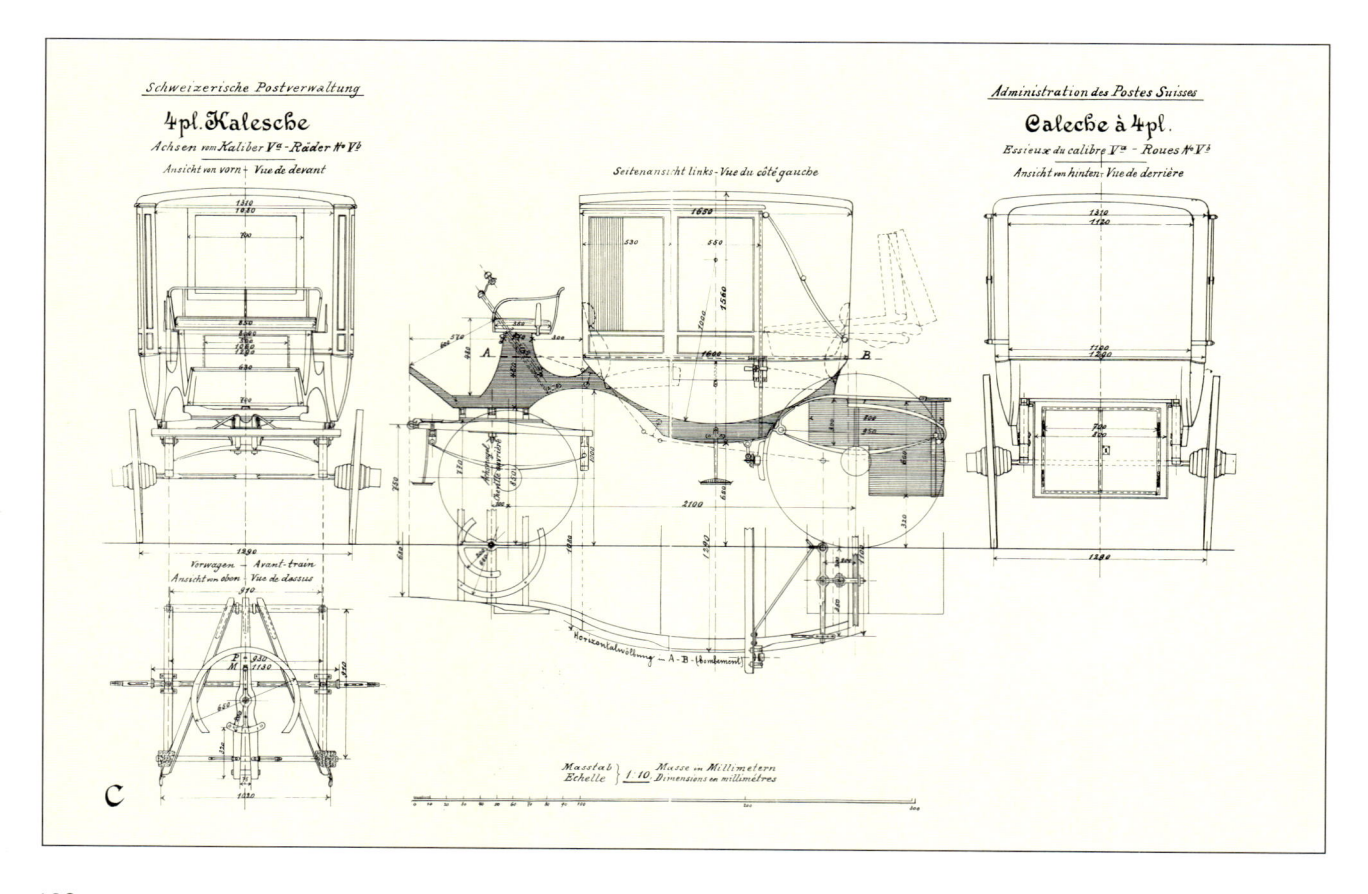

Nachdem mehrjährige Verhandlungen mit Österreich gescheitert waren, wandte sich Kreispostdirektor Stäger 1852 anlässlich des Abschlusses des Messagerievertrags mit der österreichischen Generalpostdirektion in Verona an Oberingenieur Negrelli, der mehrere Jahre als politischer Flüchtling im Misox geweilt hatte und Graubünden gut gesinnt war. Im September des gleichen Jahres erliess Negrelli ein Dekret, das auf dem Splügen ein Schlittengeleise von 90 cm obligatorisch erklärte und «Kontravenienten» eine Busse von 50 Franken androhte. «Die schweizerischen Fuhrleute in Splügen zeigten sich anfänglich renitent, wegen der nöthig werdenden Umänderung ihrer Schlitten. Sie wurden aber auf mein Ansuchen von der hiesigen Regierung hierzu gezwungen und bei der ersten Fahrt erblickten sie darin einen grossen Fortschritt [. . .]», erinnert sich Stäger.

Die Postwagenremise in Chur 1884.

3.6 Fahrtaxen

Für den Personentransport im Innern der Schweiz sah das Posttaxengesetz vom 8. Juni 1849 folgende Taxen für jede Wegstunde vor:
a) für einen Platz im Coupé 5½ und
b) für einen im Innern oder auf den Aussensitzen 4½ Batzen (à 15 Rp.); und auf Alpenstrassen
a) für einen Platz im Coupé 7 und
b) im Innern oder auf den Aussensitzen 6 Batzen.

Mit Einführung der neuen Währung mussten selbstverständlich auch die Passagiertaxen neu festgesetzt werden, was mit Verordnung vom 12. November 1851 in der Weise geschah, dass diese für die grossen Passstrecken (in Graubünden: Reichenau–Chiavenna, Reichenau–Roveredo,

Winter-Transportmittel Lenzerheide–Tiefencastel geschlossen...

Chur–Samaden und Samaden–Chiavenna) mit Fr. 1.15 bzw. 1.— eher etwas erhöht und für die übrigen Strecken mit 60 bzw. 45 Rp. per Wegstunde um 20 bis 25 Prozent ermässigt wurden. (Der Übergang von den alten Münzsystemen zur einheitlichen Währung erfolgte sukzessive und kantonsweise. In der Übergangszeit behalf man sich mit Umrechnungstabellen. Auch die Brieftaxen wurden im ersten Posttaxengesetz von 1849 noch nach Stunden und ½ Loth als Gewichtsstufen berechnet. 10 Gramm = 0,64 Loth.) In den siebziger Jahren erfolgte die Umstellung von Wegstunden- auf Kilometer-Taxen.

Das Bundesgesetz von 1910 schliesslich bezeichnete nicht mehr feste Taxen, sondern Höchstansätze. Es unterschied zwischen

a) Alpenstrassen oder andern Strassen, auf welchen der Betrieb besondere Schwierigkeiten bietet oder mit bedeutenden Kosten verbunden

. . . und offen.

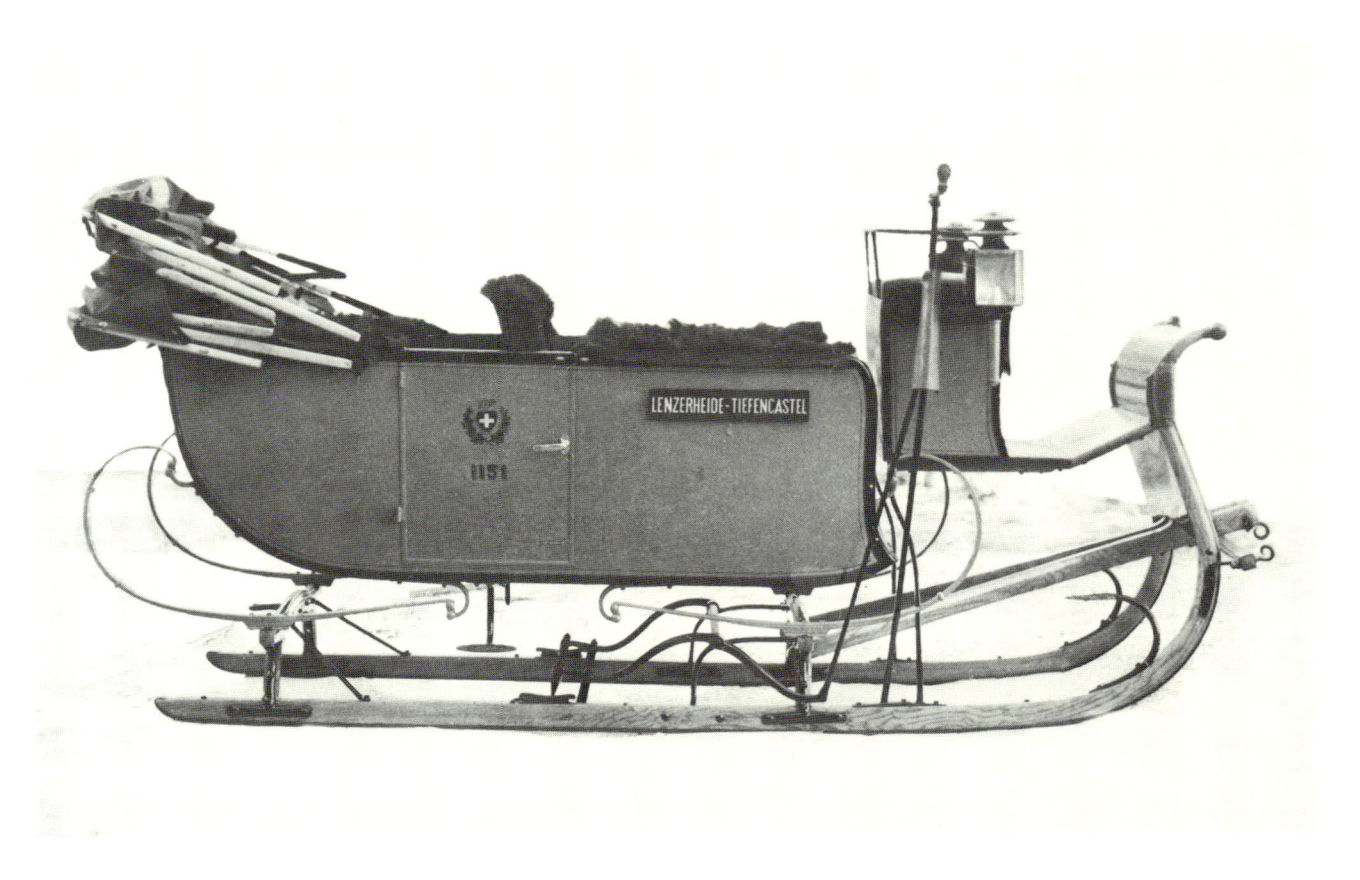

SAMADEN.												
– 40	Cellerina.											
– 75	– 35	St. Moritz.										
1. 20	– 80	– 45	Campfer.									
1. 50	1. 10	– 75	– 30	SILVAPLANA.								
2. –	1. 60	1. 25	– 80	– 50	Sils.							
2. 90	2. 50	2. 15	1. 70	1. 40	– 90	Maloja.						
3. 50	3. 10	2. 75	2. 30	2. –	1. 50	– 60	Casaccia.					
4. 40	4. –	3. 65	3. 20	2. 90	2. 40	1. 50	– 90	Vicosoprano.				
4. 55	4. 15	3. 80	3. 35	3. 05	2. 55	1. 65	1. 05	– 15	Borgonovo.			
4. 70	4. 30	3. 95	3. 50	3. 20	2. 70	1. 80	1. 20	– 30	– 15	Stampa.		
5. 10	4. 70	4. 35	3. 90	3. 60	3. 10	2. 20	1. 60	– 70	– 55	– 40	Promontogno.	
5. 55	5. 15	4. 80	4. 35	4. 05	3. 55	2. 65	2. 05	1. 15	1. –	– 85	– 45	Castasegna.
6. 75	6. 35	6. –	5. 55	5. 25	4. 75	3. 85	3. 25	2. 35	2. 20	2. 05	1. 65	1. 20	CHIAVENNA.

October 1849.

PASSAGIER · TARIF.

SAMADEN – CHIAVENNA.

Entfernung von Samaden nach Silvaplana 2⅖ Stunden. von Samaden nach Chiavenna 11⅖ Stunden.

ist (30 Rp. für den Platz auf den gedeckten Aussensitzen – Coupé oder Bankette –, 25 Rp. für den Platz im Innern des Wagens) und
b) auf allen andern Strassen 20 Rp. bzw. 15 Rp.

Die erhöhte Taxe sollte in der Regel nur von Mitte Juni bis Mitte September erhoben werden.

Retourbillette gab es erstmals 1867. Sie waren 24 Stunden gültig und boten 10 Prozent Ermässigung auf die einfache Taxe. Ebenfalls auf den 1. April 1867 wurden die ersten Abonnemente für 20 Fahrten auf einer bestimmten Strecke innerhalb von 30 Tagen eingeführt mit 20 Prozent Ermässigung. Die Abonnemente gaben kein Anrecht auf Beiwagenlieferung. Die Gültigkeit der Retourbillette wurde später auf 96 Std. (4 Tage) erhöht, jene der Abonnemente auf 3 Monate; sie wurden nur noch für 10 Fahrten ausgegeben.

3.7 Die Bahn kommt

1825 verkehrte auf der 20 km langen Strecke zwischen Darlington und Stockton-on-Tees die erste Eisenbahn für Kohlentransporte, 1830 folgte die erste grössere öffentliche Eisenbahn der Welt zwischen Manchester und Liverpool, und 1835 fuhr die erste Eisenbahn in Deutschland von Nürnberg nach Fürth. In der Schweiz nahm die erste Dampfeisenbahn am 9. August 1847 zwischen Zürich und Baden den Betrieb auf. Schon bei der Übernahme des Postwesens durch den Bund stiess somit die Personenbeförderung der Post auf einen Konkurrenten. Sieben Jahre später, am 9.12.1854, kam die Linie Basel–Liestal hinzu. Der Bahnbau ging ausschliesslich durch private Unternehmungen in verschiedenen, nicht immer zusammenhängenden oder aufeinander abgestimmten Etappen weiter. Noch 1855/56 reiste man mit Vorteil über Biel nach Genf: Die Bahn stand zwischen Zürich und Baden sowie zwischen Yverdon und Morges zur Verfügung; Baden–Nidau war mit dem Pferdepostwagen zurückzulegen, Nidau–Yverdon und Morges–Genf mit dem Dampfboot. Das Postamt Zürich gab immerhin schon direkte Billette Zürich–Genf aus mit vier Coupons für die mit Bahn oder Schiff zurückzulegenden Strecken. Die Bahngesellschaften hatten der Post Konzessionsgebühren zu entrichten, wenn ihr Reinertrag vier Prozent überstieg.

Oftmals verkehrten während einiger Zeit Eisenbahn und Postkutsche noch nebeneinander, einmal, weil die eröffneten Strecken noch zu kurz waren, vor allem jedoch wegen einer gewissen Überlegenheit der Postkutsche mit ihren Nachtfahrten gegenüber der Bahn, die noch keine Nachtzüge führte. 1860 hatte der Schienenstrang bereits die ergiebigsten Postrouten im Flachland an sich gezogen. Die Zahl der Postkurse wurde nun immer grösser (1856: 244; 1870: 488), und auch die Zahl der Postpferdehalter und Postillone nahm entsprechend zu: Anstelle der finanziell interessanteren Durchgangslinien traten zahlreiche Kleinbetriebe, die Seitentäler und abgelegene Gebiete erschlossen, wenig eintrugen, aber mehr Personal und Wagen erforderten.

Einnahmen und Betriebskosten klafften immer mehr auseinander. Die Wandlung lässt sich gut aus dem mittleren Fahrpreis ablesen: 1850, als erst die kurze Bahnstrecke Zürich–Baden bestand, zahlte ein Postreisender im gesamtschweizerischen Durchschnitt ein Fahrgeld von Fr. 4.70. Elf Jahre später waren es noch 2.72 und nochmals elf Jahre später, anno 1872, nur noch 1.32. Die neuen Postwagenkurse in bisher unbedienten Gegenden trugen allerdings wesentlich zu einer Hebung des Brief- und Paketpostverkehrs bei. Ende 1873 wiesen die im Betrieb stehenden Eisenbahnen in der Schweiz bereits eine Linienlänge von 1446 km auf.

Wenn sich auch die Postkutsche gegenüber der Bahn mehr und mehr auf die Linie des «strategischen Rückzugs» gedrängt fühlte, wurde der Umfang des Reisepostbetriebs vorderhand nicht beeinträchtigt, wohl aber die Wirtschaftlichkeit. Die Alpenkurse schienen vorerst noch nicht bedroht. Im Gegenteil: Dank der leichteren Zugänglichkeit mit der Bahn gewannen sie an Beliebtheit. 1869 erbrachten die vier Alpenrouten Sim-

Nach der Betriebsaufnahme der Bahnverbindung Landquart–Davos 1890 führte der kürzeste Weg nach dem Engadin über Davos.

plon, Gotthard, Splügen und Bernhardin die Hälfte der schweizerischen Reiseposteinnahmen!

Die anfangs viel bewunderten Strassenbauten in den Alpen schienen rasch von den noch grösseren technischen Wundern, den Bahnbauten, abgelöst zu werden. Vorläufig getraute sich das Dampfross aber noch nicht recht in die Berge, so dass die Post ihr Angebot noch erweitern konnte. 1861 eroberte die Postkutsche die Brünigstrasse. Diese Verbindung entwickelte sich zur einzigen rentablen Pferdepost. 1865 nahmen die Alpenkurse über Bernina und Oberalp den Betrieb auf, ein Jahr später folgte der Albula- und 1868 der Flüelapass. Die Lukmanierpost konnte 1878 eröffnet werden, und 1901 schliesslich kam die höchste schweizerische Alpenstrasse, der Umbrail, an die Reihe. Doch das

Dampfross, das sich trotz vieler falscher Propheten in der Ebene bewährt hatte, schreckte nicht länger vor dem Alpenwall zurück. Einen mächtigen Einbruch in das damalige Postnetz und zugleich in Graubündens Transitverkehr brachte die Eröffnung der Gotthardbahn vom 1. Januar 1882. Doch der letzte Postillon vom Gotthard sollte nicht der letzte sein: 1909 feierte die Postkutsche an diesem Pass Auferstehung, um den Wunsch jener Reisenden, die eine beschauliche Fahrt über den Berg der schnellen Beförderung durch das finstere Loch vorzogen, wenigstens im Sommer zu erfüllen. Ein zweiter fetter Bissen entging der Post 1888 mit der Eröffnung der Brünigbahn. In Graubünden, das das Rennen um die erste Nord-Süd-Verbindung auf der Schiene verloren hatte, verlief die Entwicklung etwas weniger schnell.

Schlimm erging es den Bündner Speditionsfirmen. 1849 teilten sich in Chur noch deren sieben, die sich stark bekämpften, in den Transit, der für 1851/52 mit über 100 000, für 1857 sogar mit 270 995 «einfachen Zentnern» (also 13 500 Tonnen) angegeben wird. 1857 schlossen sich die Firmen Bavier & Co., Otto d'Anton Jenatsch, Laurer & Cie., S. und J. Bavier, Karl Friedrich Jenny, Massner & Braun, P. und A. Sprecher zu der Societät Jenatsch Bavier und Cie. zusammen. Schon mit der Eröffnung der Mont-Cenis-Bahn im Westen (1871) und der Brennerbahn im Osten (1867) sank der Churer Transit tief, und mit der Eröffnung der Gotthardbahn (1882) versiegte eine der ältesten und wichtigsten Erwerbsquellen des Landes. Mit der Zeit trat der Fremdenverkehr an ihre Stelle.

Grosse Sorgen bereiteten Kreispostdirektor Stäger die Anschlüsse an Bahnen und Schiffe. In seiner schwungvollen Handschrift beklagte er sich am 17. Oktober 1873 beim «Kursbüreau» in Bern über die Società Lariana & Italiana, die den Schiffbetrieb «auf dem Comer- und Lecco-See» besorgte und nun den äusserst wichtigen Splügenkurs in Bellano «coupirte». «Um die Influenz (den Anschluss. Anm. d. Verfassers) in Lecco zu sichern, musste auf Verlangen der ital. Postämter die Abfahrt des Jahreskurses von Clefen nach Colico von 10 Uhr Abends auf 9.45 vorgerückt werden, anstatt den Nachtaufenthalt zu konzentriren müssen nun die Reisenden 3½ Std. in Clefen & Colico ca. 5 Std. in einem allen Comfort entbehrenden Gasthaus verweilen. Um dieser in die Augen springenden Inconsequenz zu begegnen, ersuchen wir Sie bei dem Departement Ihre Verwendung eintreten zu lassen, dass wie in früheren Jahren um 9.45 Abends eine Staffette von Clefen nach Colico abgesendet werde.» (Siehe Abbildung auf Seite 130)

3.8 Tourismus und Sport

«Ganz gleichen Schritt mit dem Bau der inneren Verbindungsstrassen hielt auch der Fremdenverkehr, und es trägt das für Anlage des inneren Strassennetzes verwendete Capital schon jetzt seine reichen Zinse. Eine in diesem Umfang nie geahnte Einwanderung von Fremden und Touristen belebt alle Talschaften unseres Kantons, welche durch die zweckmässig angelegten Strassen nun für Jedermann leicht zugänglich gemacht worden sind. Eine grosse Zahl von Kurorten, Gasthäusern,

Handelsgeschäften ist entstanden, täglich bewegen sich viele Postwagen und Fuhrwerke jeder Art auf den Strassen und bringen eine Menge von Reisenden, von denen die meisten einen längeren Aufenthalt im Lande nehmen. Noch immer ist dieser Verkehr in der Zunahme begriffen; noch immer besteht die Wechselwirkung und zeigt sich das Bedürfnis, neue Strassen zu erstellen, neue Kurorte zu schaffen und mehr Bewegung, mehr Erwerb, und man darf auch sagen mehr allgemeiner Wohlstand ziehen mit den neuen Strassen ins Land.»
So berichtete das «illustrirte Posthandbuch» von 1893.
Die Jahre 1840 bis 1860 mögen für die Schweiz als touristische Entwicklungsperiode gelten; für Graubünden gilt das nicht ganz: 1850 ist der Fremdenverkehr in Graubünden noch unbekannt. Davos und Arosa sind kleine Bauerndörfer; St. Moritz, dank seinen Mineralquellen der bekannteste Ort Graubündens, verfügt über einige Herbergen und Pensionen sowie primitive Badeeinrichtungen. 1850 gibt es zwischen Maloja und Zuoz 79 Hotelbetten, 1855 wird die Pension Faller in St. Moritz in das erste moderne Hotel, das «Engadiner Kulm», umgewandelt. Ein Jahr später öffnet das «Kurhaus» im Bad seine Pforten, weitere Hotels und Pensionen sind im Bau. 1860 ist die Zahl der Hotelbetten in der Region auf 263 und 1870 schon auf 1128 gestiegen. Gegen 1875 beginnt die Periode der Grossbetriebe, und 1880 zählt das Oberengadin 3315 Hotelbetten. St. Moritz steigert sein Bettenangebot zwischen 1880 und 1905 von 2400 auf 4700 und bis zum Beginn des ersten Weltkrieges auf 6000. Die Wintersaison nimmt 1880 ihren Anfang.
Davos zählt um 1860 zwei Gasthäuser, wo wenige Personen ihre Sommerferien verbringen. Um diese Zeit treffen auf Empfehlung von Dr. Spengler die ersten «Schwindsüchtigen» ein, um ihre Tuberkulose in der reinen Bergluft auszukurieren. Der Mangel an passenden Unterkünften für die Kranken bewegt Dr. Spengler und J. Holsboer zum Bau des «Kurhauses» (1867). Trotz der Skepsis vieler Ärzte zeigen die Kuren Erfolge. Als reine Verrücktheit bezeichnen die Mediziner den 1865 von zwei Patienten unternommenen Versuch einer Kur im Winter. Doch bereits zehn Jahre später übertrifft die Wintersaison an Wichtigkeit jene des Sommers! 1877 gibt es in Davos neben dem «Kurhaus» sieben Hotels und dreissig Pensionen oder Villen, in denen Zimmer und Wohnungen zu vermieten sind, so dass gleichzeitig 600 bis 700 Gäste Unterkunft finden. Die meisten Patienten wohnen noch in Hotels, Pensionen oder Privathäusern. 1890 gründet Dr. Turban das erste Sanatorium. 1904 zählt man in Davos auf 4000 Fremdenbetten deren tausend in Sanatorien. Daneben spielt der Wintersport schon früh eine Rolle: Im Winter 1869/70 gibt es

bereits eine Eisbahn. Ab 1870 tauchen die ersten Skier aus den nordischen Ländern auf, die heimlich bei Nacht ausprobiert werden. 1893 eine Sensation: die Brüder T. und J. Branger begeben sich auf den langen Brettern von Davos nach Arosa!

Davos und St. Moritz sind bereits wichtige Tourismus-Zentren geworden, als Arosa 1880 noch 54 Einwohner zählt, obschon die ersten Pensionen aus den Jahren 1877 bis 1880 stammen. 1888 entsteht das erste Sanatorium. Ein wesentlicher Grund für Arosas «Verspätung» liegt darin, dass dieser Ort bis 1890 nur auf Pferdes Rücken oder auf Maultieren erreichbar ist. Nach dem Ausbau der Fahrstrasse verläuft die Entwicklung rasch. Die Zahl der Fremdenbetten steigt von rund 50 im Jahre 1880 auf 1000 um 1905 und auf 1200 bis zum Beginn des ersten Weltkrieges.

Neben diesen drei bekanntesten Kurorten entwickeln sich Flims, Klosters, Pontresina, Schuls und Tarasp-Vulpera, die alle 1905 schon über mehr als 500 Fremdenbetten verfügen.

3.9 Höhepunkte

Im Jahre 1858 erhielt Direktor Stäger aus Stuttgart eine telegrafische Anfrage, «ob ich im Falle wäre, für die *Kaiserin von Russland* von *Rorschach* nach *Magadino* 152 Pferde auf jede Station zu liefern. Ich antwortete, falls mir die Ankunft in Rorschach wenigstens 24 Stunden vorher te-

Während die erste Linie der späteren bündnerischen Staatsbahn, Landquart–Davos, in geradezu «unbündnerischem Tempo» geplant, finanziert und gebaut wurde, beherrschten im Kantonszentrum Zank und Hader die Szene» (Catrina). Der Streit wogte hin und her über die Führung weiterer Linien, über die Frage, ob Normal- oder Schmalspur, ob Zahnrad- oder Adhäsionsbahn und ob Strassenbahn oder eigenes Trassee. Chur wollte Endpunkt der Normalspurbahn bleiben, Thusis wollte deren Kopfstation werden. Das «Bündner Tagblatt» zog am 19. November 1889 nach einem solchen Streitgespräch wie folgt Bilanz: «Es war eine Eisenbahn-Disputation, durch welche man, wie bei den Religionsgesprächen seiner Zeit, sich gegenseitig zu belehren suchte, aber sich gegenseitig nicht bekehrte.»
Der Prospekt und Fahrplan der Rhätischen Bahn von 1897 beweist es: Ab 1896, d.h. nach der Inbetriebnahme der Schmalspurlinie Chur–Thusis, gab es zwei kürzeste Routen ins Engadin!

legraphisch angezeigt werde und man sich eine Taxerhöhung gefallen lasse, so werde ich für den Transport sorgen. Diese Bedingungen wurden gerne angenommen. Laut Schlussnahme des Postdepartements sollte dieser grosse, in der Schweiz noch nie gesehene Convoi durch die Kreispostdirektoren von St. Gallen und Chur begleitet werden.»

Der Direktor von St. Gallen war jedoch wegen der Eröffnung der Eisenbahn Rorschach–Rheineck unabkömmlich, so dass Stäger, «geschmückt mit der eidgenössischen Armbinde von Seide, mit Gold- und Silberquasten», allein dem Convoi nach Rorschach entgegenfuhr und sich als Begleiter ihrer Majestät von Rorschach bis Magadino vorstellte. Beim Rigahaus in Chur – dort wohnte ein Herr Caviezel, der in Riga zu Wohlstand gekommen war – gab es Champagner für die Würdenträger.

In Ragaz, Thusis, Splügen und Bellinzona, wo übernachtet oder das Mittagessen eingenommen wurde, «schmunzelten die betreffenden Wirthe, dass ich ihnen einen solchen fetten Hasen in die Küche jagte». Der Wirt in Splügen glaubte allerdings, hier das Geschäft des Lebens zu machen, denn er wollte «mit mehr als doppelter Kreide» rechnen, worauf Stäger einschritt. Die Reise verlief zur Zufriedenheit aller Beteiligten; der des Blasens kundige Postillon, der den Wagen der Kaiserin führte, erhielt ausser dem reglementarischen Trinkgeld pro Station einen Dukaten extra. Die «Aufrechterhaltung» der Disziplin nahm allerdings den hohen Begleiter «von Morgens früh bis Abends spät, und während der ganzen Reise in Anspruch. Diesem Umstande wird man hauptsächlich zu verdanken haben, dass der Transport mit so kolossalen fremden Reisewagen und theilweise mit der Route unbekannten Postillonen und Pferden, ohne ein tragisches Ereigniss bewerkstelligt wurde.» Auf dem Dampfboot in Magadino dankte die Kaiserin Stäger persönlich «unter Verabreichung eines werthvollen Angedenkens». Mit Genugtuung schreibt Stäger in seinen Erinnerungen: «Meine Begleitung kostete dem Post-Ärar nichts, dagegen lieferten die Expeditionsgebühren der Postkasse einen ordentlichen Ertrag.»

Im August 1860 reisten die piemontesischen königlichen Prinzen Umberto, der spätere König von Italien, und Amadeo, späterer König von Spanien, mit vier Wagen über den Splügen, Julier und Maloja. Direktor Stäger begleitete sie in einem eigenen Fuhrwerk von Reichenau über Julier und Maloja bis Chiavenna. Diese Aufmerksamkeit machte sich 1867 bezahlt, als die Dampfschiffgesellschaft Comersee den wichtigen Mittagskurs Como–Colico fallenlassen wollte, wenn nicht die Schweiz eine tägliche Subsidie von Fr. 150.— vergüte. Nachdem Stäger auf der Rückreise von den Verhandlungen in Florenz noch vor dem versammelten Verwaltungsrat in Como angetreten war, beschloss der Ministerrat nach anfänglicher Ablehnung eine tägliche Subsidie von Fr. 100.—, womit der wichtige Anschluss dank guter Freunde ohne zusätzliche Belastung für die Schweiz gerettet war.

«Die umfangreichste Pferdepostabfertigung» sah nach Schelling die rätische Hauptstadt Chur. Wie das etwa zuging, beschreibt Jakob Lenggenhager anschaulich in seiner «Verkehrsgeschichte Graubündens»:

«Einige Zeit vor der Abfahrt stellten sich die Reisenden, 80–100 oder noch mehr, ein und bald mengte sich in das ohnehin schier unentwirrbare Chaos von Angestellten, Wagen, Pferden, Gepäckstücken usw. das laute Stimmengewirr von Menschen aus aller Herren Länder. Hier unterhielt sich eine Gruppe fröhlicher Deutscher, daneben einige ruhig plaudernde Söhne Albions, dort gestikulierte ein beweglicher Franzose mit seinem Landsmann, während eine aufgeregte Russin nach ihrem vermissten Handgepäck schrie, dazwischen rief einer in der bella lingua italiana nach seinen Angehörigen und hier erkundigte sich ein Spanier beim Postillon nach der Abfahrtszeit, während dieser, statt einer Antwort, mit den ungeduldig scharrenden Pferden auf romanisch zu schimpfen begann ... kurz, ein kosmopolitisches Wirrwarr, wie beim Turmbau zu Babel. Da, plötzlich tritt lautlose Stille ein, und aller Augen richten sich nach der Ausgangstüre des Passagierbureaus, wo, mit würdig aufgesetzter Amtsmiene, den langen Stundenpass in der Hand, der Beamte erscheint und alsobald mit lauter Stimme die fremdklingenden Namen der Reisenden abzulesen beginnt. Dies bringt neuerdings Leben – viel Leben – in den wimmelnden Menschenhaufen. Einer möchte gern bei seinem Freunde sitzen, jene kann keinen Rücksitz ertragen, ein dritter weigert sich, ein Coupee – den Affenkasten, wie er es verächtlich nennt – zu besteigen etc. Aber das schliessliche Ultimatum des bestürmten Beamten 'gefl. einsteigen, sonst fährt die Post ab', wirkt entscheidend. Der letzte Passagier ist glücklich plaziert, der Wagenschlag fällt zu, der Beamte ruft 'ab', ein lauter Peitschenknall, ein vielstimmiges Hallo und – die zwei stattlichen, achtplätzigen Coupee-Landauer-Hauptwagen des Julier- und Albulakurses mit Kondukteur und Postillon hoch zu Bock, hinterher die schier endlose Reihe der Beiwagen und zum Schlusse die Menge schwerbeladener Gepäckwagen – so setzt sich die gewaltige Karawane in Bewegung, wie weiland die Säumerstäbe des Septimers oder Splügen.»

Besondere Vorbereitungen liess Anton Stäger im Jahre 1868 einer vom bekannten Reisebüro Th. Cook in London angekündigten Reise mit rund 80 Personen angedeihen, denn er hatte erfahren, dass diesem Unter-

Im Posthof Chur, hinter der damaligen Hauptpost zwischen Graben- und Gäuggelistrasse gelegen, herrschte ein «schier unentwirrbares Chaos», wenn sich 80, 100 oder noch mehr Reiselustige einfanden.

nehmen die Reise über den Splügen entschieden abgeraten worden sei, weil es angeblich «an Transportmitteln und an einer soliden Kursorganisation mangle. Unter solchen Umständen glaubte ich es dem Kredit der Splügenroute schuldig zu sein, mich sofort an Ort und Stelle zu begeben. Es handelte sich darum, die regelmässige Dienstbesorgung für diesen ausserordentlichen Transport zu einer, wegen des wiederholt nothwendigen Umlads von Wagen auf Schlitten und umgekehrt, verhältnismässig ungünstigen Jahreszeit gehörig zu sichern. Bei der Hinreise inspizirte ich das Trainmaterial und in Splügen ersuchte ich den Bezirksingenieur, die Schlittbahn von der Schneegrenze, eine halbe Stunde ob Splügen, bis an diesen Ort mittelst Einwerfen von Schnee auf Kosten des Kantons wieder herzustellen. Auf diese Weise konnte der mit dem Umlad einer so grossen Karavane nothwendig verbundene grössere Zeitaufwand von der offenen Strasse auf den Stationsort verlegt werden, für welchen ohnehin der fahrplanmässige Restaurationshalt vorgesehen war. In Pianazzo, auf der Schneegrenze der Südseite des Berges, liess ich 56 Sitz- und Packschlitten, theils von den Kursunternehmern, theils von Privaten, stellen.
Bei Ankunft des Dampfbootes in Colico stiegen 78 Cooks-Reisende und 5 andere Postreisende aus.»
Die ganze Kolonne wurde dann in «eleganten Fuhrwerken von Colico nach Pianazzo befördert. Das Umpacken daselbst auf der zwischen hohen Schneewänden ausgehauenen Strasse war sehr schwierig und kostete viel Arbeit.

Das Wahrzeichen des Churer Bahnhofplatzes um die Jahrhundertwende: das neue Hotel Steinbock.

In Pianazzo erklärte Herr Cook, ein Postillon sei mit dem Fuhrwerk und seiner Kasse zurückgefahren; eine von mir abgesandte Staffete brachte diese intakt zurück.
Den 28. April 3½ Uhr Abends traf diese Karavane glücklich und ohne Störung in Chur ein, da auch zwischen Splügen und Chur für hinreichende Transportmittel gesorgt war.
Später wurde ich von meinem Freunde, Herrn Hoffman-Merian, damaligem Vorsteher des Betriebs der Centralbahn in Basel, darüber interpellirt, was ich mit Herrn Cook angefangen habe. Ich müsse ihm ganz den Kopf verdreht haben, indem er jetzt für den Splügenpass schwärme und denselben allen andern Alpenübergängen vorziehe.»

3.10 Dem Ausklang entgegen

Das Projekt vom 23. Februar 1839 des Zanino Volta (1795–1869), Sohn des berühmten Physikers Alessandro Volta (1745–1827), für «die Erbauung eines Schienenweges von Eisen oder Granit» vom Walensee nach der Lombardei mit «Durchbohrung» des Splügenberges mit einem «Souterrain» stösst auf abschlägigen Bescheid in Österreich (dem die Lombardei noch bis 1859 gehört), Graubünden und St. Gallen. Das aus dem gleichen Jahr stammende Projekt von Oberst Richard La Nicca (1794–1883) für eine Lukmanierbahn von Rorschach bis an den Langensee wird erst 1852 von einem Komitee wieder aufgegriffen. Am 30. Juni 1858 trifft der erste Zug der Vereinigten Schweizerbahnen (VSB), von St. Gallen herkommend, in Chur ein. Genau ein Jahr später schliesst das letzte Teilstück Murg–Weesen die Lücke in der Verbindung Chur–Zürich, die noch 16 Jahre lang über Wallisellen und durch das Glattal führt: Die linksufrige Zürichsee-Linie der Nordostbahn (NOB) nimmt den Betrieb am 20. September 1875 auf. Als Ingenieure der eigentlichen Walensee-Linie gelten Ulysses Rudolf Gugelberg (1809–1875) und Simeon Bavier (1825–1896, erster Bündner Bundesrat von 1878–1883). Die Weiterführung der Alpenbahn unterbleibt; der Gotthard wird dem Splügen und dem Lukmanier vorgezogen. Und bereits zwei Jahre nach dem Gotthard, am 20. September 1884, öffnet sich der Alpenwall auch im Osten Graubündens: am Arlberg. 1902 beginnt in der Schweiz der SBB-Betrieb.
In Graubünden enden die hochfliegenden Alpenbahnpläne somit bereits 1858, und es wird nicht weniger als 31 Jahre dauern, bis das nächste Stück Schienenstrang auf Kantonsgebiet folgt!

Chur — Hôtel Steinbock

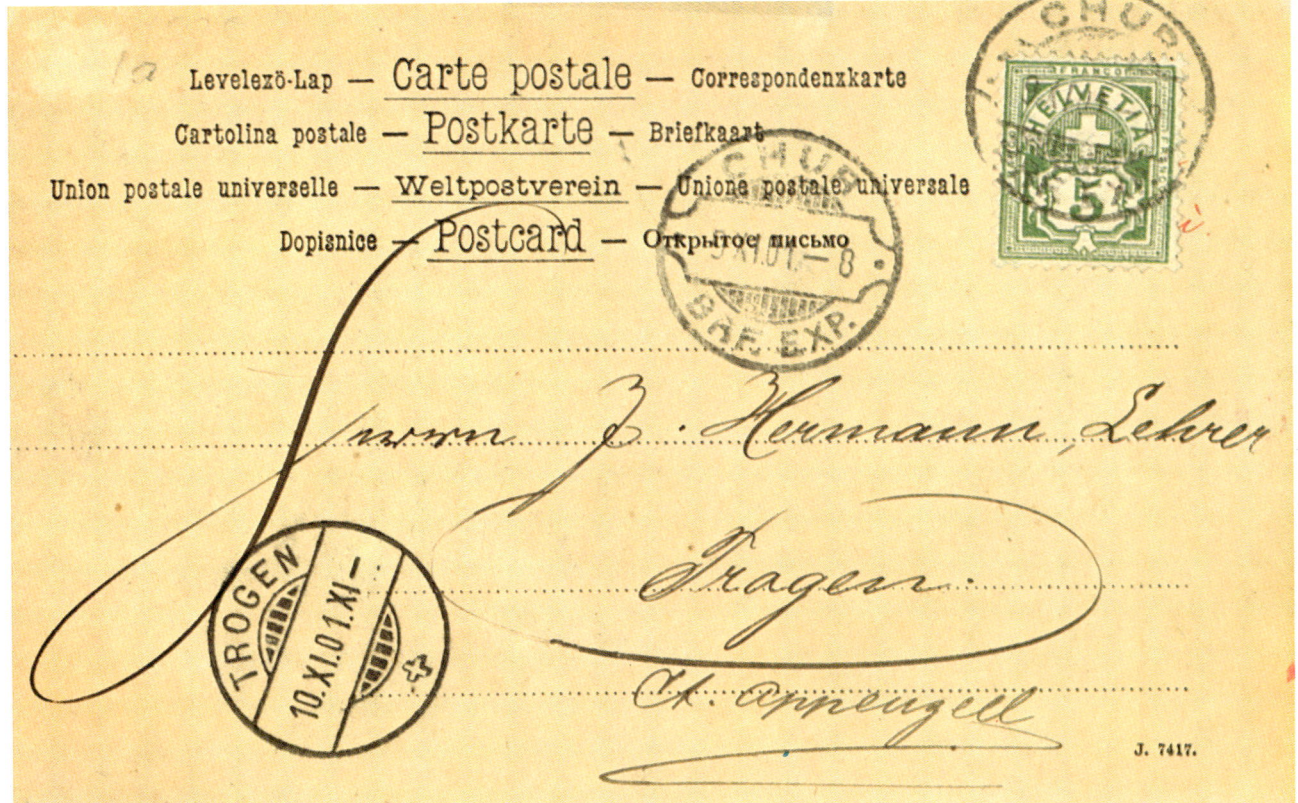

Jos. Oeler, Papeterie, Chur.

Besten Dank für Deine Karte. Ich hätte bald gedacht: Ich weiss nicht was soll es bedeuten dass wir zwei einander nicht mehr schreiben

Levelező-Lap — Carte postale — Correspondenzkarte
Cartolina postale — Postkarte — Briefkaart
Union postale universelle — Weltpostverein — Unione postale universale
Dopisnice — Postcard — Открытое письмо

Herrn J. Hermann, Lehrer
Trogen
Ct. Appenzell

J. 7417.

Nach dem Verschwinden der Gotthard- und der Brünigpost (1882 und 1888) rücken die Postverbindungen über Albula und Julier nach dem Engadin sowie die Engadiner Kurse von Samaden nach dem Bergell und talabwärts ins Tirol und etwas weniger ausgeprägt jene über den Berninapass ins obere Veltlin trotz grosser Frequenz- und Einnahmenrückgänge zu den bestfrequentierten Alpenkursen auf. Grosse Einbussen weisen Splügen und Bernhardin auf. Die Überlegenheit des Schienenfahrzeugs zeigt sich vor allem darin, dass zwei Güterzüge die ganze Warenmenge befördern, die früher von Saumtieren während eines vollen Jahres mühsam über den Berg geschleppt worden war.
Von einschneidender Bedeutung für Bündens Postkurse ist der zielstrebige Bau der Rhätischen Bahn, der endlich das Schienennetz über Chur hinaus verlängert: Im Oktober 1889 erfolgt die Betriebsaufnahme zwischen Landquart und Klosters, 1890 folgt bereits der Abschnitt Klosters–Davos. Sechs Jahre dauert es dann, bis die Strecke Landquart–Chur–Thusis betriebsbereit ist. Die eigentliche Umwälzung jedoch bringt erst das Jahr 1903 mit der Eröffnung der Albulabahn Thusis–Celerina (ein Jahr später folgt Celerina–St. Moritz) und der Linie Reichenau–Ilanz: Der Postkurs über den Albula geht ein, Julier und Flüela erfahren Einschränkungen. Nachdem 1906 im Westen des Landes die Simplonbahn den Betrieb durch den zweiten Alpendurchstich aufgenommen hat, folgen 1907 die Schmalspurbahn Bellinzona–Mesocco und die Einstellung der Bernhardinpost, 1908–1910 die Bernina-Bahn, 1909 Davos–Filisur, 1912 Ilanz–Disentis, 1913 Bevers–Schuls und 1914 Chur–Arosa. Mit der Betriebsaufnahme der Bahn ins Unterengadin wird der Postkurs Schuls–Nauders ersetzt durch eine Verbindung Schuls–Pfunds über die neu erstellte Strasse Martinsbruck–Weinberg.
Innerhalb von nur 27 Jahren entstehen somit 277 km RhB, 32 km BM, 61 km BB und 26 km ChA, insgesamt 396 km Schmalspurbahn. Die vier voneinander unabhängigen Bahngesellschaften schliessen sich 1941 bis 1943 zur Rhätischen Bahn zusammen und bilden seither – mit Ausnahme der Misoxerbahn, die 1972 durch Postautos ersetzt wird – deren Stammnetz. 1926 kann endlich auch die Furka-Oberalp-Bahn (FO) auf den längst gelegten Geleisen zwischen Andermatt und Disentis den Betrieb aufnehmen. Das Teilstück auf Bündner Boden misst 19 km.
Die Beratungen des Postgesetz-Entwurfs in der Bundesversammlung ergeben 1907, dass die bisherige Organisation des schweizerischen Postwesens ohne wesentliche Änderungen beizubehalten sei und dass sich das Postregal in der Hauptsache auf die regelmässige und periodische Beförderung von Personen, auch mit Extraposten, soweit nicht die

Schweizerischen Bundesbahnen und konzessionierte Transportanstalten in Frage kommen, erstrecken solle. Die Bürgschaftspflicht des Postpersonals wird auf Beamte mit eigentlichem Kassendienst beschränkt. Das Bundesgesetz datiert vom 5. April 1910.
Konzessionen für Pferdebetriebe werden zwar noch bis unmittelbar vor dem Kriegsausbruch 1914 erteilt, die letzten allerdings meist gratis, denn rentabel konnte dieses Geschäft nicht mehr sein.
Auf den 1. April 1909 wird Johann Anton, Sohn des Kreispostdirektors Anton Stäger, Oberpostdirektor. Er gibt 1910 folgende Übersicht über die Entwicklung:

Jahr	beförderte Postreisende	Postpferde-halter	Postillone	im regelmässigen Dienst verwendete		
				Pferde	Wagen	Schlitten
1851	525 055	237	661	1519	521	263
1880	831 839	351	708	1924	1489	744
1909	1 781 231	719	1217	2477	2131*	1071

*inkl. 7 Automobilfuhrwerke

Stäger erklärt das sich ständig verschlechternde Verhältnis der Transportkosten zu den Einnahmen nicht nur damit, dass die Linien mit dichterem Verkehr immer mehr durch Eisenbahnen übernommen wurden, sondern auch mit der allgemeinen Teuerung, der in den letzten dreissig Jahren mit keiner Tariferhöhung begegnet worden sei. Zudem werden nun Postkurse, soweit die Wegverhältnisse es überhaupt gestatteten, bis in die entlegensten Seitentäler geführt. Für 1909 erwähnt er 710 Lokal- und 79 Alpenkurse mit einer befahrenen Kursstrecke von jährlich 9 528 501 km sowie einem Ausfall aus den Personentransporten von 3 266 231 Franken.
Der Kriegsausbruch 1914 zwingt zu Sparmassnahmen, die sich in möglichst weitgehenden Einschränkungen niederschlagen. Der Kriegsfahrplan für Bahn und Postkurse reduziert die angebotenen Fahrmöglichkeiten teilweise bis 50 Prozent, teilweise noch mehr. Gesamtschweizerisch werden 79 kleinere Postkurse aufgehoben und durch Botenkurse ersetzt, in andern Fällen werden Teilstrecken nicht mehr bedient. Da und dort tritt die Winterfahrordnung auch im Sommer in Kraft. Sommer-Saisonerweiterungen fallen weg, die Beiwagenpflicht wird aufgehoben.

All diese Einschränkungen erfolgen schon in der ersten Augusthälfte, oft von einem Tag auf den andern. Die Frequenzen sinken gewaltig; für die Postpferdehalter ergeben sich schwere Nachteile: Der Not gehorchend wird das Vertragsverhältnis ohne Kündigung einstweilen aufgehoben. Die Unternehmer erhalten ein Drittel der August-Kurszahlung ausbezahlt, auch dort, wo der Kurs schon in den ersten Augusttagen aufgehoben oder eingeschränkt worden ist. Die Erledigung der Ansprüche der Postpferdehalter bleibt besonderen Abmachungen in jedem Einzelfall vorbehalten; die Unternehmer zeigen allgemein viel Verständnis und guten Willen.
Die «vertragslose» Zeit dauert bis Mai 1915. Dann werden die brieflichen Vereinbarungen wieder auf eine vertragliche Grundlage zurückgeführt. Stabile Verhältnisse werden jedoch nicht erreicht. Je mehr sich der Krieg in die Länge zieht, desto mehr verschärft sich die Teuerung auf allen Gebieten. Da nach den Vertragsbestimmungen Kurszahlungserhöhungen nur über eine Vertragskündigung möglich sind, muss der Unternehmer die Risiken einer Neuausschreibung der Postführung auf sich nehmen. In der Praxis ist dieses Risiko allerdings nicht so gross, denn bewährten Unternehmern gegenüber nimmt die Verwaltung Rücksicht. Gleichwohl werden die Verhandlungen von Jahr zu Jahr mühsamer. 1919 kosten 100 kg Hafer 60 Franken, 100 kg Heu 40 bis 45 Franken und der Hufbeschlag eines Pferdes nach behördlich festgesetztem Ansatz Fr. 18.50. Der Hafer ist rationiert und nur in ungenügenden Mengen erhältlich. Als Ersatz wird gelegentlich Johannisbrot verfüttert. Die allgemeine Unterernährung der Pferde zwingt zu weiteren Kurseinschränkungen oder -aufhebungen. Im Gebirge kommt es vor, dass die Pferde den schweren Postwagen nicht weiter bergwärts bringen und Bauern mit Ochsen Vorspann leisten müssen.
Wegen ungenügend gewordener Kurszahlung werden 1916 nicht weniger als 193 Postführungsverträge von den Unternehmern gekündigt, im folgenden Jahr sogar deren 417. «Es waren jedenfalls die dunkelsten Zeiten des Pferdekursbetriebs, Futtermangel und masslose Teuerung auf der einen Seite und das begreifliche Bestreben der Verwaltung nach Realisierung von Ersparnissen auf der andern Seite, um aus dem Fahrwasser der durch den Krieg bedingten Defizite herauszukommen.» So schreibt der PTT-Historiker Schelling, dem wir diese Aufzeichnungen verdanken.
In dieser Zeit hatte jedoch ein neues Fortbewegungsmittel, das zu Beginn des Jahrhunderts noch so launische, zerbrechliche, hüstelnde und oftmals versagende, das mit Kopfschütteln, Spott und Schimpfworten

aufgenommene Automobil, das seither das Antlitz der Welt umzukrempeln vermochte, derartige Fortschritte gemacht, dass es von 1918 hinweg Schritt für Schritt den schwerfälligen, teuren und langsamen Pferdebetrieb ablöste. Doch bevor wir näher darauf eingehen, müssen wir uns nochmals den Strassen in Graubünden zuwenden.

Graubünden beschränkte sich im 19. Jahrhundert im Strassenbau keineswegs auf die Durchgangsstrassen. Mit erstaunlicher Zielstrebigkeit wurde auch der Ausbau der Verbindungsstrassen an die Hand genommen und nach Kräften gefördert. Eine Zusammenstellung von Bavier aus dem Jahre 1876 zeigt, dass von 1842 bis 1875 in den verschiedenen Talschaften des Kantons 453,8 km Verbindungsstrassen erstellt wurden. Bavier führt ferner an, dass 1875 auf den Kommerzialstrassen Graubündens 54 713 und auf den Verbindungsstrassen 69 638, zusammen also 124 351 Reisende befördert wurden. «Ausser diesen Postreisenden besteht noch ein starker Verkehr mit Fuhrwerken anderer Art. Es weisen hiernach die Verbindungsstrassen zusammen schon jetzt eine grössere Zahl von Reisenden auf, als die Commerzialstrassen.»

Eine «Zusammenstellung der in unserm Kanton gebauten Strassen, deren Breite, Länge und Baukosten» des gleichen Autors ergibt 257 km Kommerzialstrassen mit 5 bis 6 m Breite, 458 km Verbindungsstrassen (I. Klasse = 4,2–5,0 m, II. Klasse = 3,6–4,2 m breit), 24 km «sog. Abfindungsstrassen» und 54 km «Communalstrassen», insgesamt somit 793 km mit 11,6 Mio Franken Baukosten. Die durchschnittlichen Baukosten je km betrugen demnach 14 628 Franken. An «noch in Aussicht genommenen Strassenbauten» führt Bavier 363 km mit Baukosten von 3,455 Mio Franken auf (Durchschnittskosten je km = 9518 Franken).

Schliesslich interessiert uns noch Baviers «Zusammenstellung der Kosten für die Offenhaltung der Bergpässe. Winterunterhaltung inclusive Ausschöpfen im Frühjahre», die für sieben Pässe Durchschnittskosten von Fr. 295.— je km ergeben. (Siehe Tabelle auf Seite 142)

Der Bau der Bahn vermochte den Weiterbau des Strassennetzes nicht aufzuhalten. Zweifellos sah man schon damals die Unmöglichkeit voraus, jedes Seitental mit einer Bahn zu erschliessen. Auch nach der Jahrhundertwende ging der Strassenbau weiter. Nach einer Zusammenstellung von Oberingenieur Solca in Beners «Memorial über die Verkehrsentwicklung Graubündens 1886–1923» wurden zwischen 1898 und 1924 weitere 220 km Kommunal-, Verbindungs- und Kommerzialstrassen mit Baukosten von 6,724 Mio Franken erstellt. Das ergibt nun bereits Durchschnittskosten von 30 564 Franken je km.

Im Jahre 1924 war der Ablösungsprozess der Pferdepost so weit fortge-

Beilage VI.   Taf. V.

Zusammenstellung
der Kosten für Offenhaltung der Bergpässe.
Winterunterhaltung inclusive Ausschöpfen im Frühjahre.

	Länge Kilom.	Leistungen des Kantons Fr.	Leistungen der Gemeinden Fr.	Total Fr.	Kosten per 1 Kilom. Fr.
1. St. Bernhardin	15,5	8,000	—	8,000	516
2. Splügen	8,5	6,900	—	6,900	811
3. Julier	16	6,400	—	6,400	400
4. Bernina	20	3,100	2,100	5,200	260
5. Flüela	27	3,400	2,000	5,400	200
6. Ofenberg	18	1,200	700	1,900	105
7. Albula	23	1,000	3,000	4,000	175
	128	30,000	7,800	37,800	295

Die Oberalpstrasse wird Winterszeit nur bis Tschamutt offen erhalten.

schritten, dass das neue Postgesetz die Extrapost, also die Beförderung von Reisenden mit Pferdewechsel von Station zu Station, dem Postregal nicht mehr unterstellte. Bereits drei Jahre später verschwand im Flachland-Postkreis Zürich, der die Kantone Schaffhausen, Thurgau und Zürich umfasst, die letzte Pferdepost. In Graubünden ging das allerdings weit weniger rasch. Einesteils war vielenorts der Unterbau der Strassen dem Gewicht der neuen «Automobilfuhrwerke» nicht gewachsen, Kurvenradien waren zu eng oder Strassenabschnitte zu steil, anderseits stellte das gebirgige und zerklüftete Gelände besonders im Winter dem

neuen Verkehrsmittel mannigfaltige Hindernisse entgegen. Die gewaltigen Schwierigkeiten und Widerstände, die in den einzelnen Bündner Tälern zu überwinden waren, bevor das raschere und komfortablere Verkehrsmittel anstelle der schwerfälligen und langsamen Pferdepost treten konnte, sind im Band «Das Postauto in Graubünden» aufgezeichnet.
Die letzte «richtige» Pferdepost, d.h. mit Ausgabe von Billetten auf Rechnung der PTT-Betriebe, verkehrte 1961 zwischen Cresta (Avers) und Juf. Noch etwas länger gab es sogenannte Pferde-Fahrboten, die mit einem Pferdegespann Postsendungen beförderten und bei Bedarf auf eigene Rechnung einen oder zwei Fahrgäste auf ihrem Leiterwagen mitnehmen durften (Beispiele: Ilanz–Riein, Acla–Tenna, Valendas Station–Dorf, Scuol–S-charl). Zu erwähnen bleibt schliesslich, dass während des Krieges von 1939–1945 zahlreiche Postautoverbindungen in Graubünden mangels Treibstoffen und Reifen im Winter oder sogar ganzjährig wieder auf Pferdezug umgestellt werden mussten.

4. Post-Strecken

Das offizielle illustrierte Posthandbuch «Die schweizerischen Alpenpässe und die Postkurse im Gebirge» von 1893 beschreibt folgende Strecken in Graubünden:

- Oberalp-Route: Chur–Göschenen
- Lukmanier-Route: Disentis–Biasca
- Sankt-Bernhardin-Route: Bellinzona–Splügen
- Splügen-Route: Chur–Chiavenna
- Julier-Route: Chur–Samaden
- Schyn-Route: Thusis–Tiefenkastel
- Albula-Route: Chur–St. Moritz und –Pontresina
- Schanfigg-Arosa-Route
- Landwasser-Route: Chur–Lenz–Davos
- Flüela-Route: Davos–Schuls
- Maloja-Engadin-Route: Chiavenna–Landeck
- Ofen-Route: Zernez-Münster
- Bernina–Stelvio-Route: Samaden–Tirano–Mals

Es fehlen verständlicherweise zwei Strecken: jene von der Kantonsgrenze im Norden bis nach Chur, denn seit 1858 besorgten ja die Vereinigten Schweizerbahnen VSB von Rheineck her, seit 1859 auch von Weesen her den Zubringerdienst nach Graubünden, ferner jene von Landquart nach Davos, denn hier hatte 1889 die Rhätische Bahn vorerst auf dem Teilstück Landquart–Klosters und im folgenden Jahr auch auf der steilen Rampe nach Davos hinauf die Pferdepost verdrängt. Im Handbuch nicht aufgeführt sind auch verschiedene Nebentäler. Wir folgen dennoch in der Aufzählung der Reihenfolge des offiziellen Posthandbuchs von 1893 und fügen die fehlenden Täler am passenden Orte ein.

Bevor wir uns den einzelnen Tälern zuwenden, lassen wir uns den Rat zu Gemüte führen, den Ebel 1809 erteilt, nachdem er Chur als jenen Ort bezeichnet hat, von dem aus alle Strassen und Wege laufen, «welche Graubündten durchkreuzen». Wer sich in Täler und Gemeinden abseits der grossen Strassen begeben wolle, der müsse folgendes «beobachten»:

«Wenn man an irgend einem Ort des Abends anlangt, so erkundige man sich, ob dessen Einwohner katholisch sind, was man gewöhnlich an den Kreutzen auf den Kirchthürmen erkennen kann; ist das letztere, so darf sich ein wohl gekleideter Reisende nur gradezu bey dem Pfarrer des Dorfes melden lassen, der ihm gern eine mässige Mahlzeit und ein rein-

Poste de l'Oberalp

919 ÉDITEUR: COMPTOIR DE PHOTOTYPIE, NEUCHATEL (Suisse)

Oberalppost

liches Bett anbieten wird, wofür man beym Weggehn der Köchin ein billiges Trinkgeld nach Willkühr giebt. Ist es ein reformirtes Dorf, so darf man sich auch bey dem Pfarrer melden; doch nur in der Absicht, damit derselbe durch seine Verwendung das schicklichste Haus im Dorfe ausmittle. Denn die geringen Besoldungen, die meist elenden Pfarrhäuser, und die oft zahlreiche Kinderfamilie der reformirten Pfarrer hindern so manchen gefälligen Mann an der Ausübung edler Gastfreyheit.»

4.1 Oberalp-Route: Chur–Göschenen

Mit dem Furkapass zusammen bildete der Oberalppass die schon zur Römerzeit begangene grosse West-Ost-Alpentransversale. Das Urserental stand bis ins 14. Jahrhundert unter dem Einfluss des Klosters Disentis, was auf einen damals regen Regionalverkehr über den Pass schliessen lässt. Als Transitweg hingegen erlangte der Oberalppass nie grosse Bedeutung. Der Transit wickelte sich seit je her in der Nord-Süd-Richtung ab. Der Saumpfad wurde zu Beginn des 19. Jahrhunderts auch noch «Crispalten» genannt. Anfangs 1864, kurz vor der Inbetriebnahme der neuen Fahrstrasse über den Pass (die Furkastrasse folgte zwei Jahre später), wandte sich die Gemeinde Tavetsch an die Kreispostdirektion Chur mit der Bitte, die Oberländer Postkurse bis ins Tavetsch und über den Oberalppass auszudehnen. Die Pferdepost verkehrte dann

Achtplätzer-Coupé-Berline ca. 1890 bei Disentis. Die Bezeichnung «Berline» wird auf die Stadt Berlin zurückgeführt, weil diese Fahrzeuge erstmals dort hergestellt wurden. Geharnischte Reklamationen gegen die Berline – ihr Verdeck liess sich nicht öffnen; der mittlere der drei Sitzplätze war sehr unbeliebt – führte schliesslich ab 1889 zum Bau des hinten und vorn aufklappbaren Landauers, der nur noch zwei Sitzplätze nebeneinander aufwies.

Disentis. Die Oberalp-Post.

Die Oberalppost um 1900 bei Disentis.

auch bald bis Sedrun und Rueras und im Sommer bis Andermatt.

Die Kurse von Chur bis Truns waren schon von der Kantonalpost übernommen worden. Die Kurskarte von 1852 weist noch keine Fortsetzung ab Truns auf. In der Übersicht der Botenkurse vom Oktober 1855 ist für die Strecke Truns–«Dissentis» für Dienstag, Donnerstag und Samstag ein Fahrbote, für die übrigen Tage ein Fussbote aufgeführt. Im Verzeichnis der Postführungen von 1858 ist hingegen Thomas Berther aus Truns als Unternehmer bis Disentis genannt.

Das Posthandbuch verzeichnet vom 15.6. bis 15.9. in jeder Richtung einen durchgehenden Kurs zwischen Chur und Göschenen über Flims mit achtplätzigen Hauptwagen (zwei im Coupé, vier im Intérieur und zwei auf der Bankette) sowie einen Kurs via Versam mit Übernachtung in Disentis mit sechsplätzigem Hauptwagen (zwei im Coupé, vier Kaleschenplätze), für die Beiwagen zweiplätzige Chaisen oder vier- und sechsplätzige Kaleschen, vom 1. bis 14.6. und 16. bis 30.9. einen Lokalkurs Disentis–Andermatt bzw. –Göschenen mit vierplätziger Kalesche; ferner vom 16.9. bis 14.6. in jeder Richtung einen Kurs zwischen Chur und Disentis via Flims und je einen Kurs zwischen Reichenau und Ilanz via Flims und zwischen Bonaduz und Ilanz via Versam mit vier- bis sechsplätzigen Wagen oder zwei- oder vierplätzigen Schlitten; Extraposten mit durchlaufenden Wagen Chur–Disentis und nur vom 15.6. bis 15.9. Disentis–Göschenen. Vom 1.10. bis 31.5. ermässigte Posttaxen und auch einspännige Extraposten. Pferdewechsel in Reichenau (Bonaduz), Flims, Ilanz, Truns, Disentis, Tschamut und Andermatt. Die Teilstücke Chur–Reichenau bzw. Bonaduz gehören zur Splügen-Route, die Strecke Andermatt–Göschenen zur Gotthard-Route. Über jede an der Strasse gelegene oder von dort aus sichtbare Ortschaft berichtet das Handbuch etwas Historisches oder Landschaftliches.

Über Flims lesen wir u.a.: «Als einsichtsvolles Zugeständnis an den Zeitgeist steht hier, wie in Trins, Filisur, Bergün und andern strebsamen Bergdörfern, neben altehrwürdigen Denkmälern naiver Baukunst ein stolzer Bau, in welchem das künftige Geschlecht in den geistigen Waffen zum Kampf ums Dasein gedrillt wird. In einer kleinen halben Stunde gelangt man zu den Waldhäusern, Casas d'igl Uaul, mit Pension Segnes, vorzügliche und stark besuchte Sommerfrische, und 10 Minuten weiter zur vortrefflichen Kuranstalt Waldhaus-Flims mit weiter Aussicht.»

Die Oberländer Post auf der Versamer Strecke 1901. Der Arzt Ebel wusste 1810 zu berichten, das «Oberland im K. Graubündten, auch Sur selva (über dem Walde)» werde «von den Einwohnern Panatutz genannt». An der rechtsseitigen Strasse des Oberlandes, die von Reichenau über «Panadötz» nach Ilanz führt, «wo ein wirkliches Thal, die Grube genannt, sich öffnet», schien ihm das Versamertobel erwähnenswert sowie «Vallendas und Kästris, wo viele Kretins und Kröpfige sind». Den Rhein nennt er den prächtigsten Fluss von Europa, («selbst von den Römern superbum genannt»), sein Name stamme von den Kelten und bedeute «Flüssigkeit, welche rinnt».

Vor der Post Tamins 1910. In Tamins zweigt ein Weg ab über den Kunkelspass ins Taminatal, das bei Bad Ragaz ins Rheintal mündet. Die Einheimischen, deren ursprünglicher Dialekt einige Eigenartigkeiten aufweist, sprechen allerdings kaum vom «Gunggel»: für sie ist das einfach «überuuf».

Flims. Ebel beschreibt Flims 1810, «auf anmuthiger Höhe, merkwürdig durch seine vielen und vollen Wasserquellen, wovon es den Namen ad Flumina erhielt, und durch seine schönen Bewohner».

Bei der Post Ilanz 1900. Ilanz ist die oberste Stadt am Rhein. Die alte Holzbrücke, welche die beidseits des Flusses liegenden Stadtteile verband, war dem modernen Verkehr nicht gewachsen und musste einer moderneren Konstruktion weichen.

Die letzte Oberland-Post bei der Russeinerbrücke östlich von Disentis. Die prächtige Holzbrücke ist eine der wenigen, die erhalten werden konnten: Der moderne Strassenverkehr wird über eine neue Brücke geführt, die das Russeinertobel etwas weiter unten überquert.

Der Dorfplatz von Disentis um 1900. Die Ortschaft Disentis wird vom bereits nach 700 gegründeten Benediktinerkloster St. Martin dominiert.

GRUSS AUS FLIMS

HOTEL BELLEVUE

Einen Kartengruß von J. C.

Die letzte Oberland-Post (31. Juli 1912)

Disentis (Mustér), Dorfplatz

Gruß aus Sedrun

339 Phot. und Verlag M. Maggi, Ilanz

Über die Versamer Variante wird gesagt, das Versamer Tobel erinnere an eine riesige Leichengruft. Von Ilanz werden einige palastähnliche alte Gebäude, zum Teil mit kunstvollen Erkern und dem in Bünden so beliebten Sgraffito verziert, sowie das originelle Obertor gerühmt. Weniger gefallen hat es hier offenbar dem französischen Naturforscher und Geologen Henry Besson, der 1777 die Schweiz bereiste und von Ilanz berichtet: «C'est une très-petite ville [...] Il s'y trouve quatre maisons assez bonnes, les autres font pitié; beaucoup sont tombées & écroulées, les autres sont en ruines. Il semble que cet endroit vienne d'essuyer un bombardement.» («Das ist ein sehr kleiner Ort. Hier finden sich vier recht gute Häuser; die andern sind erbärmlich. Viele sind verfallen und eingestürzt, die andern in Ruinen. Diese Gegend sieht aus, als ob sie beschossen worden wäre.» Und dem Mediziner Ebel sind 1809 vor allem «unter den Weibern von Ilanz, so wie in der Nähe desselben, da, wo sich das Thal verengt, unter den Einwohnern viele Kröpfe» aufgefallen sowie köstliche Forellen von 20 bis 24 Pfund Gewicht, die hier gefangen werden.

Zwischen Ruis und Waltensburg werden die Ruinen Jörgenberg, Grünenfels und Vogelsberg genannt sowie Saxenstein und Rinkenberg. Einzelheiten über Brücken, Tobel, Wasserfälle, Verbauungen, Aussichten auf Berge fehlen nicht in diesem Werk mit «156 Original-Ansichten in Kupferdruck und 13 Karten. Preis elegant gebunden Fr. 7.—. Bei allen schweiz. Poststellen zu beziehen. 1893.» Unter Sedrun nennt das Posthandbuch das «Mumienfleisch»: «gesalzenes Fleisch des Schlachtvieh's

Sedrun, das sich in den letzten Jahren zu einem beliebten Ferienort entwickelt hat.

Tschamutt, heute Tschamut, früher auch Ciamut oder Camot geschrieben, ist das oberste Dorf im obersten Teil des Vorderrheintales, im Tavetsch oder Tujetsch.

An der Oberalpstrasse um 1900.

Badus 2931 m   Oberalppass   Calmot
Nurschallas
Tomasee 2344

HOTEL RHEINQUELLEN
Prop. Carl Caveng
TSCHAMUTT 1650 m ü. M
am Oberalppass

Hôtel und Pension „Oberalp au Lac".
Oberalp-Passhöhe. Uri.

Posthaltestation Oberalpsee.
2028 Meter über Meer.

Ablage 15.6.1890 eröffnet

und eine Menge Würste, vor den kleinen Fenstern der Häuser hängend, in der dünnen Luft und an den Sonnenstrahlen trocknen zu sehen».
Mit der Betriebsaufnahme der Bahnverbindungen zwischen Reichenau und Ilanz am 1.6.1903 trat die Bahn auf diesem Teilstück anstelle der über Versam führenden Oberländer Pferdepost. Ab Ilanz verkehrten nun Pferdeposten in Richtung Disentis und Oberalp, Ladir, Obersaxen, Vals, Vrin und Flims. Am 1.8.1912 eignete sich die Bahn auch die Strecke Ilanz–Disentis an.
Im Sommer 1919 verkehrte erstmals in Graubünden das Postauto zwischen Reichenau und Flims. Ängstliche Gäste zogen es jedoch noch vor, sich mit einem privaten Pferdefuhrwerk befördern zu lassen.

Die Posthaltestelle Oberalpsee um 1900.

4.2 Seitentäler der Surselva

Die Verbindung des inneren Safientales mit der Aussenwelt führte früher nicht über Versam, die Ortschaft am Taleingang. Der Safierbote marschierte dienstags, donnerstags und samstags mit seinen Postsachen über den Glaspass nach Thusis. Jeweils am folgenden Tag kehrte er zurück und bediente Safien-Platz, Neukirch und Thalkirch. Andreas Hunger besorgte diesen Dienst als letzter Safierbote von 1874 bis 1885. Martin Zinsli bediente als Tennerbote das weiter vorne im Tal auf 1654 m ü.M. gelegene Tenna von Versam aus.

Versam war nicht immer Ausgangspunkt der Post für das innere Safiental. Neukirch, Platz und Thalkirch wurden bis 1885 von Thusis aus über den Glaspass durch Boten bedient, Versam war für Arezen, Acla und Tenna zuständig.

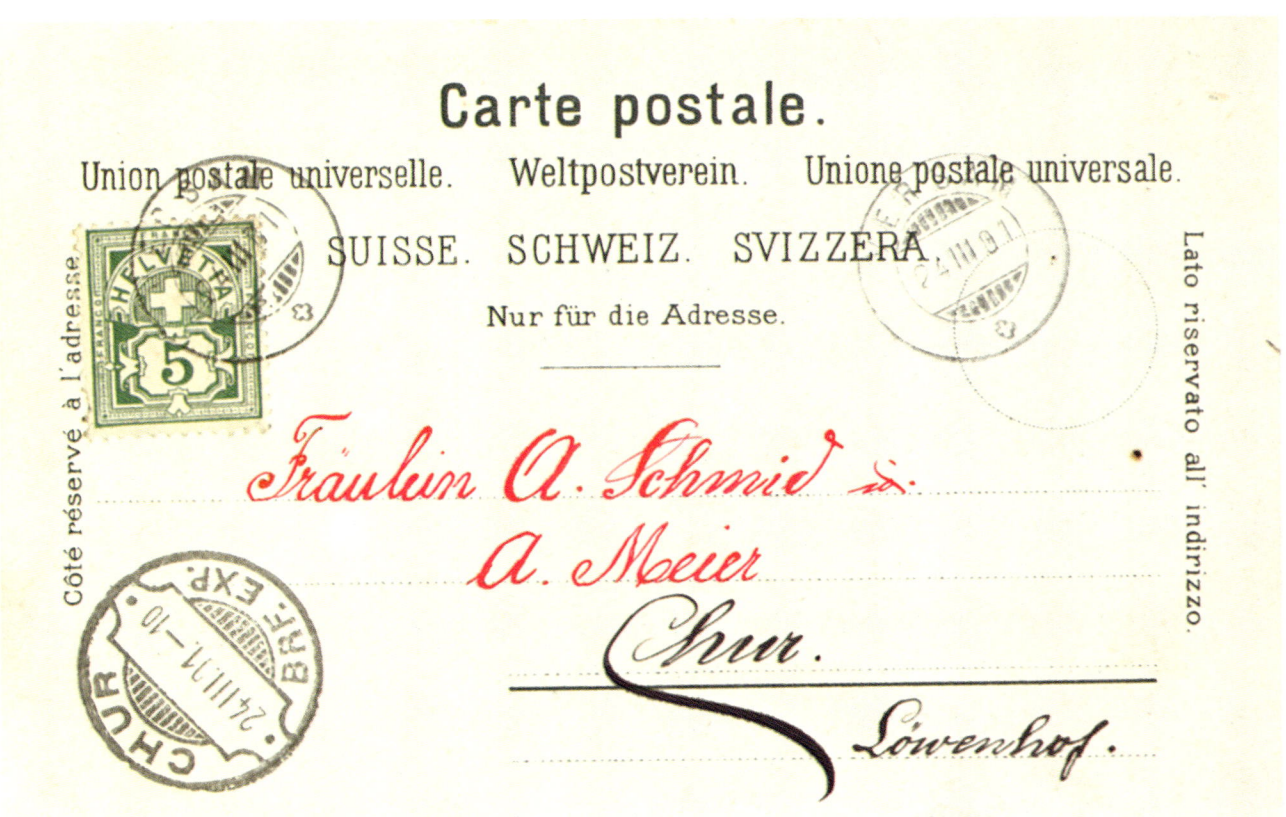

Gruß aus Versam.
Post.
Versamer Brücke.
I. Hunger, Versam. No. 5506.
von Secchi u. Buchli.

Carte postale.

Union postale universelle.   Weltpostverein.   Unione postale universale.
SUISSE.   SCHWEIZ.   SVIZZERA.
Nur für die Adresse.

Côté réservé à l'adresse.   Lato riservato all' indirizzo.

Fräulein A. Schmid è.
A. Meier
Chur.
Löwenhof.

Im August 1884 konnte die Talstrasse bis Safien-Platz in Betrieb genommen werden, im folgenden Jahr auch das letzte Teilstück bis nach Thalkirch. Nun liess sich der Postsachentransport etwas weniger mühsam mit Pferd und Wagen über Versam abwickeln. Ab 1905 verkehrte dann eine Fahrpost, bis 1915 mit zwei täglichen Kursen, nachher aus Spargründen bis 1928 mit einem einzigen Kurs. Im Winter fuhr die Pferdepost bis 1942 einspännig und ab 1943 bis 1953 zweispännig. Tenna erhielt jeweils den Anschluss in Acla, wo 1884 eine Poststelle geschaffen wurde.
Gemäss Übersicht der Botenkurse gingen im Oktober 1855 von Ilanz aus dreimal wöchentlich Fussboten nach Obersaxen, Luvis, Ladir, Seth, Panix, Pitasch und zweimal nach Vals. Der «Lugnezer-Bote» verkehrte am Donnerstag als Fahrbote und am Dienstag und Samstag als Fussbote bis Villa. Morissen sowie die Orte zwischen Villa und Vrin wurden mittwochs, freitags und sonntags durch einen Fussboten von Cumbels her bedient. Im Verzeichnis der Postführungen von 1858 bis 1880 finden wir einen Georg Arpagaus, der ab 15.6.1863 zwischen Ilanz und Peidenbad verkehrte, sowie einen Gion Otto Arpagaus, der vom 1.8.1874 hinweg den Dienst zwischen Ilanz und Furth versah. Am 1.11.1874 ist ein Gion Gius. Capeder in Lumbrein für die Strecke Ilanz–Villa eingetragen. Im Verzeichnis der Jahreskurse 1896 ist nun auch die Strecke Furth–Vals Platz aufgeführt (Schmid & Stoffel), ferner ein Unternehmer Brunold für Ilanz–Obersaxen.
Welch grossartige Verbindungen die Pferdepost dem Reisenden noch in den frühen zwanziger Jahren bot, sei am Beispiel des Lugnezes darge-

Der Zugang zum Safiental wurde von jeher immer wieder durch Lawinen unterbrochen: Postschlitten in Lawinentunnel bei Arezen um 1900.

Die Oberalppost in Andermatt, wo die Postrouten über Furka, Oberalp, Gotthard und durch die Schöllenen-Schlucht nach Göschenen sich trafen. Die Gotthardpost und der legendäre letzte Gotthard-Postillon haben es besonders vielen Nostalgikern angetan. Souvenir-Jäger müssen jedoch auf der Hut sein: Aus der Zeit der Jahrhundertwende gibt es Ansichtskarten mit der Teufelsbrücke in der Schöllenen und der Aufschrift «Gotthardpost» und prächtigen Postkutschen, die den Gotthard allerdings nie befahren haben. Mit der Aufnahme des Bahnbetriebs durch den Gotthard wurde der Postverkehr über den Berg am 31. Mai 1882 eingestellt. Bei den auf Ansichtskarten aus der Jahrhundertwende – die ersten solchen Karten kamen anfangs der achtziger Jahre auf – in der Schöllenen abgebildeten und als Gotthardpost bezeichneten Wagen des Typs Coupé-Landauer handelt es sich ausnahmslos um Fahrzeuge der Verbindungen Göschenen–Furka oder –Oberalp, denn dieser Wagen wurde erst 1889 eingeführt. Ab 1909 wurde der Gotthard im Sommer wieder für Touristen befahren, aber mit kleineren Wagen.

legt: Die Fahrt von Ilanz nach Vrin dauerte 4½ Stunden, in umgekehrter Richtung 2 Std. 50 Minuten; die Reise Vrin–Ilanz und zurück in einem Tag zurückzulegen war überhaupt nicht möglich. Dabei zählten Vrin damals noch 392 und Lumbrein 534 Einwohner. Reisende ab Vigens hatten hingegen diese Möglichkeit, wenn sie die 800 Meter Fussmarsch bis Vattiz in Kauf nahmen. Die Strecke bestand übrigens aus zwei von verschiedenen Postpferdehaltern betreuten Teilen: Vrin–Vattiz und Vattiz–Ilanz. Nachdem im Sommer 1924 das benachbarte Vals eine Postautoverbindung erhalten hatte, regte sich auch im Lugnez der Wunsch nach Ver-

158

Poststrecke Obersaxen/Meierhof – Innertobel: Posthalter Martin Herrmann bei Giraniga, im Hintergrund Meierhof, um 1940.

Die Safier Post in Safien Platz. Wie mühsam sich die Ablösung der Pferdepost durch das leistungsfähigere und bequemere Postauto im Safiental gestaltete, ist im Band «Das Postauto in Graubünden» nachzulesen.

Wieland Zinsli senior, Posthalter in Thalkirch.

besserungen. Der motorisierte Betrieb scheiterte vorerst am miserablen Zustand und Unterhalt der Strasse, der ein Befahren mit Automobilen verunmöglichte. Das Lugnez musste noch bis 1927 warten.

An anderer Stelle in diesem Buch wird gesagt, die letzte Pferdepost der Schweiz sei im Jahre 1961 im Aversertal aufgehoben worden. In den Zeitungen vom 29. September 1984 war jedoch zu lesen, der letzte Pferdepöstler Graubündens trete mit diesem Tag in den Ruhestand. Der aufmerksame Leser wird sich fragen, ob es denn neben der letzten auch noch eine allerletzte Pferdepost gegeben habe. Die Sache verhält sich so: Im Avers verkehrte die letzte Pferdepost für die Personenbeförderung *(mit Billettverkauf). Daneben gab es jedoch auch sogenannte Pferde-Fahrboten, die mit ihren Gefährten* Postsendungen *transportierten. Sie waren ermächtigt, sofern Platz vorhanden war, auf ihrem Leiterwagen gelegentlich einen Passagier mitzunehmen. Das geschah jedoch auf eigene Rechnung und ohne Abgabe eines Billettes. Beispiele: Acla–Tenna, St. Antönien–Rüti, Sils Maria–Fex, Cresta Avers–Juf, Ilanz–Riein, Valendas Station–Post–Dutjen. Dreissig Jahre lang hat Hans Engi mit Ross und Wagen die Post in die Weiler Dutjen und Durisch hinaufgebracht. Ende September 1984 traten der 76jährige Hans Engi und seine Stute Brigitte den Postdienst an den Posthalter von Valendas und ein vierradangetriebenes Auto ab.*

Die letzte Pferdepost vor der Post Obersaxen.

Für den Postpferdehalter Rest Cundrau (Christian Conrad) Spescha ging es 1932 um die Existenz, als er mit 47 Jahren noch Autofahren lernte, denn während des Sommers musste der Pferdekurs zwischen Waltensburg Station und Andest einem sechsplätzigen Auto weichen: Der anpassungsfähige Spescha wurde Postautohalter, auch wenn ihn mit dem neuen Vehikel nie die gleiche Freundschaft verband wie mit seinen Pferden.

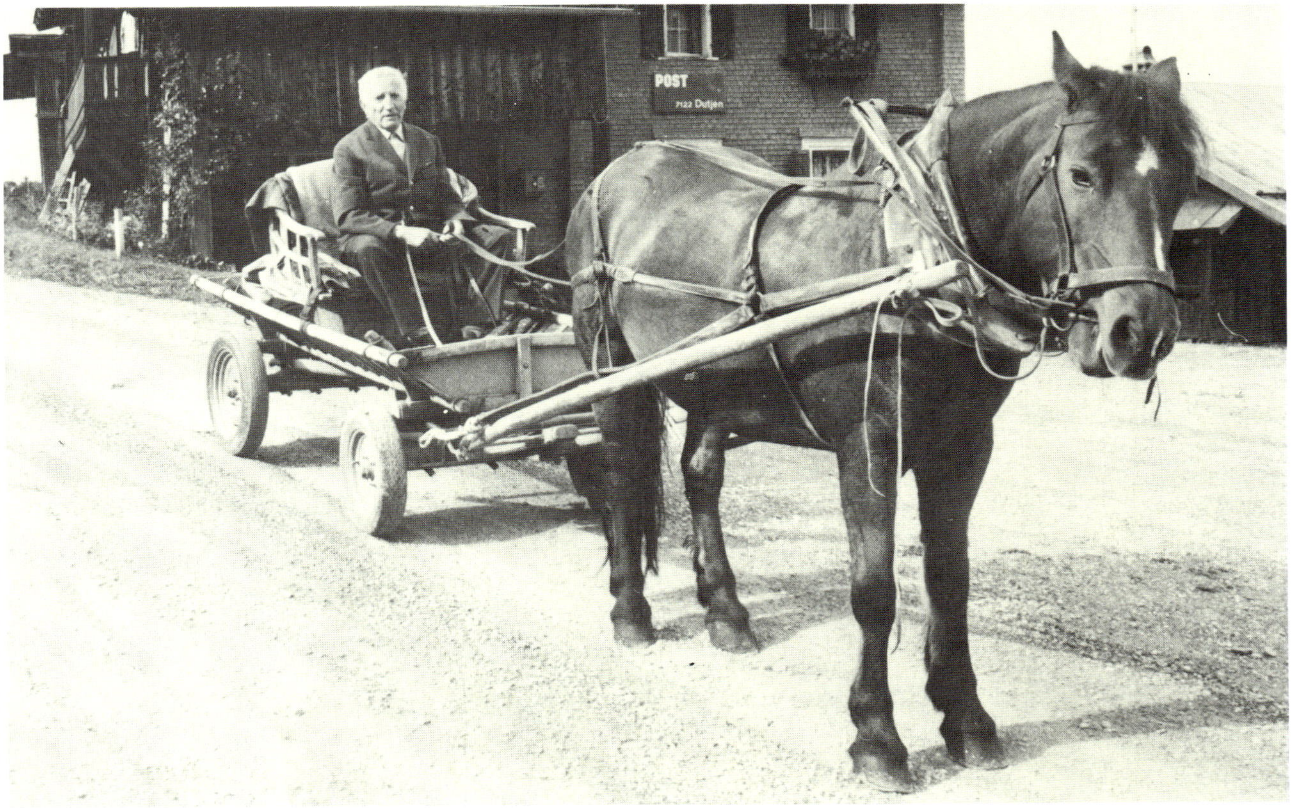
POST
7122 Dutjen

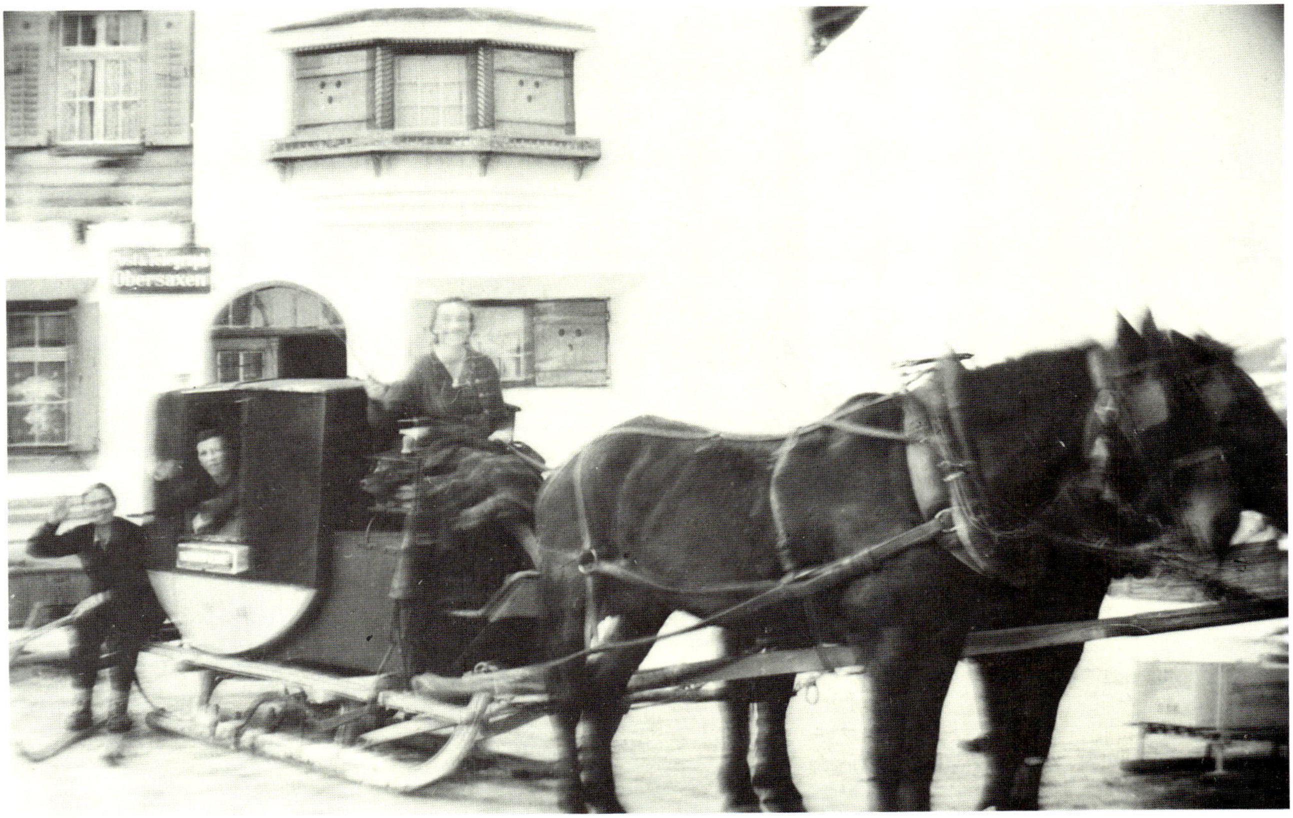

Kostenberechnung für den letzten Fahrboten-Kurs in Graubünden. Es fällt auf, dass das Pferd nur an Werktagen amortisiert und verzinst wird. An Sonntagen braucht es offenbar auch nichts zu fressen!

<u>Neuer Vertrag, gültig ab 1.VIII.61</u>

Valendas Dorf, den 16.August 1961

<u>Fahrbote mit Pferd</u> H a n s E n g i Valendas geb. 1909 (52jährig)

<u>Strecke</u> : Valendas Post – Dutjen – Durisch 4,6 km

```
Kursbuch 1543  Valendas Post ab 1400 )    3.45
               Dutjen        an 1510 )
                 "           ab 1515 )   10 Abrechnen
               Valendas Post an 1745 )   35 Pferdewartung, DA + DA
                                         4.30 an 300 Werktagen
```

1. Arbeitslohn 4.30 à 2.70 12.15 x 300 Tge .... 3'645.–

2. Pferdeabschreibung und Verzinsung
   Pferd 1960 gekauft für Fr. 2'650.–   5½jährig
   pro Tag 2.–   x 150   PTT ½, Privat ½ 300.–

3. Pferdeverpflegung (Heu, Hafer, Zusatz, Streue)
   pro Tag 8.–   x 150 .... 1'200.–

4. Beschläge
   alle 2 mte 1 Beschlag, 6 Beschläge à 25.– 150.–

5. Sattlerarbeiten
   pro Tag 50 Rp. x 150 .... 75.–

6. Pferdeversicherung
   pro Tag 50 Rp. x 150   lt. Beleg 70.–

7. Stallmiete
   pro Tag 50 Rp. x 150 .... 75.–

8. Kurswagen Abschr.+ Verzinsung+Unterhalt+Rep.
   Leiterwagen mit Pneus, seit Frühling 1960, Preis 1'650.–
   pro Tag 90 Rp. x <u>300</u> (nur für Post) 270.–

. Betriebsunfallversicherung
   67 ‰o von 3'645.– 245.–

   AHV + FAK 3,4% v. 3'645.– 125.–

10. Krankenkasse
    pro Tag 20 Rp. x 150 .... 30.–
                                                                  ———————
                                                                  6'185.–
11. Ersatzpferdemiete und Verschiedenes 115.–
                                                                  ———————
                                                                  6'300.– pro Jahr
                                                                  ========
                                                                    525.– pro Monat

                                             (alt = 15.– pro Tag x 25 =
                                                    375.– pro mt)

Im Juli 1911 in Acquarossa.

4.3 Lukmanier-Route: Disentis–Biasca

Der alte Weg über den Lukmanier, einen der niedrigsten und sanftesten Alpenübergänge, führte von Disentis aus über die Walsersiedlungen Mompé-Medel und Mutschnengia nach Platta, dem Hauptort des Medelsertales. Damit wurde die Medelserschlucht, nach dem bekannten Reiseschriftsteller Max Rieple («Graubünden, sonniges Land am Rhein und Inn», Hallwag-Verlag) eine kleine Viamala, die kaum hinter der bekannteren Schwester zurücksteht, umgangen. In den Jahren 1794 und 1795

Vor der Post und dem Posthotel Olivone 1906.

– wir folgen hier den Ausführungen von Dr. Iso Müller, Disentis/Mustér, im 1948 erschienenen PTT-Routenführer «Lukmanier» – wollten die zwei Trunser Jakob Christian Casanova und Balthasar Demont einen künstlichen Weg durch die Schlucht und damit eine bedeutende Abkürzung schaffen. Der Weg scheint jedoch wegen seiner kühnen und nicht ungefährlichen Anlage nicht stark benützt worden zu sein. Immerhin schlug die viel später gebaute Strasse auch den direkten Weg durch die Schlucht ein; sie wechselte jedoch nicht wie jener von einer Talseite auf die andere, sondern hielt sich links des Talflusses.

Auf der Bündner Seite wurde die Strasse 1877 vollendet, auf dem Tessiner Teilstück Olivone–Passo Santa Maria 1880. Die Postkutsche zögerte dann auch nicht lange, den neuen Verkehrsweg zu befahren. Der Sommer-Postkurs Olivone–Disentis wurde vorerst mit vier Pferden, später mit deren zwei bedient. Unternehmer auf der Südseite war der populäre Lücchin aus der Dynastie der Bruni aus Dongio, die im Bleniotal nahezu über ein Transportmonopol verfügte. Auf der Bündner Seite besorgte Vinzens Disch den Dienst. Diese Pferdeposten funktionierten zwischen Disentis und Santa Maria während 42 Jahren, zwischen Olivone und Acquacalda dagegen nur 31, denn im Jahre 1911, als die Bahn Biasca-Acquarossa den Betrieb aufnahm, traten auf dem Teilstück zwischen Acquarossa und Olivone zwei Autos der Marke Bianchi, die im Sommer zur vollen Zufriedenheit bis nach Acquacalda hinauf verkehrten, an die Stelle der Pferdepost.

Das Posthandbuch nennt als Stationen mit Pferdewechsel Sta. Maria und

Olivone sowie einen «Restaurations»-Aufenthalt in Olivone. Der Mariaberg sei früher St. Barnabasberg genannt worden. Extraposten werden für diese Strecke keine geliefert.

4.4 Sankt Bernhardin-Route: Bellinzona–Splügen

Ebel fiel 1809 auf, dass über den Bernhardin zwei Wege führten: der kürzere für den Sommer, der längere, der von der Gemeinde Hinterrhein zu unterhalten sei, für den Winter. Auf der Passhöhe erwähnt er die mit niedrigen Erhebungen, «die gefrorenen Meereswogen ähnlich sehen», bedeckte «Mösa-Alp».

In der Viamala um 1900. Ebel bezeichnet 1810 die Viamala als «eine der merkwürdigsten Felsenschluchten und schauerlichsten Gegenden der Schweiz» und erzählt von einer schaurigen Mordtat eines Geistlichen.

7014 Viamala

Das Posthandbuch nennt einen Ganzjahreskurs von Bellinzona nach Splügen und einen von Bellinzona bis Mesocco und zurück, ferner vom 15.6. bis 15.9. einen Kurs von Bellinzona bis Bernhardin und zurück (San Bernardino Dorf). Im Einsatz stehen Hauptwagen zu sechs Plätzen mit Coupés, für den Sommerkurs solche mit acht Plätzen. Beiwagen: vom 15.6. bis 15.9. ab Bellinzona bis Bernhardin auf jeder Station für die Beförderung von höchstens 17 Reisenden und von dort bis Splügen von höchstens 8 Reisenden. Die übrige Zeit für den durchgehenden Kurs Beförderung von höchstens 5–6 Reisenden. Pferdewechselstationen in Cama, Mesocco, St. Bernhardin und Hinterrhein; kleinere Restaurationshalte in St. Bernhardin. Extraposten werden mit durchlaufenden Wagen für die ganze Strecke bei schneefreier Strasse geliefert.

Schlittenpost in Hinterrhein um 1935. Ebel deutete 1810 die Ortsnamen im Rheinwald wie folgt: «Suvers» = aufwärts, Splügen = ohne Ähre, «Mädel» = in der Mitte, «Noveina oder Nufenen» = «ohne Haber».

Die Bernhardinpost um 1900. Der Pass hiess früher Vogelberg, nach dem eigenartig geformten Pizzo Uccello, lateinisch Mons Avium. Eine Kapelle zu Ehren des heiliggesprochenen Bernardino da Siena, der 1419 das Misox aufgesucht haben soll, gab dem Bergübergang dann den neuen Namen.

Schlittenpost am Bernhardin 1925. Der Bernhardin ist nicht nur Wasserscheide zwischen Nordsee und Mittelmeer, sondern auch Sprachgrenze zwischen Deutsch und Italienisch: Nach Ebel (1810) ist das Misox von Italienern bewohnt, das Rheinwald von Deutschen, in deren Mundart man viele Worte und Redensarten der Minnesänger finde.

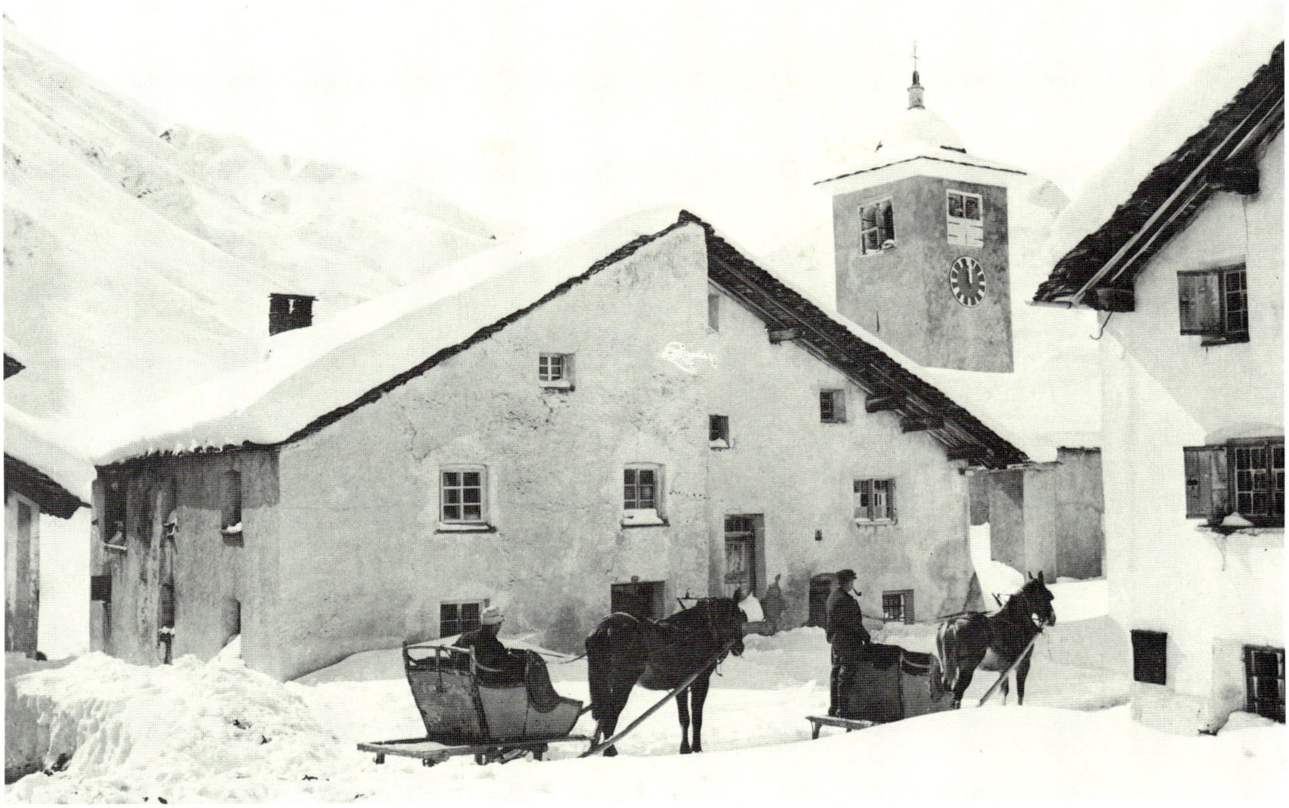

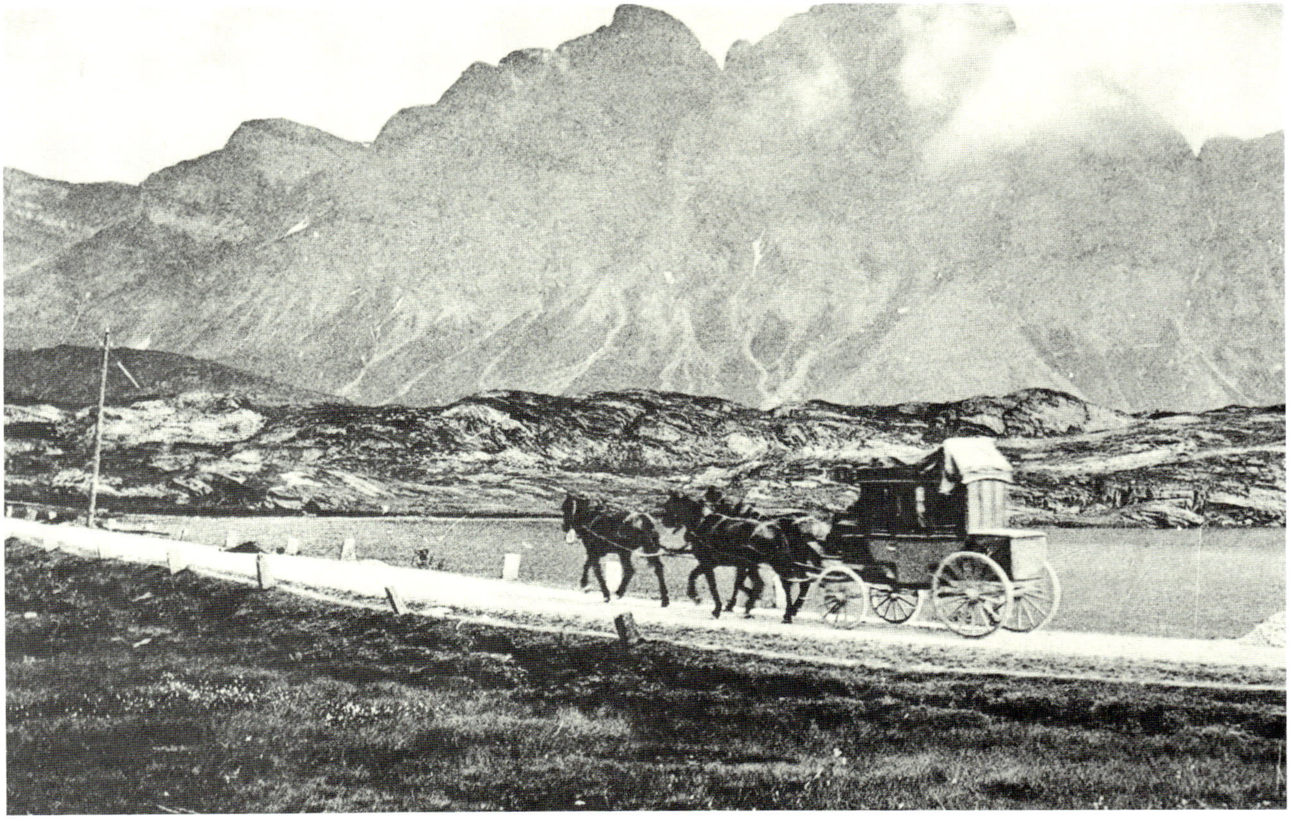

S. Bernardino

Roveredo Istituto St. Anna

Das Misoxertal wird als eines der interessantesten der Schweiz bezeichnet. Der frühere Name des Passes «Vogelberg» lebt noch im Pizzo Uccello weiter. Die Abfahrt erfolgte in Bellinzona im Sommer gegen zwei Uhr nachts und die Ankunft in Splügen ca. 1 Uhr nachmittags, übrige Zeit um 11 Uhr nachts und Ankunft nach 10 Uhr vormittags «zum Anschlusse an die Postkurse nach Chur und Chiavenna». Splügen–Bellinzona ab 1 Uhr nachmittags, nach Ankunft der Kurse von Chur und Chiavenna, Ankunft in Bellinzona gegen 10 Uhr abends. Ferner vom 15. Juni bis 15. September Abgang von St. Bernhardin ca. 7 Uhr morgens und Ankunft in Bellinzona gegen 11.30 Uhr vormittags, zum Anschlusse an den zweiten Tages-Schnellzug nach Luzern und den Personenzug nach Locarno. Sodann das ganze Jahr Abgang von Mesocco vor 5 Uhr früh und Ankunft in Bellinzona ca. 8 Uhr morgens zum Anschlusse an die Züge nach Chiasso, Luino, Locarno und Luzern.

In der Streckenbeschreibung werden Feige, Rebe und Maulbeer bis Lostallo, kleinere Roggen-, Buchweizen-, Gersten- und Kartoffeläcker in Mesocco und die letzten Getreidefelder bei San Giacomo erwähnt. In San Bernardino, dem letzten und höchsten Dorfe des Tales mit ausgezeichneter Sauerquelle und einer ganzen Anzahl älterer und neuester Hotels, versammle sich bei der Ankunft der Post «das ganze Contingent der Kurgäste und Hotelportiers beim Postbureau». Das einsame, grosse Berghaus auf der Passhöhe, dessen ungeschickte Zimmereinteilung nur für wenige Raum biete, sei an schönen Sommertagen von Equipagen der Kurgäste von San Bernardino ganz umstellt, die auf kurzen Besuch

Die alte Postkutsche des Calancatales fristet heute ihr Dasein auf dem Campingplatz «Europa» in Tenero.

San Bernardino Villaggio um 1900. Ansichtskarten mit halbiertem Feld für Adresse und Text kamen erst ab 1905 in den Handel. Auf den früheren Ausgaben musste man für Mitteilungen und Grüsse die Bildseite benützen.

8plätziger Coupé-Landauer, vierspännig, vor der Post San Bernardino um 1900.

Postschlitten vor der Post San Bernardino Ospizio 1931. Ins Gästebuch des Hospizes trug sich 1910 Benito Mussolini ein, damals noch mit der Berufsbezeichnung «muratore».

Der Postwagen vor dem Istituto St. Anna in Roveredo im unteren Misox um 1900.

hieher kommen. Auch im Rheinwald wird noch reifende Gerste und schön gedeihender Flachs erwähnt.

4.5 Calancatal: Eine ganze Talschaft boykottiert die Post!

Das bei Grono ins Misox mündende, landschaftlich einmalig schöne Calancatal machte einst Schlagzeilen. «Der Freie Rätier» wusste am 20. April 1920 eine kleine Sensation zu melden: «Die eidgenössische Post kann unter dem heutigen Datum, Sonntag, den 18. April, anno domini 1920, ein Ereignis registrieren, das in ihren Annalen wohl kaum schon notiert worden ist. Die Post Grono–Rossa, die morgens 07.30 Uhr von Grono abfährt, kam heute um 08.30 Uhr wieder nach Grono zurück, und der Postillon erstattete dem Postbüro den Bericht, dass er unterwegs vom Kreisamt Calanca in corpore mit dem Weibel aufgehalten und genötigt worden sei, zurückzukehren, mit der Warnung, sich mit dem gleichen Vehikel als Postwagen in Calanca nicht mehr zu zeigen, wenn er nicht Gefahr laufen wolle, eine Wasserfahrt in der Calancasca zu machen. Warum so? Den sonst gutmütigen Calancaskern ist einfach die Geduld gerissen. Der Postdienst ist seit bald zwei Jahren unter aller Kritik, so dass man die Empörung begreift, welche die Talbewohner erfasst hat. Während früher der Postdienst mit zwei Kursen – Grono–Arvigo mit Zweispännern und Arvigo–Rossa mit Einspännern – versehen wurde, reduzierte die Postdirektion denselben im Herbst 1918 auf einen Kurs mit einem Wägelchen für die Poststücke, die Aufnahme von 1 bis 2 Passagieren je nach Umständen dem Postpferdehalter überlassend. 'Il carretto della verdura', den Gemüsekarren, nennt man in Calanca dieses neue Beförderungsmittel der eidgenössischen Post.» Während der kritischen Kriegszeit hätten sich die «Calancasker» geduldet und sich gefügt. «Die Sache zog sich aber in die Länge. Man wurde bei der Postdirektion vorstellig; man versprach uns, in diesem Frühjahr Wandlung zu schaffen, man sprach auch vom Automobilpostdienst.» Der Gemüsekarren fahre aber noch immer in gleicher Weise. Jetzt habe man ihn eben zurückgeschickt. Lieber keine Post als so etwas!
Neun Tage später wusste das «Bündner Tagblatt» zu melden, der eidgenössische Postwagen verkehre noch immer nicht, weil das Kreisamt auf seinem Standpunkt beharre, den Postverkehr nicht ins Tal zu lassen, bis man ihm eine bessere und grössere Postkutsche zuerkannt habe. Und die Oberpostdirektion halte daran fest, dass sie erst in Verhandlungen

eintreten könne, wenn der verfassungsmässige Zustand wieder hergestellt sei, d.h. wenn das Kreisamt die unbotmässige Sperre aufhebe. «Letzteres solle jetzt geschehen, meint der 'Bund', solche Demonstrationen darf man nicht zu sehr strecken, sonst arten sie aus und verlieren Interesse und Bedeutung. Diese Insinuation an die Calancasker finden wir nicht so recht am Platz, sie ist zu sehr vom Gedanken diktiert, dass nun die Postbehörde Meister ist und die Calancasker, obschon sie materiell im Rechte sind, nachzugeben haben. Wir wollen ihr eigenartiges Vorgehen nicht in Schutz nehmen, die Postbehörde in Bern sollte sich aber doch daran erinnern, dass die Behörden fürs Volk da sind und nicht umgekehrt. Die Calancasker haben sich oft genug an die Behörde gewendet. Da wäre es am Platze, dass die Oberpostdirektion entweder mit den Behörden in Calanca oder doch mit der Regierung unterhandeln würde, statt auf formelles Recht zu pochen.»
Am 1. Mai 1920 schliesslich wusste das «Bündner Tagblatt» zu berichten, der Postkonflikt im Calancatal sei nun beigelegt, die bekannten «verfassungsmässigen Zustände» wären wieder hergestellt. «Dagegen hat sich inzwischen der Wettergott in den Handel gemischt und oberhalb Pisella eine 50 m breite Erd- und Steinlawine über die Strasse heruntergewälzt, so dass das 'Gemüsewägelchen' vorläufig doch nicht auf der ganzen Strecke verkehren kann [. . .] Damit wäre der Friede wieder hergestellt, und es ist vorauszusehen, dass die Postverwaltung dem Begehren der Calancasker soweit als irgend möglich entgegenkommen wird.»

Was ging diesem Boykott voraus?

Seit dem 1. September 1884 war die Pferdepost einmal täglich von Grono bis zum damaligen Hauptort des Tales, Arvigo, gefahren, vom 1. März 1890 bis in die hinterste Gemeinde des Tales, bis nach Rossa. Zum Transport der Postpakete und von Gütern ist den Kutschen jeweils ein kleiner Karren angehängt worden. Nach 1915 ist auf der Strecke Grono–Rossa aus kriegsbedingten Gründen ein einfacherer Wagen, ein sogenannter Char-à-banc, eingesetzt worden, der neben den Postsendungen höchstens zwei Personen mitnehmen konnte. Im Winter verkehrte ein Schlitten. Gegen diese unbefriedigenden Verhältnisse richtete sich, wie aus den Akten hervorgeht, der Volkszorn: Am 13.12.1919 beschwert sich der Kreispräsident von Calanca, Arnoldo Rigassi, Castaneda, bei der Bündner Regierung: Trotz aller Bemühungen und der Versprechungen gegenüber einer nach Bern gereisten Delegation sei es nicht gelun-

gen, den unbedingt nötigen zweiten Kurs Rossa–Grono und zurück zu erhalten, und zwar unter Hinweis auf die hohen Kosten. «Noi protestiamo altamente contro queste misure draconiane e non motivate ed invitiamo, gentilmente», die Regierung um ihre Unterstützung. («Wir protestieren nachdrücklich gegen solch strenge und ungerechtfertige Massnahmen» und bitten die Regierung höflich um ihre Unterstützung.)
Schon fünf Tage später leitet das Departement des Innern und der Volkswirtschaft den Brief an die zuständige Kreispostdirektion Bellinzona weiter und unterstützt die Begehren «della povera popolazione di questa valle appartata». Es bedauert, dass noch keine befriedigende Lösung gefunden wurde. Fiskalische Überlegungen müssten in den Hintergrund treten vor dem Bemühen, die Abwanderung zu bremsen. Das Departement hofft, dass die Kreispostdirektion mit einer Intervention bei der vorgesetzten Behörde die gewünschte Zustimmung erhalte. Wenn nicht, behalte man sich eine direkte Intervention beim Bundesrat, unter Mithilfe der Bündner Nationalräte, vor.
Am 3. Januar 1920 leitet die Kreispostdirektion Bellinzona die beiden Schreiben an die Oberpostdirektion in Bern und meldet, sie habe in den letzten Tagen weisungsgemäss versucht, den Dienst in zwei Teilstücke aufzuteilen, nämlich Grono–Arvigo und Arvigo–Rossa, die Sache sei jedoch noch «al punto morto».
Mit Brief vom 14.1.1920 ruft die Oberpostdirektion dem Kreispräsidium Calanca ihr Schreiben vom 1.12.1919 in Erinnerung, wonach der zweite Kurs mit Char-à-banc jährlich Fr. 32 592.— kosten würde, «somma sproporzionata all'entità ed alle esigenze del traffico». Sie erinnert daran, Unterhandlungen mit den Interessenten angestrebt und sie eingeladen zu haben, andere Vorschläge zu unterbreiten. Statt dessen protestierte das Kreisamt beim hohen Postdepartement wegen der Verspätung mit dem versprochenen zweiten Kurs, während es am gleichen Tag der Oberpostdirektion gegenüber die Verwunderung ausdrückte über die getroffene Lösung, die den Versprechungen nicht entsprochen habe. Es behaupte, wenn der Betrieb im September oder Oktober ausgeschrieben worden wäre, hätte man bereits eine zufriedenstellende Lösung mit wenig Kosten. Es könne im übrigen nicht den Unterhändler zwischen Postpferdehaltern und Postverwaltung spielen.
In Beantwortung der beiden Briefe und im Einvernehmen mit dem Postdepartement werde folgendes festgehalten: Wenn die Post wirklich aus staatspolitischen Gründen gehalten sei, Verkehrsverbindungen unter den verschiedenen Regionen aufrechtzuerhalten, sei damit noch nicht gesagt, dass sie sich auch völlig unverhältnismässige Lasten aufhalsen

müsse. Da ein aus postalischer Sicht genügender Dienst bestehe, hätte man geglaubt, an den guten Willen der Behörden und Interessenten appellieren zu können, ein bewährtes und verbreitetes Vorgehen. Das Kreispräsidium habe jedoch beharrlich soundso viele Eingaben für ein zweites Kurspaar Rossa–Grono gemacht, aber sich keine Mühe gegeben, irgendwie zu einer Lösung beizutragen. Die Behauptung, mit einer Ausschreibung wäre die Sache auf billige Weise gelöst, wird als unhaltbar zurückgewiesen. «Tutt'altro!» Das sogenannte Versprechen einer Verbesserung der Verhältnisse war im übrigen nur so auszulegen, dass die Verwaltung die Angelegenheit vorerst nach allen Richtungen prüfen müsste. Eines stehe fest: Das Kreispräsidium sei nicht in der Lage, das Datum einer allfälligen Einführung des Automobildienstes zu nennen, denn der Entscheid der kantonalen Instanzen bezüglich Sicherheit und Befahrbarkeit der Strasse stünde noch aus. Herr Rigassi habe nun den Wunsch ausgedrückt, abzuwarten und mit dem bestehenden einfachen Kurs fortzufahren, bis er neuen Bescheid gebe.

Dass Befürchtungen wegen des Strassenzustandes nicht unbegründet waren, sollte sich später noch zeigen: Im Oktober 1923 brach unter dem 3200 kg schweren Personenautomobil der konzessionierten Unternehmung die Stützmauer ein. Damit ist es auch schon angedeutet: Die Calanchini schritten zur Selbsthilfe, indem sie eine Aktiengesellschaft gründeten und, gestützt auf eine Konzession, schon 1921 einen Autobetrieb einrichteten, der zehn Jahre später von der Post übernommen wurde.

4.6 Splügen-Route: Chur–Chiavenna

Ebel erwähnt 1810 an dieser Strecke u.a. als «Merkwürdigkeiten» (im ursprünglichen Sinne des Wortes: des Merkens Würdiges): den Heinzenberg, den Prinz Rohan den schönsten Berg der Welt nannte, den er «abbilden» liess, um das Gemälde in Versailles aufzuhängen; «Tusis [...] ist einer der wohlhabendsten Örter in ganz Graubündten»; die Viamala, die ihren Namen nicht mehr verdiene; «zwischen der ersten und zweyten Brücke ist der an schauerlicher, erhabner und romantischer Natur reichhaltigste Standpunkt. Das feyerliche Dunkel dieser wilden Felsengegend stimmt zur Schwermuth, und die schwarze Unthat eines Ungeheuers von Geistlichen, der ein von ihm verführtes Mädchen hier in den Abgrund stürzte, erfüllt die Seele mit Grausen und Entsetzen.»

Pferdewechsel in Andeer um 1900. Ebel erwähnt hier 1809 «das besste Wirthshaus in diesem Thale».

Um 1900 vor der Post und dem Hotel Bodenhaus in Splügen. Nach Ebel gingen um 1810 wöchentlich 400 bis 500 Saumpferde durch Splügen.

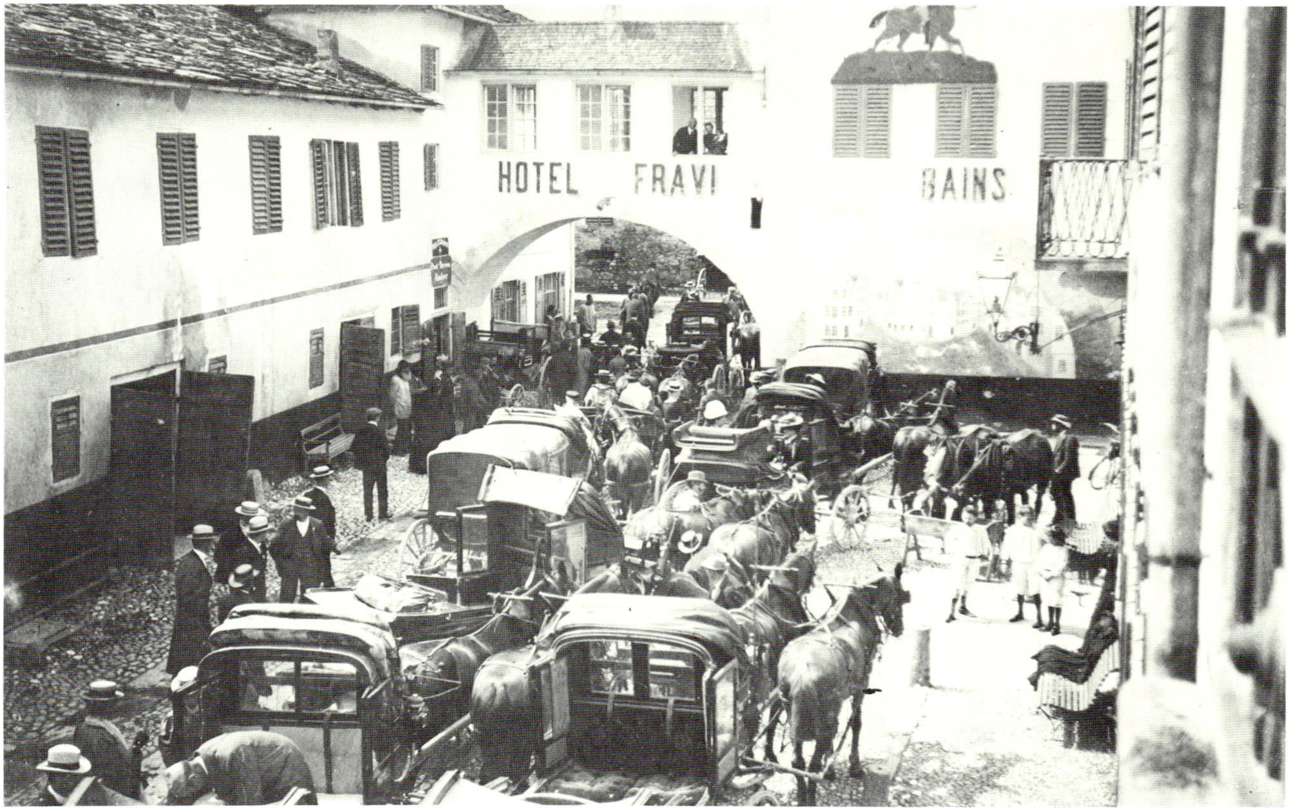
HOTEL FRAVI
BAINS

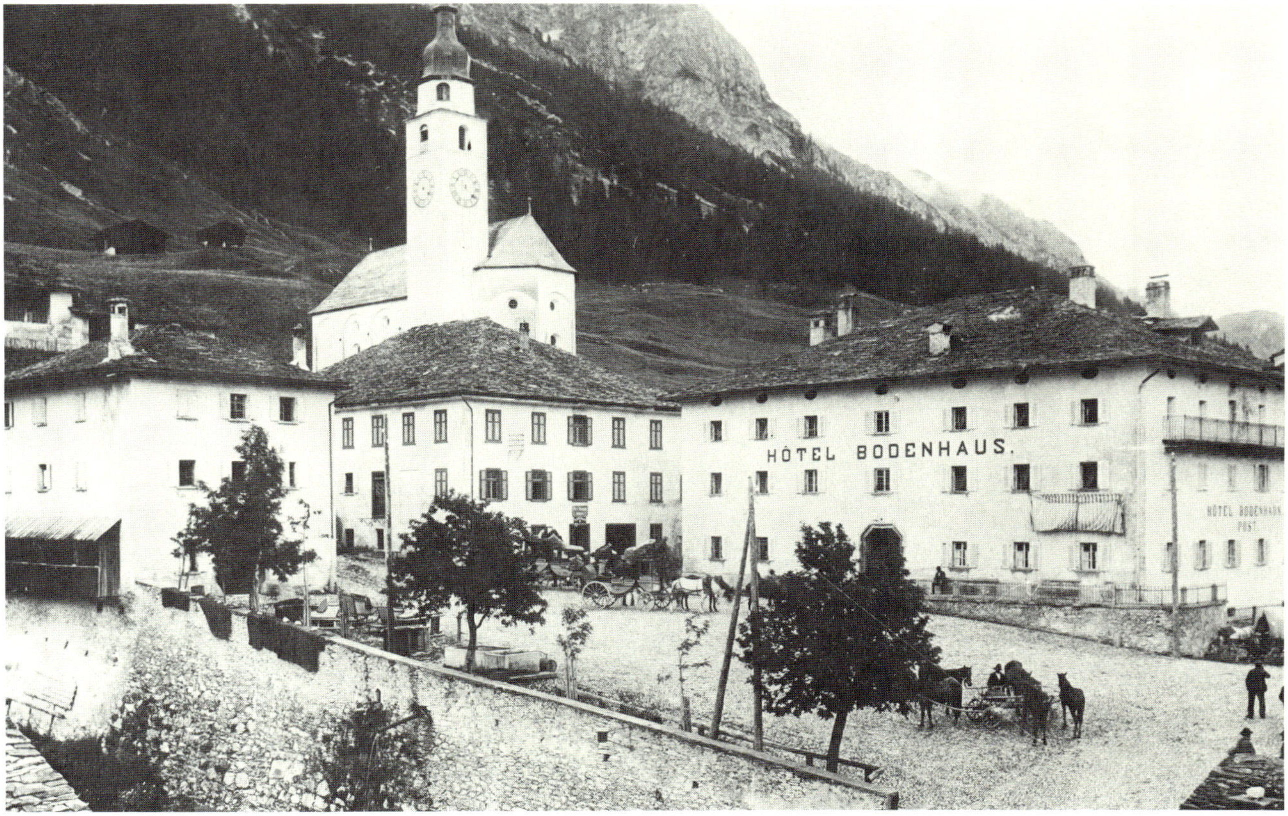
HÔTEL BODENHAUS.

Im Schams sehe man als Seltenheit Ziegen mit Gemshörnern; «ob es Bastarde sind, ist nicht entschieden». Über den Splügenberg gehe «die betretenste Strasse aus Deutschland durch Graubündten nach Italien». Beim Wirtshaus auf dem Passe hänge eine Glocke, die bei starkem Schneegestöber geläutet werde, um den Reisenden die Richtung des Weges anzuzeigen. Trotz der «Kardinell, welche der Schöllenen auf dem Gotthard an Schauerlichem nahe kömmt», haben schon die Römer diese wichtige Verbindung mit Oberrätien ausgebaut: der Splügen bot die kürzeste Verbindung und hatte gegenüber dem Julier und Septimer den grossen Vorteil, dass hier nur eine einmalige grosse Steigung zu überwinden war und Gegensteigungen fehlten.

1226 verpflichtete sich Anricus Langorius gegenüber der Gemeinde Chiavenna zum Bau einer Fahrstrasse von Campodolcino bis Madesimo. Das kann nur zur Erleichterung des Saumverkehrs über den Splügen erfolgt sein. Die Urkunde vom 5. Februar 1226 lautet:

... «ita ut hinc ad Sanctum Joannem proximum de media estate proxima faciet vel fieri faciet viam unam bonam et idoneam tres brachia latam sicuti designata est in Cologna Exemplatoria Communis Clavenne a Campodolcino sursum usque in Prato Madesimi. Ita ut per ipsam viam possit ire carrum unum et recedere cum duobus rotis, bona fide sine fraude et cum bovibus»... («so dass er [= Langorius] auf das nächste Johannesfest [= 24. Juni] nach Mitte des nächsten Sommers einen guten und geeigneten Weg, drei Arme breit, wie es in der Cologna Exemplatoria der Gemeinde Chiavenna vorgeschrieben ist, machen oder machen lassen wird, von Campodolcino aufwärts bis Prato Madesima, so dass auf diesem Weg ein zweirädriger Karren fahren und zurückweichen kann, in guten Treuen ohne Beschädigung, auch mit Rindern [Kühen]». Unter brachium ist in Italien und den südlichen Gebieten von Graubünden und im Tessin der braccio lungo, die lange Elle, zu verstehen, die 70–80 Zentimeter umfasste. Hiemit war der Weg zumindest 3 × 70 cm = 2,10 m breit.)

Über den Pass selber bis Splügen Dorf ist jedoch bis zum Bau der Splügenstrasse 1820 nur gesaumt worden; einzig im Winter konnte man auch Zugtiere verwenden (Schlitten für den Warentransport am Splügen sind 1669 erstmals erwähnt). Der Tarif war denn auch im Winter niedriger:
1625 galten für die Strecke Splügen–Berghaus folgende Tarifsätze:
— von St. Jörgen bis St. Michaelis (23.4.–29.9.)
  · von einem geschickten Stuck (gut saumbare Ware) = 28 Kreuzer
  · von einem ungeschickten Stuck (z.B. grosse Ballen) = 40 Kreuzer
— im Winter dagegen nur 20 bzw. 28 Kreuzer.

Coupé-Landauer-Achtplätzer für die Strecke Chiavenna–Splügen.

Für den Unterhalt der Strasse und deren Offenhaltung im Winter hatte der sogenannte Fürleiter zu sorgen. Er wurde von der Landsgemeinde gewählt und hatte eine Pauschalsumme zu entrichten. Dafür durfte er die Fürleiti und das Sustgeld erheben.

Das Posthandbuch bietet vom 15.6. bis 15.9. in jeder Richtung zwei Kurse zwischen Chiavenna und Chur an, wovon einer durchgehend, der andere mit Übernachtung in Splügen, ferner einen Kurs von Chur nach Thusis und zurück; vom 16.9. bis 14.6. je einen Kurs von und nach Chiavenna bzw. Thusis. Für den durchgehenden Sommerkurs steht ein Achtplätzer, für jenen mit Übernachtung ein sechsplätziger Hauptwagen zur Verfügung und für Chur–Thusis ein Zehnplätzer. Als Beiwagen dienen zweiplätzige Chaisen sowie vier- und sechsplätzige Kaleschen. Im Winter stehen für Chur–Chiavenna sechsplätzige Coupé-Wagen oder sechsplätzige Schlitten oder vier einspännige offene Schlitten für die Fahrt über den Berg zur Verfügung, für Chur–Thusis achtplätzige Coupé-Wagen oder ein sechsplätziger Schlitten. Die Beiwagen-Lieferung Chur–Chiavenna ist unbeschränkt. Pferdewechsel erfolgen in Reichenau, Thusis, Andeer, Splügen und Campodolcino. Abgang im Sommer in Chur um 5 Uhr früh, Ankunft in Splügen nach 12 Uhr, in Chiavenna nach 6 Uhr. Abfahrt des zweiten Kurses in Chur «nach 2 Uhr», Splügen an 10 Uhr abends. Fortsetzung am Morgen zwischen 6 und 7 Uhr und Ankunft in Chiavenna um 12 Uhr mittags.

«Blasierte Reisende mögen über die Strecke bis Reichenau die Achseln zucken, an einem schönen Morgen ist sie doch recht hübsch, wenn auch

Endstation der Splügen- und Malojakurse ist Chiavenna, ca. 1900.

etwas staubig.» Ems gegenüber, oben am Calanda, sei «auf den Rat einer Somnambüle im tauben Gestein Bergbau auf Gold betrieben» worden, «nachdem wirklich goldhaltende Gänge geringschätzig verlassen worden waren». Von Reichenau führe ein alter Römerweg durch die «sehr engen Kluppen» des Kunkels nach Pfäfers und Ragaz. Die früher zur Sommerszeit nur zur Lust und «Abwaschung» gebrauchte jodhaltige Eisenquelle von Rothenbrunnen (Giuvaulta) sei in neuerer Zeit wegen ihrer guten Wirkungen bei Schwäche und Blutarmut sehr «in Anseh'n gekommen» (komfortables Badehotel mit Dampfeinrichtung). Von Thusis aus wird ein Besuch von Hoch-Realta (Hohen-Rätien) empfohlen, die «Überreste dieser uralten Veste, von welcher zwei Türme wieder ausgebaut und wonlich eingerichtet worden sind». Vom Schams wird gesagt, hier würde «die Obstbaumzucht» wohl gedeihen, ist aber «nicht Sitte». Und vom Splügen wird erwähnt, über ihn gehe die direkte Telegraphenlinie Chur–Mailand und die lokale Linie Chur–Chiavenna. Plastisch wird schliesslich die wilde Landschaft auf der Südseite des Splügenpasses geschildert.

Die zweitletzte Pferdepost der Schweiz zwischen Cresta (Avers) und Innerferrera im Frühling 1959 mit Postillon Bartholome Heinz. Die letzte Pferdepost führte Rudolf Menn bis im Frühling 1961 zwischen Cresta und Juf.

Sommerpost Tschappina–Glas am Heinzenberg ca. 1910. Der Duc de Rohan soll den Heinzenberg als schönsten Berg der Welt bezeichnet haben.

4.7 Domleschg, Heinzenberg, Schams und Avers

Nach der Übersicht der Botenkurse von 1855 bediente der Heinzenberger Bote dreimal wöchentlich Masein, Flerden, «Purtein», Sarn, Dalin,

Sommerpost Tschappina-Glas (1850 Meter über Meer)

Präz und Tartar. Urmein und Tschappina waren dem Safierboten angeschlossen. Domleschger Boten bedienten die Ortschaften im Talboden, aber auch die höher oben liegenden Dörfer Feldis, Tomils, Scheid und Trans. Auch Mutten bekam dreimal wöchentlich Post aus Thusis. Bei all diesen Boten handelte es sich noch um Fussboten. Von Andeer aus ging ein Bote nach Cresta im Avers, ein anderer bediente die Ortschaften im Schamser Talboden und am Berg. Alle diese Verbindungen suchen wir im Verzeichnis der Postführungen (Pferdeposten) im X. Postkreis von 1858–1880 noch vergebens; in jenem von 1896 hingegen ist ein Postpferdehalter Marugg, Präz, für die Strecke Präz–Sarn–Thusis verzeichnet und ein Tscharner von Rothenbrunnen für Rothenbrunnenbrücke bis Sils im Domleschg, ferner «Hössli & Schmid», Splügen, für Andeer–Avers Cresta. Zwischen Tschappina und Thusis haben, vom Bau der Strasse

Averser Postkutsche in Innerferrera 1936.

Die alte und (im Bau) die neue Val-di-Lei-Brücke, die ins Aversertal führt, mit einem Wagen der letzten Pferdepost der Schweiz.

hinweg bis zum Zeitpunkt, als ein sechsplätziges Auto zu fahren begann, Landwirt Jacob Jenny und sein Sohn die Pferdepost geführt.

Posthalterin Hassler von Donath berichtet in der Hauszeitung des Postkreises Chur, dass 1907 noch immer ein Bote die sieben «vischnàncas» (Dörfer) am Schamserberg bediente. Die neue Strasse von Zillis nach Mathon habe dann den Einsatz eines Pferdes ermöglicht. Die Mädchen von Mathon seien dem ersten zweiplätzigen Wägelchen bekränzt entgegengelaufen. 1924 kam die erste Pferdepost nach Lohn dazu, und 1925 erhielt Wergenstein eine Strassenverbindung mit Donath. 1931 vertrieb dann das Postauto die eben erst eingeführte Pferdepost vom Schamserberg.

4.8 Julier-Route: Chur–Samaden

«Sieben Stunden bis Chur. Eine schöne Leistung haben die Posthaltereien Samaden, Silvaplana, Mühlen, Tiefencastel und Churwalden zu verzeichnen. Dieselben beförderten am 14. dies Herrn J. Drucker in genau sieben Stunden in einer zweispännigen Extrapost vom Hotel du Lac in Sankt Moritz via Silvaplana, Julier, Mühlen, Tiefencastel, Churwalden auf den Bahnhof Chur [...] Alle Achtung vor dieser Raschheit und Promptheit!» So berichtete «Der Freie Rätier» am 29.9.1898.

Ebel rechnet 1809 noch mit einer Reisezeit von «Selva piana» über den Berg bis Bivio von drei Stunden und von Bivio bis Chur von elf Stunden. Dabei bezeichnet er den Julier als bequemsten unter allen Alpenpässen; «er hat weder Abgründe noch Schneestürze [...] Noch im J. 1772, wurde der Pass sehr gebraucht, aber seitdem ist er so in Abnahme gekommen, dass er im Winter nicht mehr gebahnt wird. Seit 1806 wollen Sils und Silvaplana in Ober-Engadin den Weg wieder bessern und herstellen.» Der Julier bilde «eine so weite Öffnung, dass man in der ganzen Schweiz keine Gegend findet, wo so leicht und mit so wenigen Unkosten eine breite fahrbare Landstrasse über die Zentralkette gebahnt werden könnte, wie hier». In «Cunters» sei übrigens das einzige «leidliche Wirthshaus im ganzen Oberhalbsteiner-Thal».

Der Stein oder Crap Ses, der dem oberhalb liegenden Tal den Namen gab, setzte dem menschlichen Erschliessungswillen auf der ganzen langen Route den grössten Widerstand entgegen. Ein Spezialist der Erforschung alter Verkehrswege in Graubünden, Armon Planta, nimmt denn auch an, dass die Römer ihren Weg ab Savognin über die heutigen Sied-

Gruss von der Julier-Route von Ungenannt und doch Bekannt um 1900. Nach der Jahrhundertwende erregte ein Julierbahnprojekt die Gemüter heftig. Ein Korrespondent des «Bündner Tagblattes» schrieb im November 1910: «Bündnerbauer! Ist es im Sommer nicht lieblicher und herrlicher zu sehn, wie der grosse Postwagen auf unsern herrlichen Bergstrassen dahinrollt, als wenn du sehen musst, wie der rasende Kilometerfresser durch deine zerstückelten Wiesen saust.»

Pferde- und Autopost begegnen sich 1920 auf der Lenzerheide.

183

lungen Riom, Salouf, Del und Mon auf der linken Talseite nach Tiefencastel genommen hätten. Dieser Zwischenpass dürfte nach seiner Meinung bis ins frühe Mittelalter der Zugang zum Oberhalbstein gewesen sein. Als aber im 14. Jahrhundert der Saumverkehr gewaltig zunahm, suchte man nach einer direkteren und kürzeren Verbindung, die nach Planta durch den Talesgrund geführt haben dürfte, aber vermutlich wegen ständiger Rutschungen aufgegeben werden musste. Durch den Crap Ses war, nur etwa 15 Meter über dem Flussbett, eine offene Galerie auf eine Höhe von 140 cm ausgebrochen. «Für die Ausbuchtung der Saumlast war so Platz vorhanden, während Saumtier und Säumer halt mit der Wegseite gegen den Abgrund vorlieb nehmen mussten.»
Nach dem Posthandbuch verkehrten 1893 das ganze Jahr ein Kurs von Chur über Lenz nach Samaden und zurück, ein Lokalkurs Mühlen–Lenz–

Vor dem Postgebäude in Mühlen im Oberhalbstein um die Jahrhundertwende. Mühlen war eine wichtige Pferdewechselstation mit Sattlerei und Schmiede. Im Sommer befanden sich hier etwa 90 Pferde, im Winter 20.

Bei den Julier-Säulen. Ebel nennt sie Julius-Säulen, was entweder von Julius Cäsar oder aber vom Julfeste der Kelten hergeleitet werden könne.

Chur und im Sommer ein weiterer Kurs Chur–Samaden über den Schyn. Achtplätzige Hauptwagen versahen im Sommer den Dienst über Lenz und sechsplätzige in der übrigen Zeit, wenn nicht vierplätzige Schlitten oder drei Einspännerschlitten einzusetzen waren. Auf dem Lokalkurs Mühlen–Chur verkehrten zwischen Mühlen und Tiefenkastell vierplätzige Wagen oder Schlitten, von Tiefenkastell bis Chur sechsplätzige Wagen, während auf der Route durch den Schyn Achtplätzer im Einsatz standen. Beiwagen gab es auf allen Stationen unbeschränkt für die durchgehende Strecke. Pferdewechsel: Churwalden (für die Schyn-Kurse: Bonaduz und Thusis), Tiefenkastell, Mühlen und Silvaplana. Die Reise von Chur nach dem damaligen Verkehrsknotenpunkt Samaden dauerte von morgens 6 Uhr bis abends 8 Uhr, in umgekehrter Richtung von 5 Uhr in der Frühe bis zwischen 4 und 5 Uhr nachmittags. Restaurationsaufenthalte in Tiefenkastell und Mühlen. Die Fahrpreise Chur–Samaden oder umgekehrt betrugen über Lenz 25.05 (Coupé oder Bankette), 20.85 im Interieur oder Beiwagen. Extraposten: Zweispänner in Richtung Engadin 128.50 (Gegenrichtung 112.–), Dreispänner 175.25 (158.75), Vierspänner 222.– (205.50).

Die Julier-Route sei von allen Bergstrassen Graubündens die am wenigsten den Lawinen ausgesetzte, sagt das Posthandbuch. Die Distanz Chur–Samaden über Lenz wird mit 82,6 km, über den Schyn mit 94,8 km angegeben. Chur habe 9000 Einwohner. «Der obere Stadtteil hat noch ganz seine mittelalterliche Physiognomie, während der untere mit seinen geschmackvollen Anlagen und Bauten den Charakter der neuen

Zeit trägt.» Cunters, rom. Cunter, wird als hübsches Dorf mit verpfuschter Kirchenfassade bezeichnet. Bei «Savognino (1213 m, deutsch Schweiningen, richtiger Schwaningen, Tschudi)» trete die Ava da Nandrò aus einer Schlucht. In Marmels, rom. Marmorera, habe der Feldbau sein Ende erreicht.

Eine treffliche Schilderung einer Postpferdehalterei um die Jahrhundertwende erschien im März 1943 im «Bündnerischen Monatsblatt» von Dr. Hans Balzer, einem Enkel des einstigen Postpferdehalters von Mühlen.

Die Albulapost vor der Abfahrt in Chur um 1900. Achtplätziger Coupé-Landauer mit Bankette, fünfspännig. Die Herkunft der Bezeichnung «Landauer» ist umstritten: einerseits wird ein Engländer namens Landow als angeblicher Erfinder genannt, anderseits die Stadt Landau, wo diese Wagen erstmals gebaut worden sein sollen.

Nach der Original-Bildlegende «Post in einer durchschnittenen Schneegwehte am Julierpass». Vermutlich handelt es sich eher um Lawinenschnee als um eine Wächte (Duden: überhängende Schneemasse, schweiz. auch für Schneewehe).

Beim Julier-Hospiz um 1900.

187

4.9 Schyn-Route: Thusis–Tiefenkastell

Die Schyn-Julier-Post habe am 14. Juni 1897 107 Passagiere ab Thusis, die Albulapost 40 ab Chur und weit über hundert über den Albula, alles mit entsprechendem Gepäck, befördert, meldete «Der Freie Rätier» am 17.6.1897. Das Posthandbuch weiss über die 1869 mit Kosten von 547 700 Franken gebaute 4,2 m breite und 14,4 km lange Schynstrasse u.a. folgendes zu berichten: «Die Schynstrasse verbindet die Oberalp-, Bernhardin- und Splügen- mit den Julier-, Albula- und Landwasser-Routen, die sämtlich durch ihre Vermittlung in Thusis oder Tiefenkastell einen Knotenpunkt haben [...] Welche von beiden Parthien die schönere sei, die Viamala oder der Schyn, hört man oft fragen. Wir möchten sagen: Erstere ist ein Epos, letztere eine Romanze und würden die Einte oder die Andere ungern vermissen: Ihre Vorzüge treten durch gegenseitigen Kontrast nur um so deutlicher hervor. Der strenge, hochfeierliche Ton der Ersten wird durch einige freundliche Motive gemildert, während im Gegentheil bei der Andern die vorherrschende heitere Stimmung durch einzelne, ernstere Momente eine höhere Weihe empfängt.» Vor 1869 führte die Verbindung zwischen Domleschg und Albulatal am rechten Abhang der Albula-Schlucht über Obervaz.

Das ganze Jahr verkehrte in jeder Richtung ein Kurs, im Sommer kamen die Verbindungen Chur–Schyn–Samaden hinzu. Die Beiwagen-Lieferung von Thusis nach Tiefenkastell war auf 12 Reisende beschränkt, in der Gegenrichtung unbeschränkt.

4.10 Albula-Route: Chur–Lenz–Bergün–Samaden–St. Moritz und –Pontresina

Heilfroh dürfte der Goldschmied und Abenteurer Benvenuto Cellini aus Florenz (1500–1571) nach seiner Reise über den Albula- und den Berninapass gewesen sein, denn er schrieb darüber: «Passammo le montagne dell'Alba e della Berlina: era agli otto di di maggio, ed era la neve grandissima. Con grandissimo pericolo della vita nostra passammo queste due montagne.» («Wir überquerten die Berge Albula und Bernina: es war am achten Tag des Monats Mai, und es fiel eine Unmenge von Schnee. Unter allerhöchster Lebensgefahr überquerten wir diese beiden Berge.») Ebel beschreibt den Albula (Elbula-Berg in Bündtner--Sprache) als «während 2 Stunden lang sehr einsam, melankolisch, und

Die Albulapost 1886 im Schyn zwischen Thusis und Tiefencastel. Vor hundert Jahren erstellte die Baufirma Zschokke & Co. ein Projekt für eine Schmalspurbahn mit Zahnradstrecke über den Septimer. Besonders interessant sind die Vorstellungen, die man sich dabei von der Durchfahrt durch den Schyn machte: «Die ganze Länge des Schyn (5 Kilometer) würde durch einen Personenzug mit 25 Kilometer Geschwindigkeit per Stunde in circa 12 Minuten durchfahren werden. Ausserhalb der fahrplanmässigen Zeit könnte die Strasse durch den Verkehr, soweit er nach Erbauung der Eisenbahn überhaupt noch bestehen wird, frei benutzt werden. Während den 12 Minuten, innert welchen die Strecke vom Zug durchfahren werden müsste, wäre dieselbe soweit zu schliessen, dass die Fuhrwerke auf den Ausweichstellen bis nach Vorbeifahrt desselben anzuhalten hätten.»

Gruss vom Albula-Hospiz um 1900. Von einer Begebenheit, die leicht schlimm hätte ausgehen können, erzählt Hans Michel, Monstein, in der Davoser Revue: Nach dem Halt auf der Passhöhe bestiegen die Fahrgäste die mit drei Pferden bespannte Postkutsche, während Postillon und Kondukteur noch ihren Zweier austranken. Als die Pferde das Zuschlagen der Türen hörten, setzten sie sich mit dem kaum gebremsten Wagen in Trab, Ponte entgegen. Der dortige Postpferdehalter Schmid musste den letzten Teil der Fahrt mitansehen. Die Pferde kamen in rasendem Lauf die Strasse herunter; in den Kurven berührten die Räder nicht überall den Boden. Nur der Intelligenz des vorne laufenden Leitpferdes soll es zu verdanken gewesen sein, dass kein Unglück geschah: das Tier habe die Kurven im gewohnten weiten Bogen durchlaufen und so das Umkippen des Wagens verhindert.

DIE SCHWEIZ
13755

Gruss vom Albula-Hospiz

16 Juli 1899.

LITH. A. LIEROW, BASEL.

189

im Frühling an der Südseite wegen der Lauinen gefährlich», den Bergünerstein bezeichnet er als schrecklichen Schlund, Samaden als eines der schönsten Dörfer der Schweiz.

Das Posthandbuch verzeichnet vom 15.6. bis 15.9. einen Parallelkurs von Chur bis Samaden und von da Abzweigung des einen Kurses nach St. Moritz und des andern nach Pontresina; ferner einen Nachtkurs von Tiefenkastell nach Samaden und zurück, vom 16.9. bis 30.9. einen Kurs von Chur nach Pontresina und zurück und vom 1. Oktober bis 14. Juni einen Kurs von Chur nach Ponte und zurück. Fahrzeuge: Im Sommer Achtplätzer Chur–St. Moritz Bad (zwei im Coupé, vier im Landau und zwei auf der Bankette), Sechsplätzer Chur–Pontresina (zwei im Coupé, vier Kaleschenplätze), Tiefenkastell–Samaden vierplätzige Kaleschen (keine Beiwagen zum Nachtkurs). Im Winter zwischen Chur und Lenz

Bei Samaden 1910. Nach den Aufzeichnungen von Posthalter Kocher hat das Postbureau Samaden im Jahre 1867 «gegen Bezug der Reisetaxe» 7590 Passagiere eingeschrieben und Fr. 52 315.45 einkassiert. («Die von andern Bureaux für von hier abgehende Curse Eingeschriebenen somit nicht inbegriffen.») Vier Jahre zuvor waren es nur 4690 Passagiere und Fr. 35 213.30.

Ein vierspänniger Postschlitten verlässt einen Schneetunnel am Albulapass um 1880.

Vor der Post Preda am Nordfusse des Albulapasses 1900.

Alpenpost.

Beim Albula-Hospiz 1900.

Albulapost auf der Passhöhe.

sechsplätzige Hauptwagen oder vierplätzige Schlitten, zwischen Lenz und Ponte einen vierplätzigen Wagen oder drei einspännige Schlitten. Pferdewechselstationen: Churwalden, Lenz, Bergün und Ponte. Abgang in Chur zwischen 6 und 7 Uhr morgens, Ankunft in Ponte ca. 6 Uhr abends mit Anschluss nach Scanfs und Ankunft in St. Moritz und Pontresina um 8 Uhr abends. Abgang von Tiefenkastell nach 8 Uhr abends und Ankunft in Samaden um 4 Uhr früh; vom 1. Oktober bis 31. Mai ermässigte Extraposttaxen und Lieferung von einspännigen Extraposten.

Das hochinteressante Albulatal wird gleichsam als Prolog zu dem Naturschauspiel des Oberengadins bezeichnet, die blaue Albula als beständige unterhaltende Begleiterin des Wanderers bis nahe an die Passhöhe. Durch eine trostlose Wüste, ein Chaos von Granittrümmern, erreiche man die Passhöhe und zugleich das Hospiz und Telegraphenbu-

Schlittenpostkolonne unterhalb des Albula-Hospizes 1900.

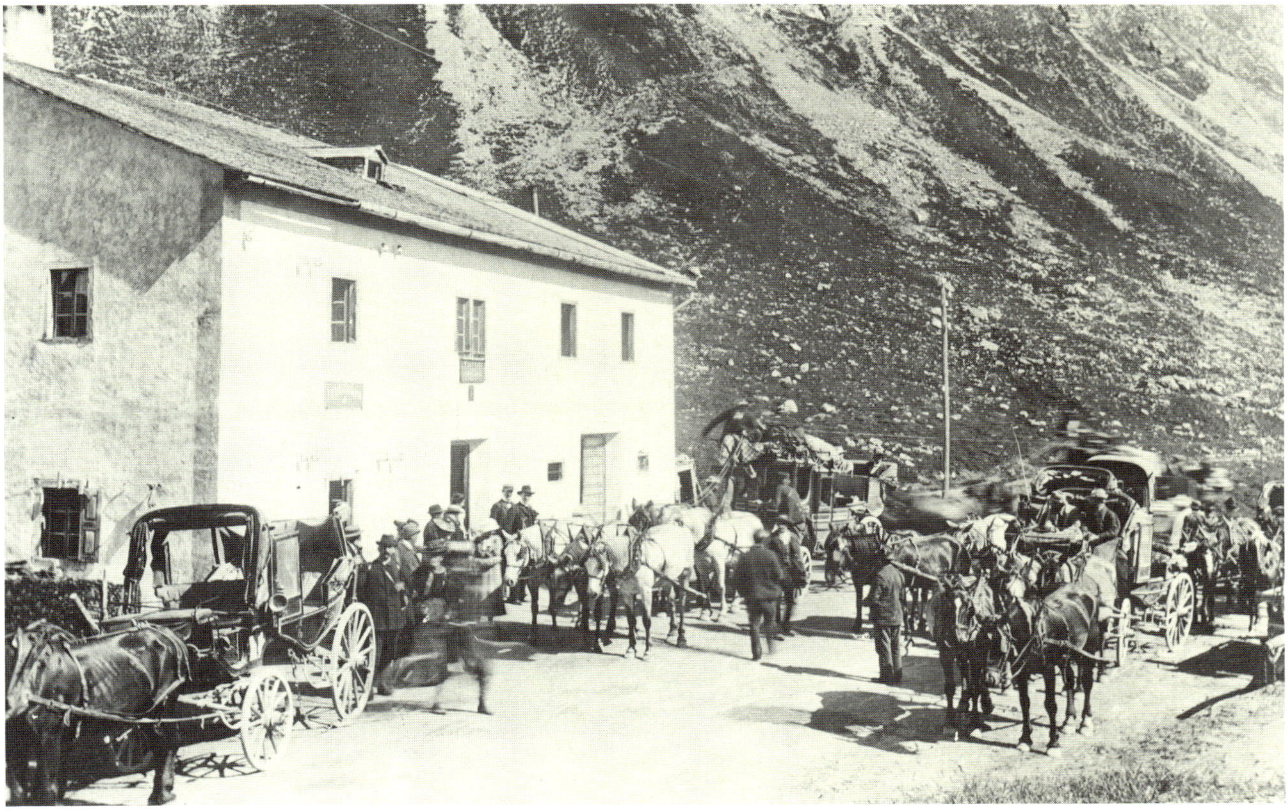

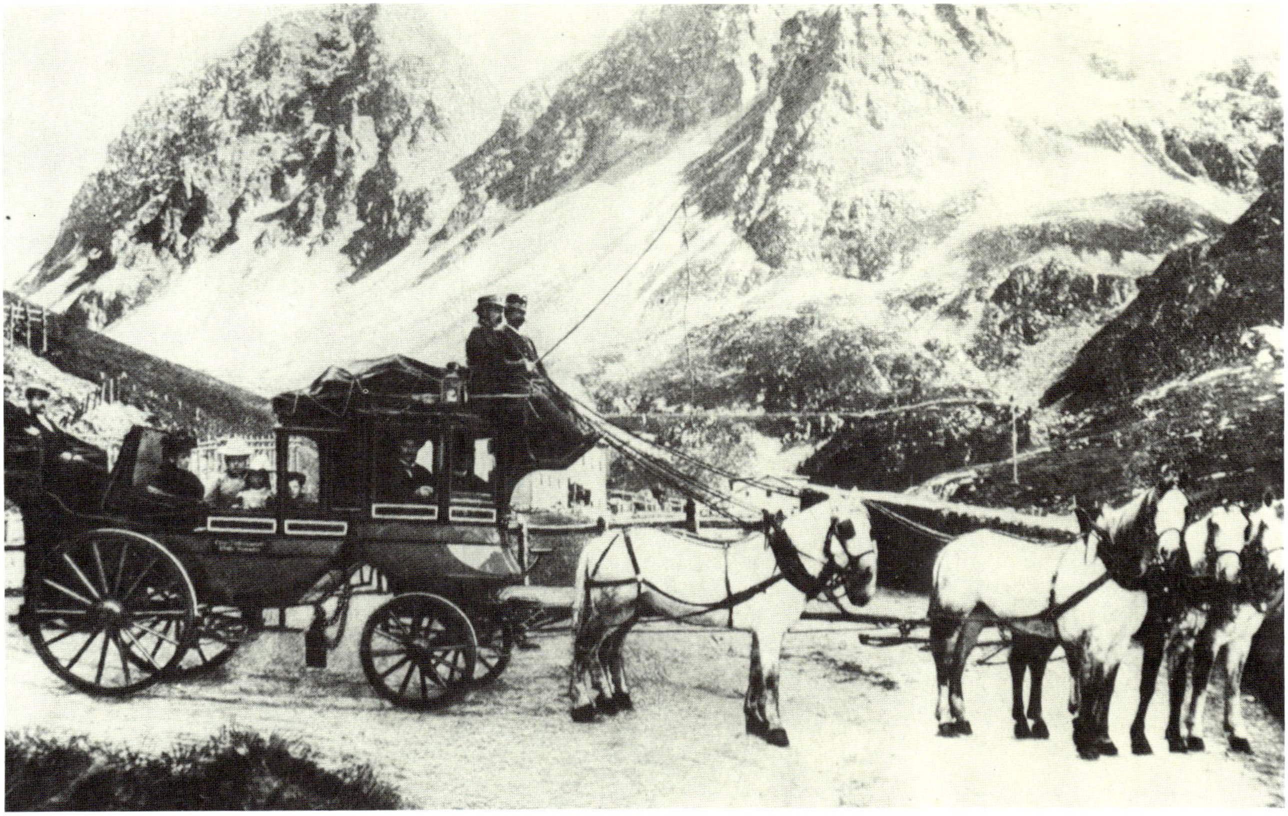

reau. «Man findet hier recht guten Tisch und reinliches Nachtquartier, auch Pension.» (Die Strasse führte damals noch über Brienz.)

4.11 Schanfigg–Arosa-Route

«Schalfiker-Thal, im K. Graubündten, öffnet sich bey Chur, und zieht östlich mehrere Stunden lang nach dem Strela. Einer der wüthendsten Bäche in Bündten, die Plessur, kommt vom Strela und Porendella herab, durchströmt das Thal, nimmt die wilde Araschka, welche von Parpan und Churwalden herabfliesst, auf, und fällt bey Chur in den Rhein. Dieses Thal ist sehr bevölkert. Schalfik liegt auf einer steilen Felswand. Bey

Die letzte Albulapost in Ponte am Südfuss des Passes 1903.

Die Albulapost in Samaden 1902.

Langwiesen zieht das Thälchen Fundai östlich in die Gebirge nach dem Persanna, und westlich in ein bewohntes Nebenthal Arosa zwischen hohe Gebirge hinein.»

So weit Ebel, der noch beifügt, durch das «Schalfiker-Thal» führe der kürzeste Weg von Chur über den Strelapass in 10 Stunden nach Davos.

Die «Neue Alpenpost» schreibt in einem Bericht von 1880, auf dem Strela, «wo zur Zeit, da man auf Besenstielen schneller reiste als heut zu Tage auf Eisenbahnen, die Unholde von Davos und Schanfigg sich versammelten, um den Hexensabbath zu feiern», gebe es «Rasenplätze, die von einer kreisförmigen Linie mit grünerem, üppigerem Grase umgeben sind. Das sollen die Hexentanzplätze gewesen sein.» Auch hier ist noch die Rede von einer projektierten Poststrasse über den Strelapass als kürzeste Fahrstrasse von Chur nach Davos. Wenn man von Langwies aus dem Aroserwasser folge, biege der rauhe Pfad rechts ab zu einer Terrasse, wo vor dem entzückten Blicke des Beschauers auf wunderschönen Wiesen in romantischer Umgebung die idyllische Häusergruppe von Maran auftauche, wo einen die freundliche Wirtin Eva Ardüser mit kühlen Getränken und nahrhaften Speisen erquicke. «Wie heimelig ist es in diesem alten Berghause. Möge es nie von der Kultur 'angefressen' werden!»

Chur (590 m) gegen Calanda (2808 m)

Schlittenpost Chur-Arosa

Postkutsche um 1900 in Tschiertschen, auf der linken Seite des Schanfigger Tales. Pläne für eine Bahnlinie nach Arosa über Tschiertschen zerschlugen sich, weil die Dörfer auf der rechten Talseite nicht bedient worden wären.

Die Schanfigger Post oberhalb Chur. Blick auf den Felsberger und den Haldensteiner Calanda 1910.

Postkutsche Chur–Arosa 1895 mit Postillon Samuel Lorenz-Schmid.

Schlittenpost Chur–Arosa 1900.

Durch Wald, Weiden und Bergwiesen führe der Weg in südwestlicher Richtung in das liebliche Alpendörflein Arosa auf 1892 m ü.M. hinauf (das heutige Innerarosa. Der Verfasser), dessen Naturschönheiten und gesunde Luft seit einigen Jahren auch Fremde herbeilocken. Bis 1859 habe Arosa zum Hochgericht Davos gehört, weshalb die Männer und Jünglinge (stimmberechtigt ab 14 Jahren!) zur Ausübung ihrer politischen Rechte einen fünfstündigen Marsch zurückzulegen hatten. Die Trennung Arosas von Davos sei noch jetzt nicht ganz vollzogen: der Armenfonds sei noch nicht geteilt. Kirchlich hätte Arosa von altersher zur sechs bis acht Stunden entfernten Pfarrei Obervatz gehört, und es «mussten die neugeborenen Kindlein und die Leichen nach Obervatz zur Taufe und zur Beerdigung getragen werden».

Das Posthandbuch von 1893 nennt zwei Kurse Chur–Arosa und zurück

Postablage Innerarosa im Hause Leinegga in den Anfangsjahren der Postkutschenzeit.

11.12.1914: Abfahrt der letzten Postkutsche Chur–Arosa in Chur. Arosas Aufschwung als Fremdenort erforderte dringend eine Eisenbahnverbindung. Die Strasse, während der Saison oft von 200 Pferdegespannen gleichzeitig befahren, genügte nicht mehr. Die Fahrt war für die an Eisenbahnkomfort gewöhnten Reisenden lang und beschwerlich, der Warentransport übermässig teuer. Zwischen Chur und Maladers, das von der weitab verkehrenden Bahn nicht bedient wird, verkehrte noch bis im Mai 1935 eine kleine Kutsche, bis sie von einem Postauto abgelöst wurde.

vom 15.6. bis 15.9., die übrige Zeit einen, und das ganze Jahr vierplätzige Wagen oder Schlitten. Pferdewechsel in Langwies. Fahrzeit sechs Stunden von Chur nach Arosa, drei bis vier Stunden von Arosa nach Chur. Die Strasse durchlaufe «eine lange Reihe teils idyllischer, teils schauerlicher Scenerien».

«Arosa ist schon seit vielen Jahren als ein lieblicher Zufluchtsort ruhebedürftiger Menschenkinder zur Sommerszeit bekannt und beliebt. In der That findet sich nicht leicht eine frohmütigere Lage, wo man sich so ungestört im Schosse einer milden Alpennatur ergehen könnte, wie hier. Sein Ruf ist in neuerer Zeit in weitere Kreise gedrungen und hat diesem Bergidyll zahlreiche Besuche verschafft, ohne dass dadurch sein bisheriges Hauptverdienst: der Charakter eines ländlichen und alpinen Ruheplätzchens, geschmälert worden wäre, wie man schon befürchtet hat.

Postfourgon vor der englischen Kirche in Arosa 1910.

Dass durch Errichtung komfortabler Unterkunftsanstalten, durch Verbesserung von Weg und Steg in der Umgebung, durch Anlegung einer Poststrasse das primitive Hirtenleben auf diesen Höhen eine etwas lebhaftere und mehr zeitgemässe Gestaltung angenommen hat, wird niemand bedauern, der hier einige Zeit zubringen will. Man braucht nicht bange zu sein, dass das fashionable Highlife hier sobald seinen blendenden Glanz entfalten werde [...]» Diese aus den neunziger Jahren des neunzehnten Jahrhunderts stammende Prophezeiung mag zum Lächeln reizen. Seien wir aber ehrlich: Hätten wir vor mehreren Jahrzehnten unsere eigenen Vorstellungen der Welt von heute zu Papier gebracht, so sähe ein Vergleich mit der Wirklichkeit vielleicht nicht weniger komisch aus.

Gruss aus Chur um 1900. Ebel führt als romanische Bezeichnungen Coira, Quura und Quera an und fügt bei: «Stammt vom rhätischen Wort encurir, und bedeutet: Ort, wo man Recht sucht. Die Einwohner der Stadt Chur fiengen erst im XV. Jahrhundert an, deutsch zu reden. Die Vorstadt auf der Westseite der Plessur sprach noch viele Jahre nachher romanisch, und man nannte sie deswegen: das welsche Dörfle.»

4.12 Landwasser-Route: Chur–Lenz–Davos

Ein Saum- und Karrenweg als Querverbindung zwischen der Landschaft Davos und dem Landwasser-Albula-Tal erscheint schon in Aufzeichnungen des 13. Jahrhunderts. Dieser «obere Zügenweg» diente während 600 Jahren dem Verkehr zwischen Davos und Wiesen, aber auch als Anschluss von Davos an die Nord-Süd-Verbindung Chur–Septimer–Norditalien. Er diente auch den Bergwerken von Jenisberg, wo zwischen 1500 und 1850 Zink- und Bleierze ausgebeutet wurden. 1840 liess die Berg-

Die Post im Anstieg gegen den Araschgerrank 1900.

RABIUSA-SCHLUCHT

OBERTHOR

Gebr. Künzli, Zürich. Déposé Nr. 937

PASSUGG

Gruss aus Chur

Churer Post

Churwalden   Post   ARTIST. ATELIER H. GUGGENHEIM & CO., EDITEURS, ZÜRICH   No. 10638.   Dép.

Churwalden um 1900.
Kurz vor der Jahrhundertwende arbeitete die Maschinenfabrik Oerlikon ein Projekt für eine 26 km lange Strassenbahn von Chur über die Lenzerheide nach Tiefencastel aus, das Steigungen bis zu 104 Promille und Haarnadelkurven von minimal 15 Metern aufwies.
Die elektrisch betriebenen Kompositionen von drei Wagen hätten sich mit 7–18 km in der Stunde fortbewegt. Diskutiert wurde vor allem darüber, ob die Bahn die Innen- oder die Aussenseite der Strasse benützen sollte. Der Vertreter des Kreises Churwalden trat im Grossen Rat dafür ein, die Strassenseite jeweils zu wechseln. Im dauernden Kreuzen der Strasse sah er kein Hindernis, «da durch die Eröffnung der Eisenbahn Chur–Thusis der obern Kommerzialstrasse der grösste Teil ihres bisherigen Verkehrs abgenommen werde».

Postkutsche in Churwalden um 1910.

Der Postkurs auf der Lenzerheide 1886. Aquarell von J.M. Steiger.

werksgesellschaft einen eigenen Verbindungsweg vom Schmelzboden zum Zügenweg hinauf erstellen. 1874 wurde der obere Zügenweg stillgelegt: Der Verkehr ging nun über die neue, durch die Schlucht führende Strasse, die indessen wegen Lawinen und Steinschlag immer wieder Sorgen bereitete, bis die gefährdetsten Strecken 1970–1974 in einen 2,8 km langen Tunnel verlegt und die Strasse zum Teil neu angelegt wurde.

Die Fahrstrasse von 1874 brachte die Pferdepost und auch ein bisschen Tourismus in die Orte; in Wiesen entstanden zwei Hotels. Die Eröffnung der Bahnlinie durch den Albula liess die Pferdepost zu einer unbedeutenden Verbindungslinie ab Alvaneu Bad nach Davos absinken. Die Inbetriebnahme der Bahnlinie von Filisur nach Davos 1909 liess die Postkurse noch weiter zusammenschrumpfen: es gab nur noch die Kurse

Post-Ablage Schmitten.

Vor der Post Alvaneu Bad 1900.

Wiesen Dorf–Wiesen Station und Schmitten–Alvaneu Bad. «Die bedeutenden Kosten für durchgehende Postwagenverbindungen würden sich entschieden nicht rechtfertigen lassen», liess die Kreispostdirektion verlauten. Am 1.6.1930 befuhr erstmals ein Postauto die Strecke Alvaneu–Schmitten–Wiesen–Wiesen Station. Später wurde die Linienführung verschiedentlich geändert. Heute fahren die Kurse ab Lenzerheide über Brienz–Schmitten nach Wiesen. Seit einigen Jahren spricht man von einer Weiterführung der Kurse bis Davos als direkte Verbindung zwischen den beiden Ferienorten Lenzerheide und Davos.

Das Posthandbuch nennt für 1893 vom 15.6. bis 15.9. einen Kurs von Chur über Lenz nach Davos–Dörfli und zurück und einen weiteren mit Anschluss von Thusis–Schyn her, Tiefenkastell–Alvaneu Bad–Davos–Dörfli und zurück, mit sechsplätzigen Wagen, während der übrigen Zeit vierplätzige Wagen oder Schlitten zwischen Tiefenkastell und Davos–Dörfli. Station und Pferdewechsel in Churwalden, Lenz bzw. Alvaneu Bad und Wiesen. Die Reise von Chur her dauerte von 12 Uhr mittags bis halb neun am Abend, jene von Thusis her von 10 Uhr bis 4 Uhr nachmittags. «Mehr wie ein getretener Wurm, als wie eine Schlange, schleicht, krümmt und bohrt sich die Strasse um Felsvorsprünge, durch tiefe Terrainfalten, stets in schattigem Hochwald, über den Brücken- und den Sägetobelbach, mit rasch aufeinanderfolgenden Überraschungen, an die 170 Meter hinab zum berühmten Bärentritt, wo jeder Vorübergehende Halt macht.» Die Strasse sei übrigens ursprünglich von Filisur her geplant gewesen.

Die letzte Pferdepost auf der Lenzerheide.

Bei der Post Schmitten GR 1910.

Zügenstrasse beim Bärentritt.

Beim Bärentritt an der Zügenstrasse um 1900.

Die auf der linken Talseite gelegene Davoser Fraktion Monstein erhielt im Sommer 1900 die erste Fahrpost und mit der Eröffnung der RhB-Linie am 1. Juli 1909 sogar einen eigenen Bahnhof.

4.13 Flüela-Route: Davos–Schuls

Umstrittene Winterverbindung über den Flüela: nichts Neues!

Wenn man in den letzten Jahren die Bemühungen um eine Offenhaltung des Flüelapasses im Winter verfolgte, ist man versucht zu sagen: nichts Neues unter der Bündner Sonne!

Das Flüela-Hospiz, links der Schottensee, rechts der Schwarzsee. Blick Richtung Davos.

Postschlitten am Flüelapass um 1900.

Die Flüelapost bei Süs um 1900.

Im Februar 1904 teilte die Kreispostdirektion Chur der hochlöblichen Regierung des eidg. Standes Graubünden mit: «Infolge Eröffnung des Eisenbahnbetriebes Thusis–Engadin haben die Instradierungsverhältnisse beim Postverkehr Veränderungen erlitten, welche auch von Einfluss auf den Winterpostbetrieb über den Flüelapass waren. Die Postverwaltung hat sich nämlich veranlasst gesehen, den Postsendungen nach dem Unterengadin und dem Münstertal im Winter eine weit schnellere und sicherere Beförderung via Albulabahn–Bevers zu geben, als dies via Flüela bisher geschehen konnte. Diese Instradierungsmassregel ist einem naturgemässen Wunsche der in Frage kommenden Bevölkerung entsprungen und hat nicht verfehlt dieselbe zu befriedigen.» Nun habe der Davoser Gemeindevorstand das dringende Ersuchen an die Oberpostdirektion gestellt, die früheren Leitungsvorschriften für den Paket-

Flüelapass: In der Nähe der Passhöhe um 1900.

Flüela-Post (Davos - St. Moritz) im Winter.

Süs mit Flüela-Post.

209

verkehr der erwähnten Landesteile wieder anzuordnen. Die Umleitung des Paketverkehrs über Bevers müsse einer Einstellung des Winter-Postkursbetriebes über den Flüela rufen, denn es sei eine Sache der Unmöglichkeit, die Flüela-Route offenzuhalten, wenn der Postzug nur aus Kondukteur, Postillon und zwei Pferden bestehe. Die von der Kreispostdirektion in empfehlendem Sinne an die Oberbehörde weitergeleitete Eingabe sei jedoch abgelehnt worden.

Aus der längeren Begründung zitieren wir folgendes: «Es kann sich doch wohl im Ernste nicht darum handeln, die langsamere, unsicherere und gefährlichere Leitung der Fahrpoststücke für das Unterengadin und Münstertal via Flüela wieder aufzunehmen, nur damit einige Pferde und Schlitten mehr über diesen Pass zu kursieren haben. Die getroffene Massregel der Leitung der Fahrpoststücke via Bevers hat die Interes-

Schlittenpost am Flüela um die Jahrhundertwende. Hans Michel aus Monstein erzählt in der Davoser Revue, wie einst die Postgespanne in der Lawinengalerie unterhalb Chantsura von beidseitig der Galerie niedergehenden Lawinen eingeschlossen wurden. Man habe die Pferde ausgespannt und im Tunnel hin und her gejagt, um sich selber und die Tiere zu erwärmen, bis dann nach einer unendlich langen Nacht Hilfe kam.

Post am Flüela-Pass
9109 EDITION PHOTOGLOB CO., ZÜRICH

senten allgemein befriedigt; ein Zurückkommen auf dieselbe würde ohne Zweifel in der beteiligten Landesgegend grossen Unwillen hervorrufen und die Eingabe von Protesten an die Oberbehörde zur Folge haben. Wenn der Flüelapass während des Winters wirklich nur künstlich erhalten werden kann, dadurch, dass die Postverwaltung ihm einen Verkehr zuweist, der ihm naturgemäss gar nicht zukommt, so wäre es für alle Teile, und namentlich auch für die Finanzen der Post, nur wünschenswert, dass dieser Pass während des Winters gänzlich eingestellt würde. Die postalischen Vorteile dieser Verbindung stehen nicht mehr im gehörigen Verhältnis zu den grossen Kosten.»

Am 31. August 1904 wandte sich die Kreispostdirektion nochmals an die Regierung, um ihr «die Abschrift der Zuschrift der schweiz. Oberpostdirektion mitzuteilen, welche uns heute in der vorwürfigen Angelegenheit

Schlittenpost am Flüelapass.

zugekommen ist», und mit der Bitte, sich zur Frage der Offenhaltung des Flüela- und des Julierpasses baldig und bestimmt zu äussern.

Vorerst ein Provisorium

Dem Wunsche der Regierung entsprechend wurde dann beschlossen, den Postbetrieb im Winter 1904/05 in dem Sinne aufrechtzuerhalten, als die Frage einer Aufhebung von der Frequenz der Verbindung abhängig gemacht werde. Für die Leitung der Postsendungen dagegen bleibe der schnellste Beförderungsweg vorgeschrieben.
Das Post- und Eisenbahndepartement verfügte dann am 30. Mai 1906, dass nach der Eröffnung des Bahnbetriebes Davos–Filisur der Postkursbetrieb zwischen Davos und Süs über den Flüelapass im Winter vollständig aufgehoben werde. Auf den Sommer 1909 sollte es so weit sein. Nun stellte sich die Frage, «ob nicht auch der Sommer-Kursbetrieb eine Änderung im Sinne der Beschränkung erleiden könne» (Reduktion der Zahl der Kurse und der Kursdauer), denn es sei «nicht ausser Acht zu lassen, dass die Öffnung des Passes für Räderfuhrwerke vielleicht nicht mehr mit Sicherheit auf den 1. Juni erfolgen wird wenn die Postfahrten im Winter aufhören und damit wohl auch die Offenhaltung des Passes im Winter überhaupt unterbleibt». Sondierungen der Kreispostdirektion ergaben, dass die Meinung vorherrschte, die Eröffnung der Bahn Davos–Filisur vermöge den bedeutenden Postverkehr via Flüela kaum in nennenswer-

ter Weise zu verändern, weil die Route Landquart–Davos–Schuls und -Vulpera gegenüber der Linie Davos–Filisur–Bevers–Schuls die billigere und kürzere Route nach dem Unterengadin sein und bleiben werde. Die Kreispostdirektion kam zum Schluss, «dass es dermalen nicht möglich ist, die Frage des künftigen Sommer-Postbetriebes über Flüela zu begutachten, weil vorerst die Wirkungen der Bahneröffnung Davos – Filisur gekannt sein müssen, welche jenen Verkehr event. zu beeinflussen vermögen. Und der Zeitpunkt einer solchen Prüfung kann erst nach Verfluss der diesjährigen Sommerfahrtordnung gekommen sein, wenn die Frequenz über den Gesamtreisenden- und Gepäckverkehr via Flüela statistisch erhoben werden kann.» Voraussichtlich könnte es sich bloss darum handeln, statt der 8plätzigen Coupélandauwagen 6plätzige Coupéwagen einzusetzen und die Kurse nur bis Mitte

Die Flüelapost vor dem Curhaus Davos um 1900.

Davos. — *Dorfstrasse.*

September zu führen. «An eine Aufhebung der Sommernachtpostkurse via Flüela, der einen ausserordentlich grossen Gepäck- und Briefverkehr vermittelt, kann nach übereinstimmendem Urteil schlechterdings nicht gedacht werden. Der Fortbestand dieser ausgezeichneten Transportverbindung fürs Unterengadin, insbesondere für die Kurorte Tarasp Kurhaus, Vulpera und Schuls bis zur Vollendung der Bahn Bevers–Schuls, ist von so eminenter Bedeutung, dass sich die in Frage kommende Landesgegend die Vorteile dieser Kurseinrichtung nicht so leicht nehmen lassen würde.»

«In Zusammenfassung des Vorstehenden» erlaubte sich die Kreispostdirektion, der Oberbehörde «den Antrag zu stellen, es sei die Unterzeichnete ermächtigt, Ihrer Behörde Bericht und Antrag in vorliegender Angelegenheit erst nach Verfluss der diesjährigen Sommerfahrtordnung zu hinterbringen».

Schluss des Winterbetriebs

Nachdem die Bahnverbindung Davos–Filisur am 1. Juli 1909 ihren Betrieb aufgenommen hatte, warf die Kreispostdirektion das Problem auf, was eigentlich unter Winterbetrieb zu verstehen sei. Bisher habe man als Winterpostbetrieb jene Betriebsperiode bezeichnet, während welcher Schlitten zum Einsatz kamen. Das könne ab anfangs, Mitte oder auch erst Ende November sein. Die Kreispostdirektion stellte sich auf den Standpunkt, diese «Definition» sollte auch bei den Flüela-Kursen Anwendung finden in dem Sinne, dass auch nach Schluss der eigentlichen «Sommerfahrtordnung» der Kursverkehr aufrechterhalten werden sollte, solange die Verwendung von Wagen möglich sei.

Die Frage war eigentlich von vornherein beantwortet, denn in der bereits erwähnten departementalen Verfügung hiess es ausdrücklich, der Postkursbetrieb sei «im Winter, d.h. in der Zeit vom 1. Oktober bis 31. Mai» vollständig aufzuheben.

Die «nach Verfluss der Sommerfahrtordnung» in Aussicht gestellten Unterlagen über den Sommerbetrieb 1909 ergaben 4450 Reisende und 538 008 kg Gepäck. Die Bahneröffnung Davos–Filisur hatte tatsächlich den Postverkehr über den Flüela nicht zu schmälern vermocht. Dabei ist allerdings zu bedenken, dass zwischen Bevers und Schuls noch keine Bahnverbindung bestand. Die Poststellen Davos Platz, Davos Dorf, Süs und Schuls warnten vor einer Einschränkung des Sommer-Postbetriebs. Besonders der Flüela-Nachtkurs sei nicht nur für den Korrespondenz-

Die Post Davos Dorf 1920.

Die Dorfstrasse in Davos um 1900.

verkehr nach und vom Unterengadin ein Bedürfnis, sondern ganz besonders für den massenhaften Gepäck- und Comestiblestransport, so dass «die Aufhebung oder auch nur eine Beschränkung dieses Nachtkurses die Frequenz der Kurorte des Unterengadins ernstlich schädigend treffen würde, weil im Betrieb der grossen Kuretablissements infolge des viel späteren Erhaltes aller Sendungen für die Küche und table d'hôte erhebliche Störungen und empfindliche Verluste entstehen müssten».
Die zwei Tageskurse wurden daraufhin für 1910 vom 15.6. bis 30.9. und der Nachtkurs vom 15.6. bis 15.9. bewilligt mit dem Vorbehalt, «für die folgenden Jahre eine Änderung der Kurseinrichtungen eintreten zu lassen».

Die Einweihung der Flüelastrasse

vom 26./27. August 1867 ist Kreispostdirektor Stäger bestens in Erinnerung geblieben als ein wahres Volksfest, an dem die Bundesräte Dubs und Schenk teilnahmen. Postwagen und Häuser an der Poststrasse im Prättigau und in Davos waren festlich geschmückt. Am Posthaus in Schiers prangte die Inschrift:

> Dieses Hauses Schutzpatrone
> findest schwerlich im Kalender,
> tragen nicht die Strahlenkrone,
> denn die beiden Würdenträger
> sind die Herren Dubs und Stäger.

In Davos wurde aus dem Vorrat des berühmten hundertjährigen Spendweins kredenzt.
Das Posthandbuch verzeichnet vom 15.6. bis 15.9.1893 täglich zwei Kurse in jeder Richtung, sodann im Juli und August einen Nachtbriefkurier ohne Personenbeförderung; vom 16.9. bis 14.6. einen Kurs in jeder Richtung. Zum Einsatz kamen im Sommer Sechs- bis Achtplätzer als Hauptwagen, die übrige Zeit Sechsplätzer oder drei einspännige Schlitten. Beiwagenlieferung unbeschränkt. Pferdewechsel in Süs. Fahrtdauer Davos–Süs vier bis fünf und Davos–Schuls sieben bis acht Stunden im Sommer; im Winter eine Stunde mehr. Die Fahrpreise von Davos Platz nach Schuls betrugen vom 15.6. bis 15.9. Fr. 15.45 im Coupé oder Bankette, 12.85 im Interieur oder Beiwagen, die übrige Zeit 10.35 bzw. 7.75. Extraposten: Zweispänner Fr. 70.70, Dreispänner 98.75, Vierspän-

Flüelapost 1890/1900 mit Postillon Christian Trepp und Kondukteur Pool.

ner 126.80. Zum Vergleich: Ein Arbeiter verdiente um die Jahrhundertwende etwa vier Franken im Tag.

Das Posthandbuch vermerkt noch, wer Davos in der Mitte der sechziger Jahre zuletzt gesehen habe, werde «Wunder schauen»: Eine glatte Chaussée mit breiten Trottoirs anstelle des gewundenen Bergsträsschens, Paläste an Paläste, Hotels und Kurhäuser, elektrische und Gasbeleuchtung usw. sowie 1800 Winter- und 1000 Sommer-Kurgäste. Im gastlichen Flüela-Hospiz am Schottensee können wir «telegraphieren, wohin wir nur wollen».

4.14 Davoser Ortsbetrieb

Das Davos von 1880 wurde in den «Davoser Blättern» mit einem Jungen verglichen, der zu stark gewachsen sei. Deshalb erschalle der Ruf nach einer regelmässigen Verkehrsverbindung zwischen Platz und Dörfli. 1883 sei dann ein «gigantisches Fahrzeug» aufgetaucht, auch fliegender Holländer, Arche Noah, Bazillenkiste, offiziell aber Omnibus geheissen, «ein fensterreicher Kasten, einem Tramway ähnlich, auf Schlittenkufen ruhend, von vier Gäulen gezogen, vorn der Kutscher, hinten der Kondukteur mit roter Mütze. Im Inneren zwei lange Sitzreihen, auf vierzehn Personen gerechnet, der Gang dazwischen breit genug, um ausser dem Clorifère-Ofen für sechs Feldstühle Raum zu bieten, vorn und hinten auf

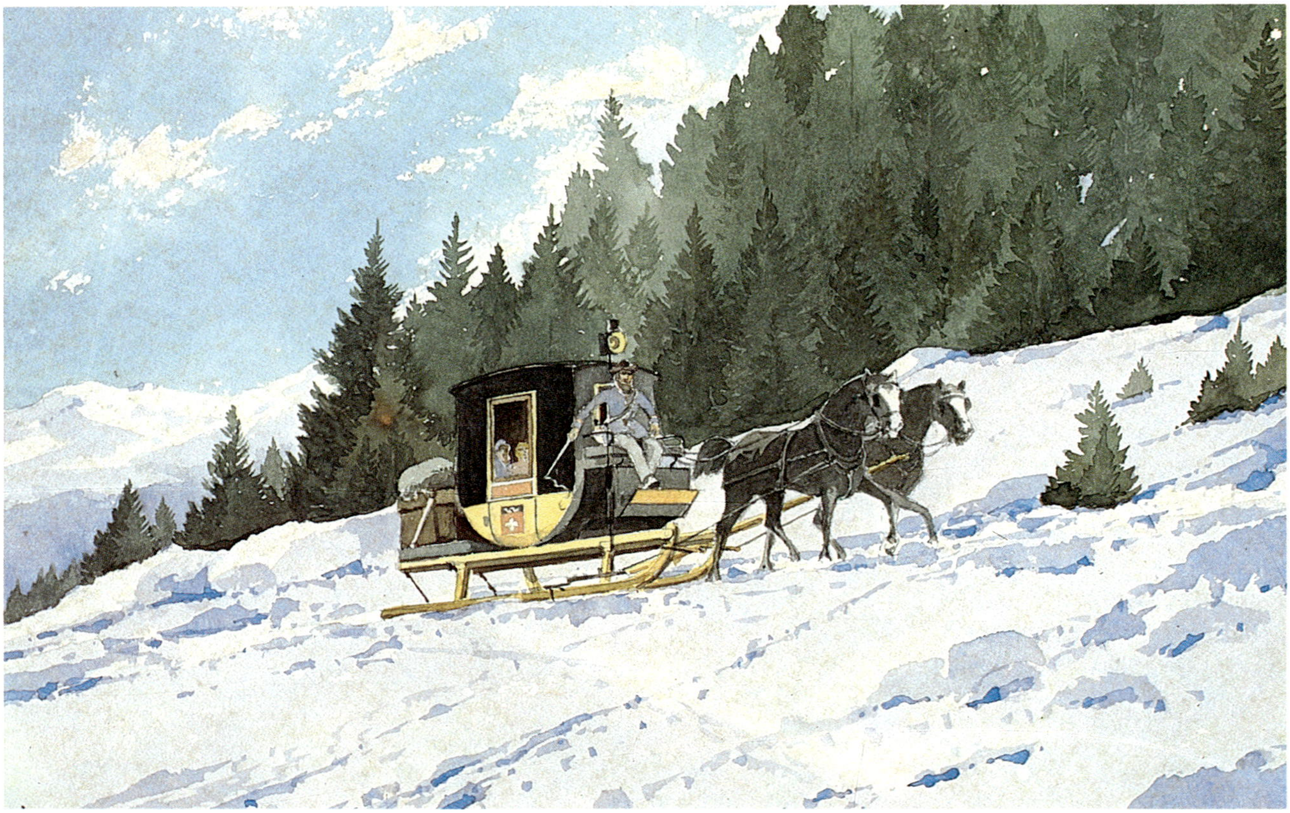

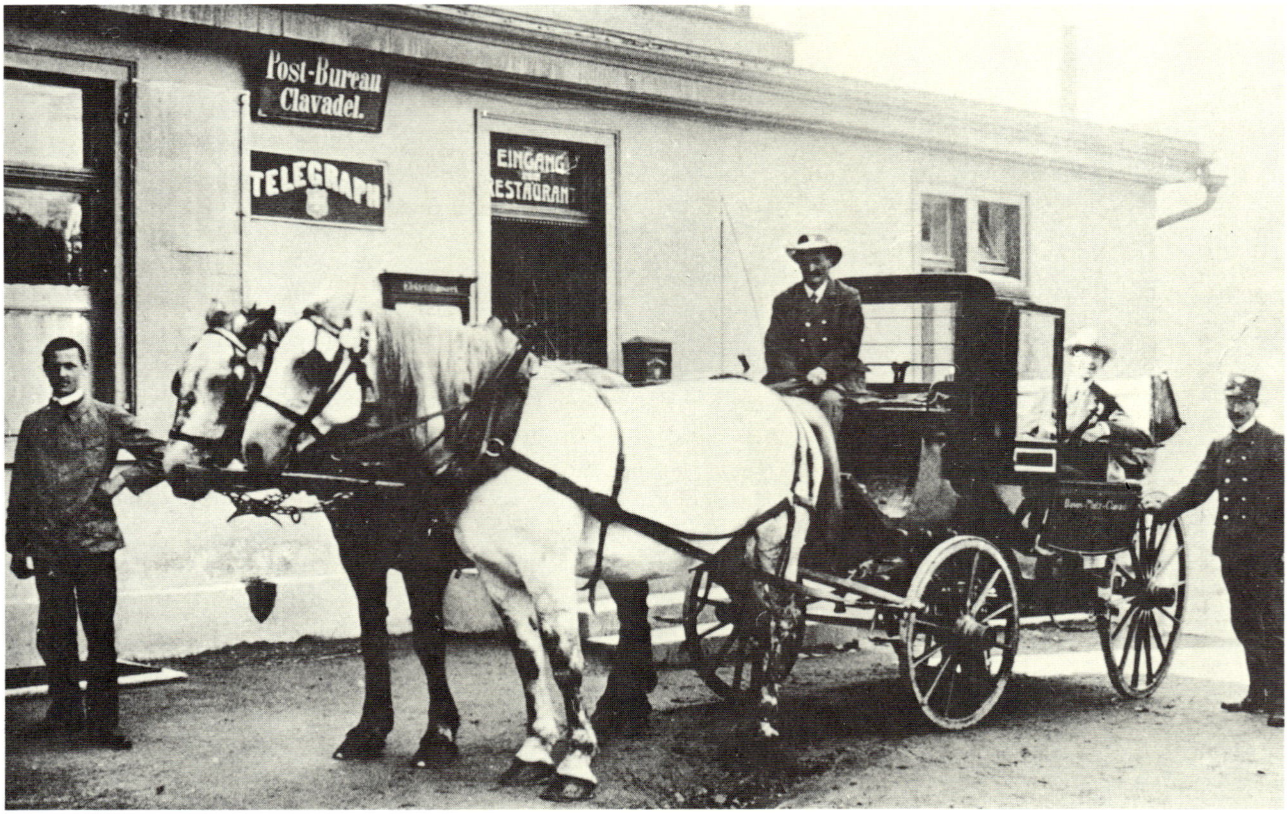
Post-Bureau
Clavadel.
TELEGRAPH
EINGANG
RESTAURANT

den Plattformen Platz genug für ein halbes Dutzend weiterer Personen.»
1887 wurde dann die Tramway-Gesellschaft gegründet. Während mehr als fünfzig Jahren hat sich diese Einrichtung mehr oder weniger gut bewährt, wenn auch einmal in den Davoser Blättern geschrieben wurde, man wisse nicht, ob die Kirchenuhr am St. Johann so schlecht gehe wie der Omnibus oder der Omnibus so schlecht wie die Kirchenuhr. Am 1.7.1928 wurde das Rösslitram von roten Autobussen abgelöst. «Der Kutscher geht, und der Chauffeur kommt.»

4.15 Maloja–Engadin-Route: Chiavenna–Landeck

Das Posthandbuch teilt diese lange Route in die drei Teilstücke Chiavenna–Samaden, Samaden–Schuls und Schuls–Nauders–Landeck auf.

Chiavenna–Samaden

Das Posthandbuch gibt eine anschauliche Schilderung der Fahrt durch das Bergell hinauf, wo im Hintergrunde eine hohe Felsenstufe jedes weitere Vordringen zu verwehren scheine, «aber in vielen Kehren wird die steile Wand leicht erklommen, und hier, auf der Meereshöhe von Rigi Kulm, steht eine neue Überraschung bevor: Die Berge treten weit auseinander, ein ebener Thalgrund, das Oberengadin, dehnt sich wenige Meter unter dem Niveau des Übergangs stundenweit aus.» An den Ufern der nun folgenden Seen von nicht unbedeutendem Umfang «stehen stattliche Dörfer, sumtuöse Paläste, reizende Villen». Nicht gar selten komme aus den einsamen Veltliner und Unterengadiner Schluchten der Besuch des Bären ins Oberengadin und besonders ins Bergell, «und mancher leckermäulige Petz hat hier unter den Kugeln der kühnen Jäger seine nichtsnutzige Laufbahn geendet».
Der «in edlem Renaissance-Stil» gehaltene palastähnliche Kursaal Maloja und sein «in grossartigstem Masstabe eingerichtetes Heiz- und Ventilationssystem, das ein vollständiges Atmungsorgan darstellt», wird der Erwähnung würdig befunden. Das Bad von St. Moritz sei im Winter noch geschlossen, dafür sei im weitläufigen, vortrefflichen Hotel Kulm oben im Dorf eine Kolonie von 100 bis 150 Gästen, die hier die Winterkur nach der Art von Davos machen. «An Schlangen besitzt Ober-Engadin nur

Schlittenpost Davos–Clavadel 1925/30.

Vierplätzige Postkalesche vor der Post Clavadel 1910.

219

Vierspännerpost im Bergell.

Die letzte vierspännige Pferdepost im Mai 1927 bei Casaccia.

3192 Strada postale presso Castelmuro, Val Bregaglia
EDITION PHOTOGLOB CO. ZÜRICH

Vierspännige Vierplätzer-Berline, einspänniger Gepäckwagen sowie zweispännige Vierplätzer-Kalesche oberhalb Promontogno im Bergell um 1910.

5378 EDITION PHOTOGLOB CO., ZÜRICH   Route Castasegno-Maloya

Postkurs bei Soglio im Sommer 1940. Vier Sommer lang versahen das Postauto und die Pferdepost gleichzeitig den Dienst nach Soglio: Vom 1. Juli 1937 an bis 1940 verkehrte im Sommer ein Postauto von St. Moritz bis Soglio, auf der Strecke Promontogno–Soglio dagegen die Pferdepost. Vom September 1940 bis im Frühling 1946 fiel die Postautoverbindung wieder weg. Am 6. Mai 1946 musste die Pferdepost zwischen Promontogno und Soglio dann dem Postauto weichen.

eine einzige Art, um die man es nicht zu beneiden braucht, die giftige Kreuzotter.» Das Haus des Engadiners wird als kleine Festung bezeichnet.

Ebel fallen im Plursertal unterhalb des Bergells «ungeheure Maronenbäume», ganze «Wälder von essbaren Kastanien», Feigen-, Mandel-, Maulbeer- und Pomeranzen-Bäume sowie trefflicher Wein auf. Im Bergell selber sei der schwarze Bär heimisch. Von Vicosoprano, dem Hauptort des oberen Bergells aus gehen nach ihm zwei grosse Strassen: die eine über den Septimer nach Chur in 16½ Stunden, die andere über

Maloja um 1900 mit dem Turm des nie vollendeten Schlosses Belvedere.

den «Maloyen-Berg durchs Engadin bis Martinsbrücke an der Grenze Tyrols 22½ Stunden; beyde Strassen können mit kleinen Wägen im Sommer gefahren werden.» Was uns heute sehr erstaunt: «Zwischen Moriz und Silvaplana sieht man die ersten Kornfelder im Ober-Engadin.» Die Bäder von St. Moritz kann er nicht rühmen:

«Die Kurgäste sind gezwungen, alle Tage zur Trinkquelle zu reiten oder zu fahren, wo sie nichts als ein offnes Haus finden, in welchem man gegen Regen Schutz suchen kann. Bis jetzt hat man die Gemeinde von Moriz, welcher der Sauerbrunn gehört, noch nicht dahin bringen können, bey der Quelle ein Wirths- und Badehaus zu erbauen; ja sogar, sie schlug das Anerbieten eines italienischen Fürsten aus, welcher, aus Dankbarkeit für seine hier wieder hergestellte Gesundheit, ein grosses Gebäude aufführen lassen wollte.»

Nach dem Posthandbuch verkehrten im Sommer zwei durchgehende Kurse sowie je ein Kurs Vicosoprano–Chiavenna und Maloja–Silvaplana sowie zwei Kurse St. Moritz Bad–Samaden. Pferdewechselstationen in Vicosoprano und Silvaplana.

Schlittenpost um 1900 beim Hotel Maloja-Kulm

Schlittenpost auf der Maloja-Strecke um 1900.

Um 1900 am Silsersee.

Um 1900 im Oberengadin.

224

2977 Silsersee (1800 m)

3194 Maloja-Post

225

Silvaplana

863 ÉDITEUR: COMPTOIR DE PHOTOTYPIE, NEUCHATEL (SUISSE)

Hotel Wildenmann und Post

J. J. 3007 Diligence Suisse.

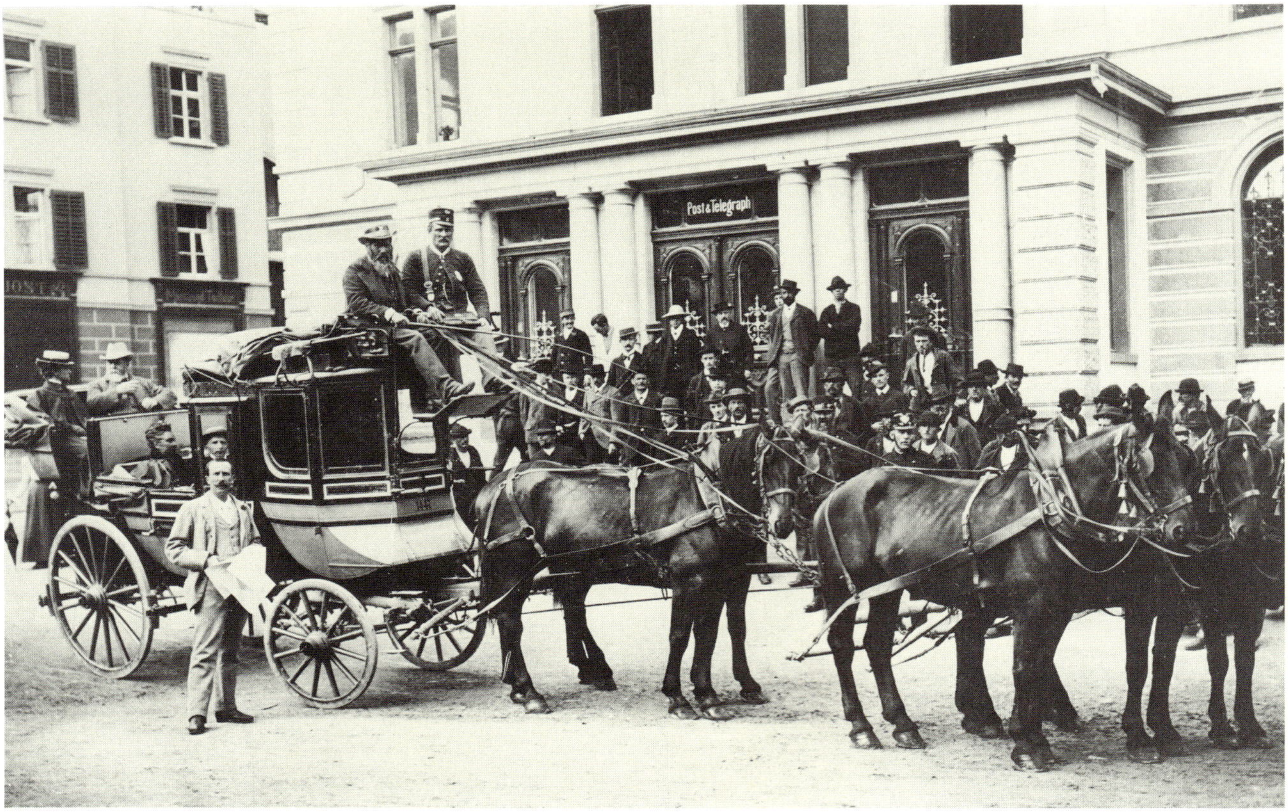
Post & Telegraph

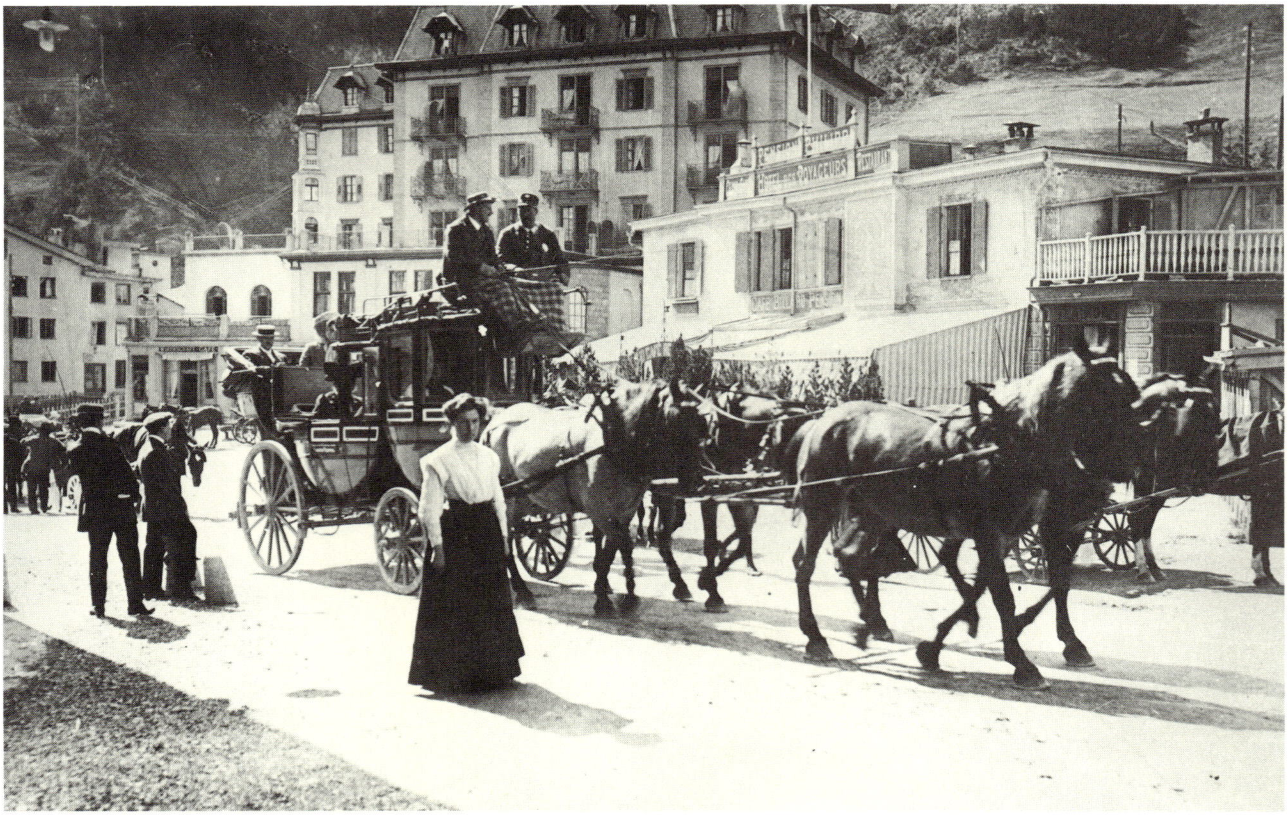

*Coupé-Landauer und Telegrafen-
leitung um 1900 am Silsersee.*

*Um 1900 in Silvaplana, wo sich
Julier- und Malojastrasse gabeln.*

Gruss aus St. Moritz 1893.

*Coupé-Berline, achtplätzig, um
1880 bei St. Moritz.*

Samaden–Schuls

Ein grosser Vorteil des Engadins als Fremdenstation ist gemäss Posthandbuch «der gänzliche Mangel einer Eisenbahn [...] Wer hieher kommen will, der muss über den Berg, er mag wollen oder nicht: da giebt es keine Tunnels, aus welchen die Reisegesellschaft schwarz wie die Kaminfeger hervorkommt, und wer einen Berg besteigen will, der soll seine eigenen Füsse, oder die eines Gaules zu Hülfe nehmen, soweit es geht; das wird ihm ganz wohlbekommen. Es sind zwar schon mehrere Bahnprojekte konzessioniert, aber jedesmal auch wieder – todgeschwiegen worden.»

Vor der Hauptpost St. Moritz.

Ankunft der Malojapost in St. Moritz um 1900.

Die Engadiner Post in Bevers 1900.

Engadinabwärts führe die Strasse nach Capella «durch das sehr verengerte und einsame Thal nach Tschinuoscal [...], das letzte Dorf im

Die Unterengadiner Post 1905 bei Zuoz.

Vierspänniger achtplätziger Coupé-Landauer in Scanfs um 1900.

Ober-Engadin», nach Brail lange man in «Cernetz» an. Als Bewohner der Täler Lavinuoz und Zeznina bei Lavin zählt Ebel Bären, Wölfe, Füchse, «Lüchse», Dachsen und Gemsen auf. Zwei Stunden oberhalb «Schuols» ist ihm ein Herons- oder Hungerbrunnen aufgefallen, «der alle 24 Stunden mit grossem Geräusch hervorsprudelt». Im ganzen Unterengadin gebe es nirgends stärkere und kraftvollere Menschen «als in Schuols, vielleicht wegen des Trinkens der Sauerwasser».

Zwischen Samaden und Schuls verkehrten 1893 im Sommer drei Kurse, die übrige Zeit ein Kurs; der Pferdewechsel erfolgte in Zuoz und in Süs. Dazu kam ein Ganzjahres-Kurs Scanfs–Samaden.

Bei Bevers.

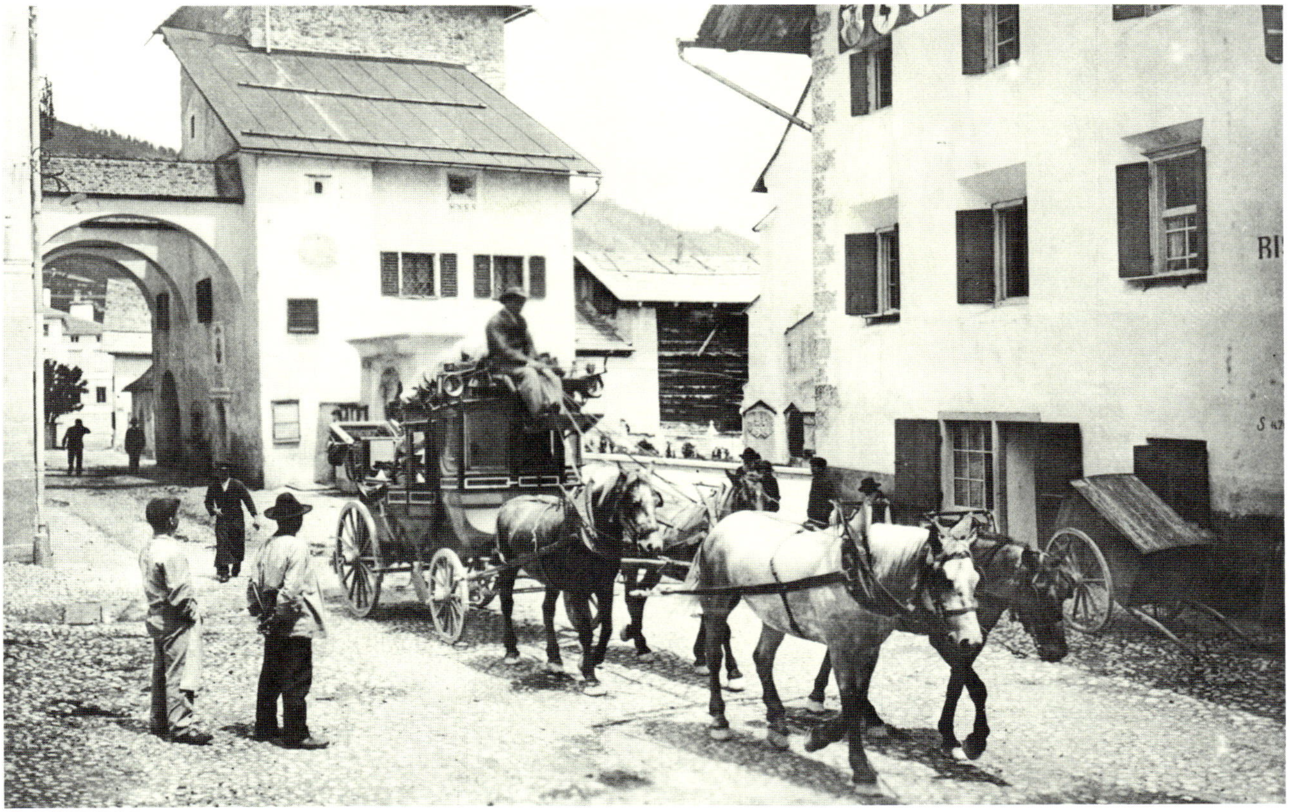

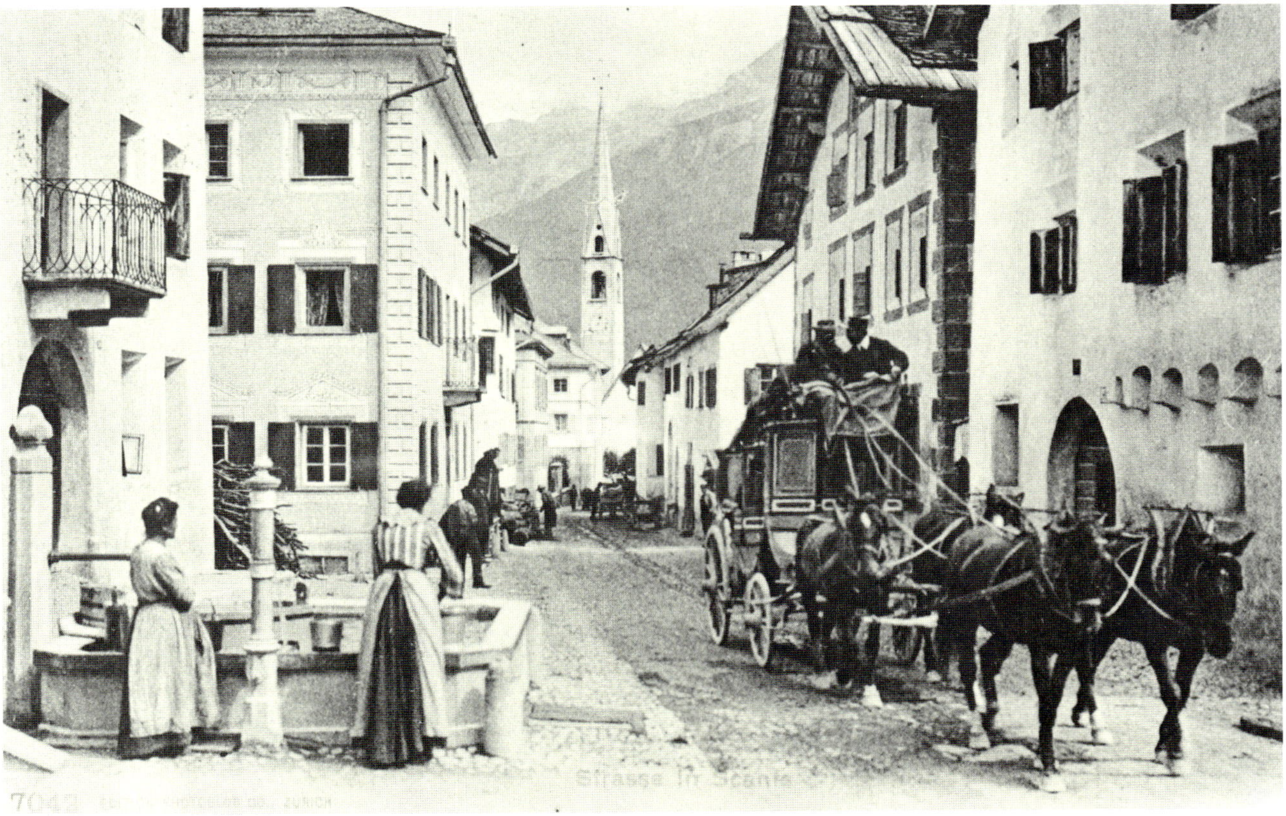

Chapella, am Eingang des zum Scalettapass führenden Susauna-Tales zwischen Scanfs und Cinuos-chel gelegen, ca. 1900.

Postplatz und Hotel Post in Süs um 1900.

Zweispänniger Postwagen bei Guarda um 1900.

Unter-Engadin – Partie bei Guarda

Ardez - (Unter Engadin)

Schuls

Gruss aus dem Bäder-Dreigestirn Schuls-Tarasp-Vulpera um 1900. Diese Ansichtskarte weist als Besonderheit eine Klappe auf, bei deren Öffnen dem Beschauer eine ganze Reihe von Ansichten, einem Handharmonikabalg ähnlich zusammengelegt, entgegenkommt.

Zweispänniger Postwagen beim malerischen Unterengadiner Dorf Ardez.

Schuls um 1900.

Schuls (1244 m) mit Engadinerhof

Schuls um 1920.

*Die letzte Pferdepost Schuls–
Samaden vor der Post Schuls.*

*Rechnung der Postpferdehalterei
Schuls für zwei Einspänner.*

Letzte Post
19 ✚ 13
30. Iuni
Schuls-Samaden

BRÜGGER & CADUFF
POSTPFERDEHALTEREI / LOHNKUTSCHEREI
TELEPHON NO. 17
SCHULS

den 20./VII. 1924

Rechnung für　J. J.

Juli 18	Einspänner m. Gepäck ab Bahnhof	4	–
"	" m. " " Scuol	25	–
		Fr 29	–
	10% Trinkgeld	2	90
		Fr 31	90

Schuls-Fetan um 1935.

Auf der Fahrt nach Tarasp.

Post Martinsbruck: Fuhrwerk von Nauders über Norbertshöhe.

Schuls–Nauders–Landeck

Im Sommer 1893 verkehrten zwei Schweizer Kurse zwischen Schuls und Nauders und zwei österreichische Kurse zwischen Nauders und Landeck, die übrige Zeit je ein Kurs. Pferdewechsel in Nauders, Pfunds und Ried. Über die Gegend von Schuls wird gesagt: «Wie aus einem Sieb rinnen überall in diesem Erdenwinkel die heilkräftigsten Gesundbrunnen [...] Schon in früheren Zeiten wurden die 'Tarasper-Salzwasser' besonders von Tyrolern benutzt, die ihren Magen mit mitgebrachtem Salzfleisch, Käse und Pfannkuchen wechselweise anschoppten und mit Salzwasser wieder auslaugten, um nicht im eigenen Fette zu ersticken.» Die deutschen Ortsnamen Sins und Zuz seien wegen öfter vorgekommener Verwechslungen mit Sins im Aargau und mit Zug fallengelassen worden.

Ebel erwähnt, «Sins allein hat in Engadin den alten Kalender beybehalten, und führte bis 1807 noch kein Kirchenbuch [...] Das Thal Samniaun (Samagnun), welches sich bey Tschera nahe an Finstermünz öffnet», sei fast unbekannt, obgleich ziemlich bewohnt. Die Hälfte gehöre zu Tirol, die andere Hälfte zu Graubünden. Dieses Tal Samnaun nahm noch lange eine Sonderstellung ein.

Bis zum Bau der Verbindungsstrasse von Martinsbruck über Weinberg nach Samnaun im Jahre 1912 führte der Weg dorthin grösstenteils über österreichisches Hoheitsgebiet. Für die Vermittlung des Postgutes zwischen dem Samnaun und Martinsbruck setzte der Postbote von Compatsch einen Zweiradkarren (Redig) ein. Der Weg führte vorerst über einen steinigen Karrweg auf der linken Talseite zur Kajetansbrücke und von dort über die «k.k. Staatsstrasse» via Hochfinstermünz und Nauders nach Martinsbruck. (Den gleichen Weg sollen übrigens auch die Soldaten von Samnaun genommen haben, wenn sie zur Erfüllung ihrer Dienstpflicht einrückten oder nach der Entlassung wieder heimkehrten, und zwar mit Sack und Pack!)

Nach dem Bau der Fahrstrasse wurde zwischen Compatsch und Weinberg eine tägliche Pferdepostverbindung geschaffen (Anschluss-Kurse Pfunds–Landeck und Martinsbruck–Schuls). Im Winter war der Betrieb eingestellt. Für eine Talfahrt benötigte das Pferdepöstli 1½ und für die Bergfahrt 2½ Stunden. Das Platzangebot lag bei ein bis zwei Reisenden.

Abfahrt der Schweizer Post beim Gasthof zur Post in Nauders.

Schneetunnel bei Zernez.

4.16 Ofen-Route: Zernez–Münster

Nach Ebel wird das durch hohe Gebirge vom Engadin und von Bormio getrennte Münstertal «gar nicht besucht und ist wenig bekannt». Das Posthandbuch erwähnt einen Kurs in jeder Richtung während des ganzen Jahres, im Sommer eine sechsplätzige Coupé-Kalesche, während der übrigen Zeit einen vierplätzigen Wagen oder zwei einspännige Schlitten. Beiwagenlieferung für höchstens zwei Reisende ab Zernez, Sta. Maria und Münster, ab Ofenberg nach Zernez für höchstens vier

Winterpost am Ofenpass um 1900. Das Projekt des mächtigen Präsidenten und Hauptaktionärs der Nordostbahn, Guyer-Zeller, für eine Engadin-Orient-Bahn brachte 1895 viel Unruhe. Eine normalspurige Bahn über den Albula- und den Ofenpass sollte über Bozen und das Pustertal die kürzeste Verbindung der Schweiz mit Triest herstellen und «mit der Zeit sogar bis Indien über Bagdad nach Bombay ausgedehnt werden, sodass man in 10 Tagen über Konstantinopel nach Bombay werde fahren können». Diese «Linie im grossen Style» dürfe, so Guyer-Zeller nach einer Begehung der Strecke von Chur nach Bozen, «durch die Schmalspur nicht verdorben werden.» Die letztere hat indessen – soweit es den Albula betrifft – als wirklichkeitsnähere Lösung den Sieg davongetragen; der Ofenpass und das Münstertal blieben bahnlos.

Reisende. Pferdewechsel auf dem Ofenberg. Dauer der Reise sechs bis sieben Stunden. Keine Extraposten.
Die Strasse wird als musterhaft unterhalten bezeichnet. In Münster wird während des Sommers Postanschluss über Taufers nach Mals und über Schluderns nach Schlanders geboten. Als eine höchstinteressante Tour, die an Wildheit und Schauerlichkeit der Abgründe und Felsmassen kaum ihresgleichen habe, wird der vierstündige Abstecher über den Saumpfad durch die Schluchten den Spöl aufwärts nach Livigno empfohlen.

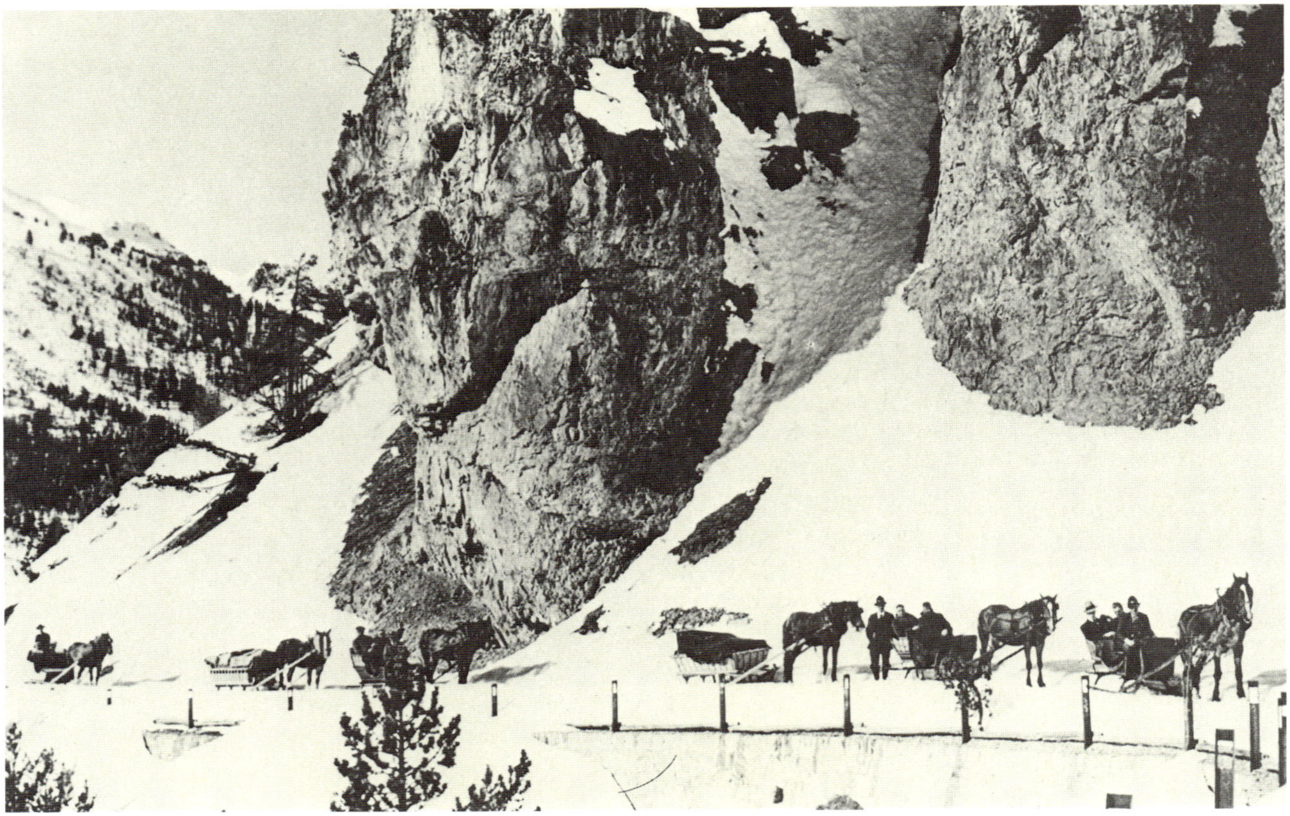

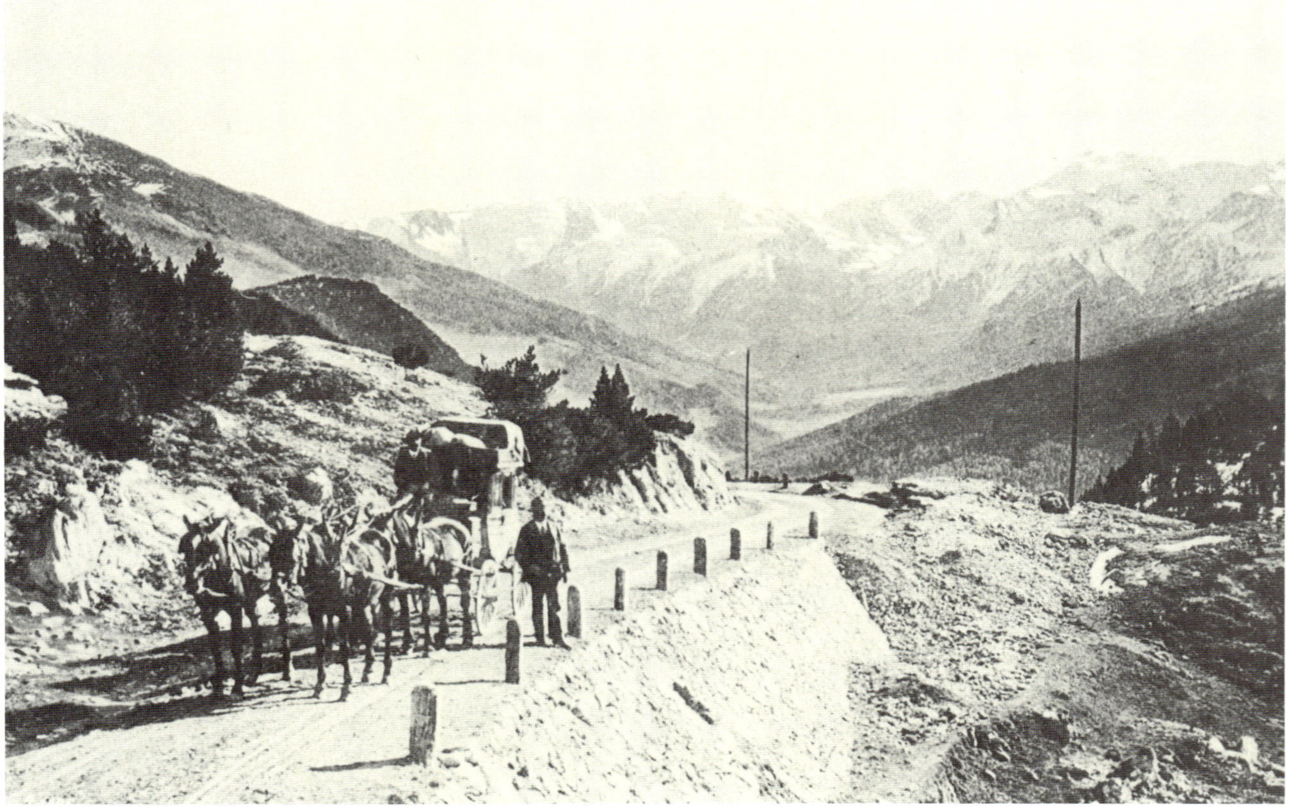

Fuldera 1933.

Winterpost am Ofenpass, ca. 1925.

Ofenberg-Passhöhe um 1900.

Fuldera im Münstertal 1933.

Sta. Maria im Münstertal um 1900.

Zweispänner-Berline in Sta. Maria 1920.

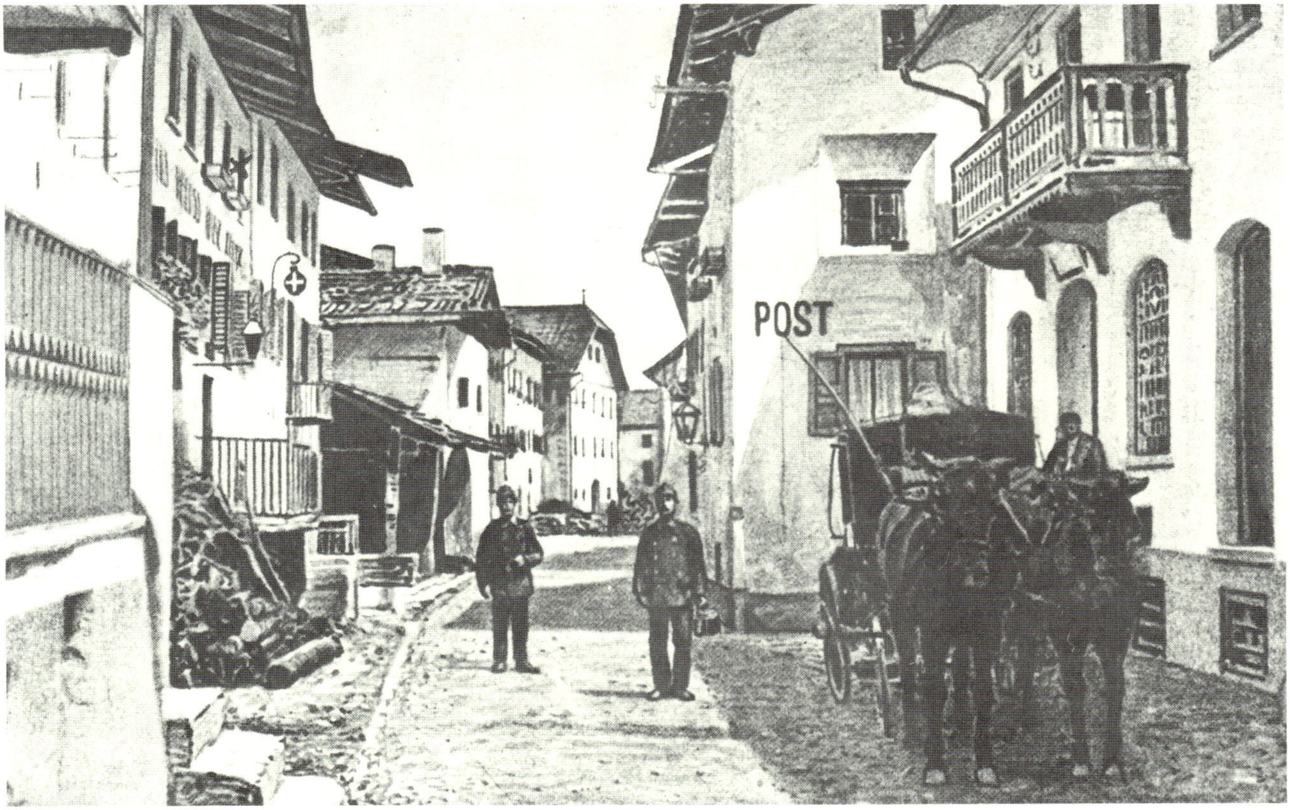
POST

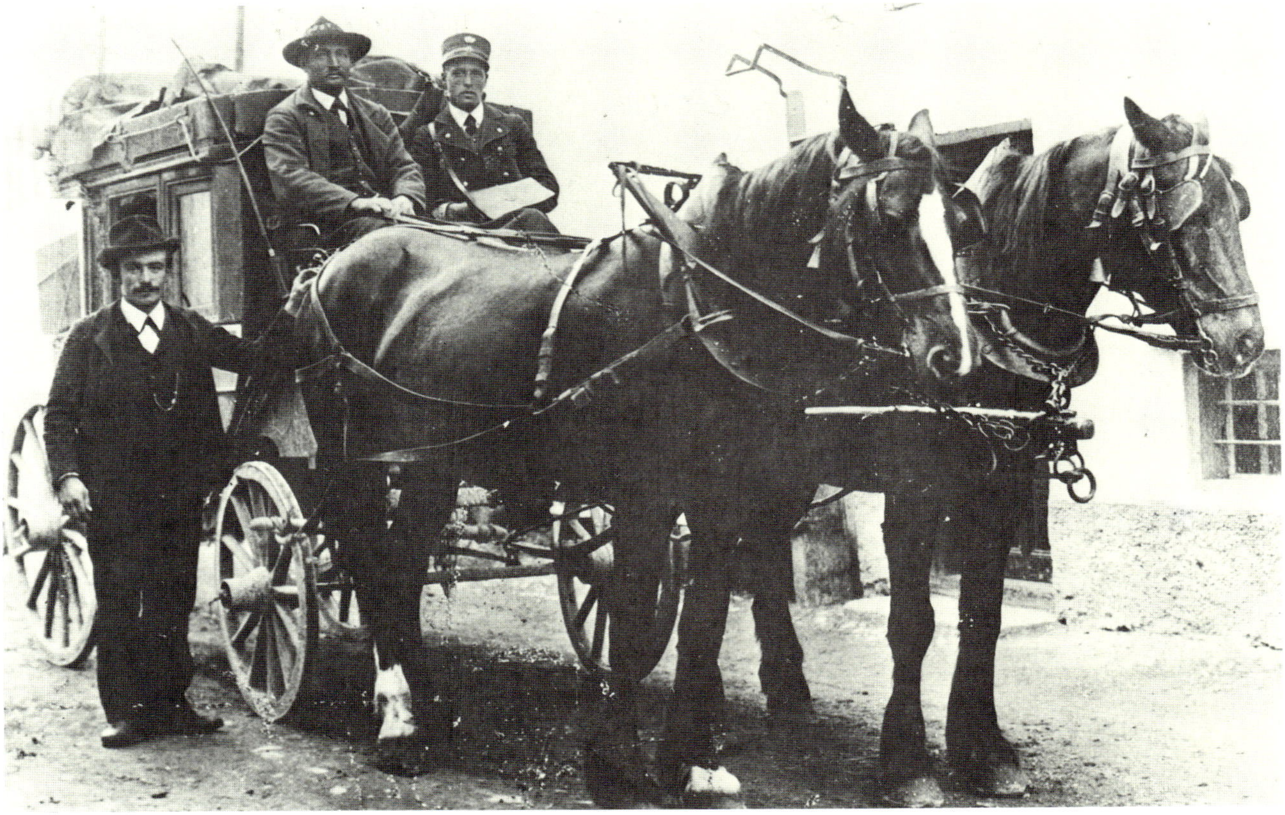

248

6684 Berninastrasse mit Lawinengallerie und Piz Cambreno

Lawinen-Galerie an der Berninastrasse.
Wintersicherheit ist heutzutage ein vielgebrauchtes Wort. Wir staunen immer wieder, mit welcher Selbstverständlichkeit man vor achtzig und mehr Jahren den Alpenwall überquerte, wo das nach unserem Dafürhalten geradezu unverantwortlich ist. Dabei ist zu bedenken, dass unsere Vorfahren in ihrem immerwährenden Kontakt mit der Natur über ein Gespür verfügten, das weitgehend verlorengegangen ist. Ihr Pass (Durchgang) zu Fuss und zu Pferd richtete sich danach, unbekümmert um Steilheit und Gegensteigungen. Die Erbauer der für das Rad gedachten sogenannten Kunststrassen hingegen hatten auf möglichst ausgeglichene Steigungen zu achten.

Die Postkutsche begegnet am Ofenpass ihrem künftigen Konkurrenten: Citroën-Kegresse-Auto auf Probefahrt.

Pontresina um 1900.

4.17 Bernina–Stelvio-Route: Samaden–Tirano–Mals

Die eigenartige Routenbezeichnung mag im ersten Augenblick erstaunen, verläuft doch mehr als die Hälfte dieser Route im Ausland. Des Rätsels Lösung dürfte Kreispostdirektor Stäger in seinen «Postalischen Gedenkblättern» geben:

«Im Frühjahr 1869 erhielten Nationalrath R. v. Planta und ich vom h. Bundesrathe Auftrag und Vollmacht, mit der italienischen Generalpostdirektion einen Vertrag zum Zwecke der Übernahme des Postkurs-Betriebs im Veltlin auf Rechnung der schweizerischen Postverwaltung abzuschliessen.

Dieser Vertrag kam am 31. März zu Stande und die festlich geschmückten schweizerischen Postwagen durchfuhren den 1. Juni 1869 zum ersten Male unter Sympathiebezeugungen der Landesbevölkerung die Strecke Colico–Bormio.»

Die Übernahme dieses Dienstes sei nicht aus pekuniären Gründen erfolgt, sondern weil man hoffte, bessere Verbindungen zwischen dem Veltlin und den angrenzenden Alpenpässen Splügen, Maloja und namentlich dem Bernina schaffen zu können. Die italienische Post subventionierte diese Verbindungen. Die anfangs schlechten Ergebnisse besserten sich. Die hohen Forderungen der Kursunternehmer und die Ablehnung der italienischen Postverwaltung, die Subvention aufzubessern, brachte auf Ende 1876 die Einstellung des schweizerischen Kursbetriebs im Veltlin. Wohl aus alter Anhänglichkeit wurde indessen die Veltliner

Verbindung im Posthandbuch der Schweiz weiterhin aufgeführt.
Für das erste Teilstück Samaden–Poschiavo–Tirano meldete das Posthandbuch vom 15.6. bis 15.9. zwei Kurse, für die übrige Zeit einen Kurs in beiden Richtungen, ferner einen Ganzjahres-Doppelkurs von Pontresina nach Samaden und zurück und die von Chur über den Albula bis Pontresina führenden Kurse. Sechsplätzige Wagen im Sommer werden im Winter durch vierplätzige Hauptwagen oder drei zweiplätzige Schlitten ersetzt. Pferdewechselstationen: La Rösa und Poschiavo.

«In Pontresina gibt sich jeder nach seiner freien Neigung dem ungestörten Naturgenuss hin. Der oft lästige Tross spekulativer Müssiggänger in allen Gestalten findet hier kein Operationsfeld. Arroganter Prunk, zudringliche Reklame und peinliche Dürftigkeit sind gleich unbekannt.»

Schlittenpost.

Schlittenkolonne am Berninapass 1900.

Bernina-Route mit dem Morteratsch-Gletscher.

251

Bernina-Hospiz (2309 m)

5283 EDITION PHOTOGLOB CO., ZÜRICH

Berninastrasse / Lawinengalerie

Berninahäuser am Berninapass im Winter...

...und im Sommer.

Nach der Beschreibung des Ausblicks von der Berninastrasse auf die Bernina-Gruppe und etwas später auf den Piz Cambrena vermerkt das Posthandbuch, die Wahl der Strassenrichtung vom Bernina-Hospiz aus habe seinerzeit die Gemüter «in etwelche Aufregung versetzt. Es war die Frage, ob die Strasse über Cavaglia oder La Rösa geführt werden solle.» Der Verfasser ahnte offenbar noch nicht, dass einige Jahre später die Bahn den Ausgleich schaffen würde, indem sie den von der Strasse verschmähten Weg über Alp Grüm und Cavaglia wählte. Bei der Strasse seien «durch eine geschickte Benützung des schwierigen Terrains [...] Kehren fast vollständig vermieden worden». Auch nach der «beliebten Sommerfrische der Puschlaver» La Rösa bewältige der Strassenbau mit kunstreicher Berechnung «ein äusserst wiederspänstiges Terrain».

Auf dem zweiten Teil dieser Route, Tirano–Bormio–Mals, werden nach dem Handbuch vom 15.6. bis 15.9. von der Messagerie-Unternehmung im Veltlin drei Kurse in jeder Richtung zwischen Tirano und Bormio geführt, während die Baddirektion in Bormio für einen täglichen Privatkurs ab Bormio über das Stilfserjoch, dessen Strasse bereits 1820–1825 auf Befehl Österreichs als strategische Verbindung erbaut wurde, nachdem ihm 1815 am Wiener Kongress die Lombardei zugesprochen worden war, nach Mals verantwortlich zeichnet. Vom 16.9. bis 14.6. beschränkt

Seite 252/253
Beim Bernina-Hospiz.

Postkutsche beim Bernina-Hospiz 1900.

Lawinengalerie an der Berninastrasse 1900.

Schlittenpost über den Berninapass um 1900.

Bernina-Schlittenpost um 1900. Ölbild von Dr. M. Berry, St. Moritz, im Konferenzsaal GD PTT, Bern.

6882 EDITION PHOTOGLOB CO. ZÜRICH Bernina-Häuser mit Berninapost

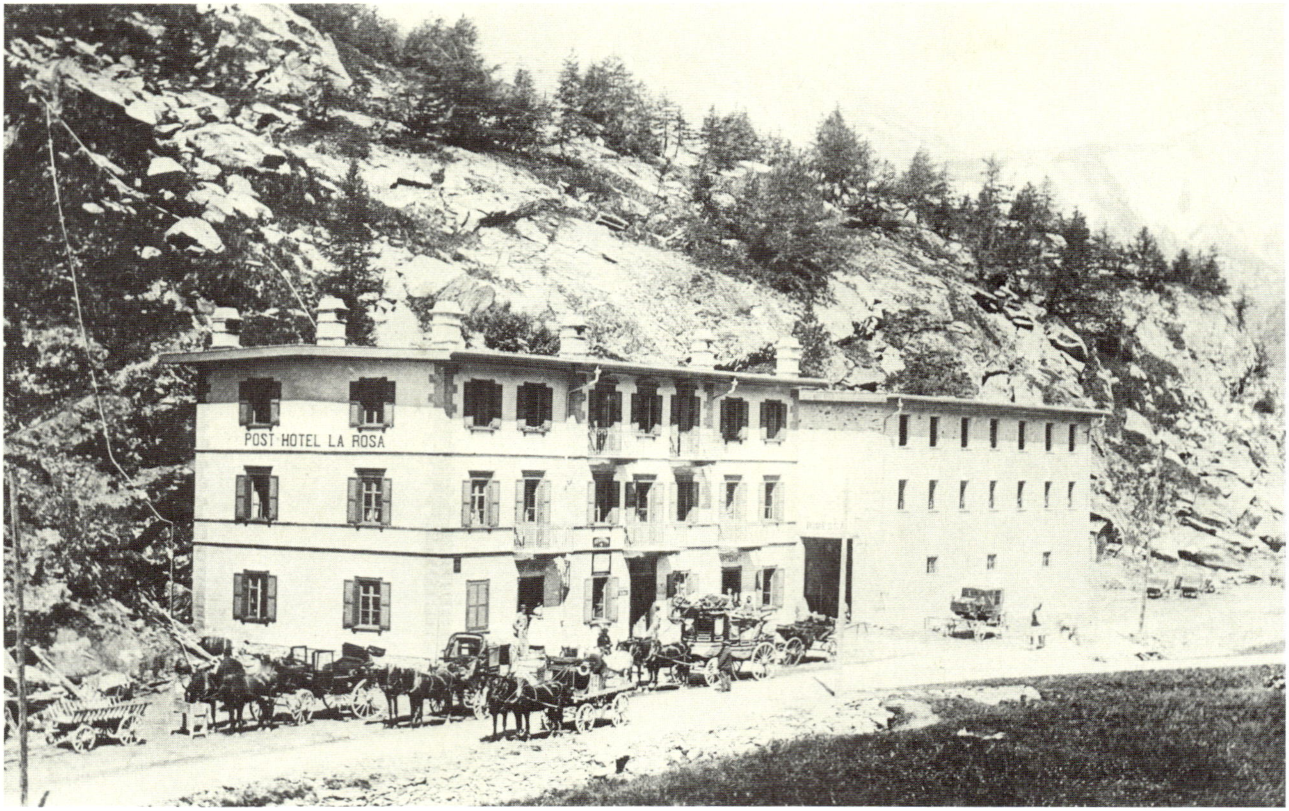
POST·HOTEL LA ROSA

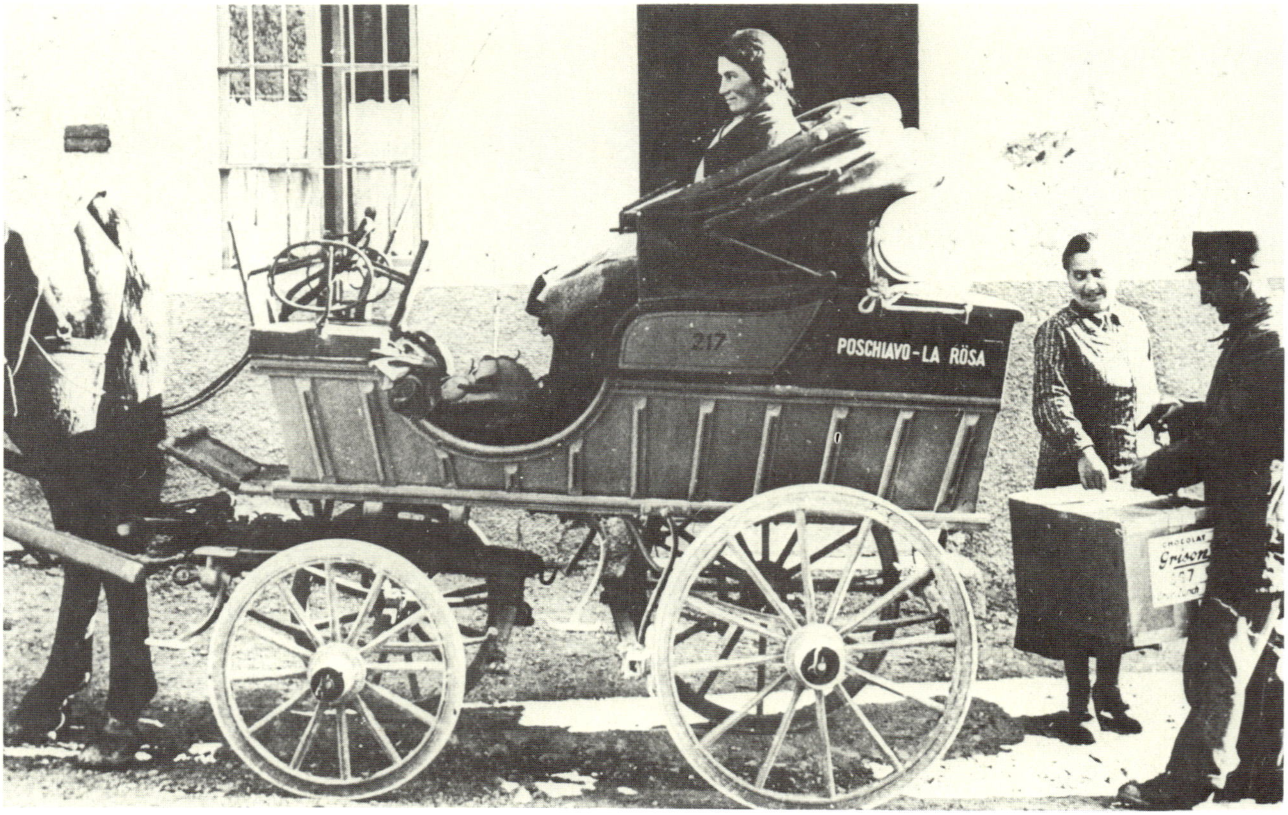
217
POSCHIAVO-LA RÖSA

Post und Post-Hotel La Rösa um 1900.

Bei der Post Sfazù während des Krieges 1939–1945.

sich das Angebot im oberen Veltlin auf einen Kurs täglich. Von Tirano talabwärts stellen Kurse in Sondrio den Anschluss an die Bahnlinie her, die bereits von Colico am Comersee bis hieher gedrungen ist.

Das Schweizer Verbindungsstück zur Stilfserjochstrasse von Sta. Maria im Münstertal auf das Wormserjoch (Umbrail) findet sich im Handbuch aus den neunziger Jahren noch nicht: Es wurde erst im Jahre 1901 als Fahrstrasse in Betrieb genommen. Der Bau der 13,6 km langen Strecke mit 36 Kehren kostete 271 000 Franken. Die am Bau beteiligten Hilfsarbeiter hatten einen Taglohn von drei Franken, Mineure und Maurer verdienten vier Franken.

Blick von der Franzenshöhe im Trafoiertal auf die Stilfserjochstrasse.

Pardisla, Postplatz.

Station mit Pardisla.

Post nach Seewis i. Prätt.

Das von der wilden Landquart durchströmte Haupttal des Prättigaus «öffnet sich bey Malans nicht als ein Thal sondern als eine enge Kluft (Klus genannt), durch welche die Landquart heraustritt, und bis an den nahen Rhein alles Land in einer Breite von 2 Stunden verwüstet.» So schreibt Ebel 1810. Und weiter: «In der Kette des Rhaeticon (Rhaetico mons nach Pomponius Mela), stehen schreckliche abgerissene kahle Hörner», aber «sonst ist das Prettigau ein herrliches und fruchtbares Alpenland, welches das schönste und grösste Rindvieh (schwarzbraun von Farbe und von mittlern Wuchs) im K. Graubündten nährt, reich an äusserst romantischen wie an wilden Gegenden, und von einem schönen Menschenstamm deutschen Ursprungs bewohnt ist.» Fünfspännerpost um 1880 in der Prättigauer Klus. Retrospektives Aquarell von W. Eggimann.

Seewis Station einst.

Seewis Station, Pardisla und die Post nach Seewis Dorf. Ebel schreibt: «Pratisle gegenüber öffnet sich rechts das Thal Valsaina (Val Sana), welches in Vergleichung der ungesunden Lage am nordwestlichen Fuss des Valsainer-Bergs seinen Namen mit Recht verdient.» Unter dem Dorf Seewis nennt er «das Stammhaus des edlen Dichters Salis von Seewis, der zu Malans wohnt», sowie «Sererhard, Prediger zu Seewis zwischen 1716–1756», dessen «Topographie Graubündtens» noch «in Handschrift» sei.

4.18 Das Prättigau

Die «richtigen» Postkutschen verkehrten im Prättigau erst seit 1850 zwischen Chur und Küblis, ab 1863 bis nach Davos. Vorher, d.h. ab 1842, war ein vierplätziges «Bernerwägeli» bis nach Küblis gezuckelt, und noch früher hatte der ganze Postverkehr aus Fussboten bestanden – die bekanntesten waren der Bot Petschi (Peter Valär) und Bot Pali (Paul Kaiser) –, die Briefe im Felleisen oder auf einem Leiterwägelchen beförderten und sich nicht mit Personentransporten befassten.

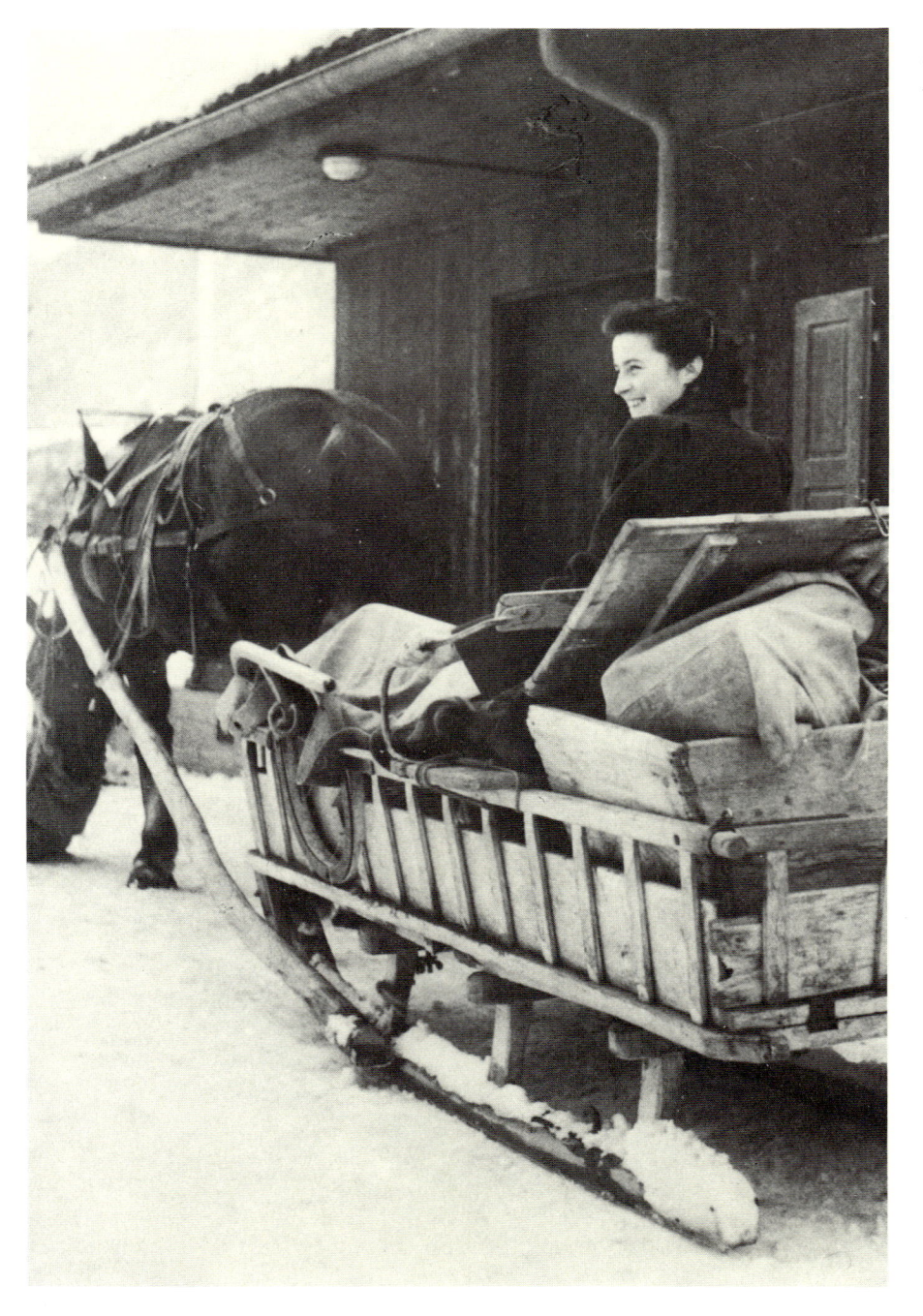

Von der Station nach Furna Dorf hinauf verkehrte die Pferdepost ganzjährig bis Ende Mai 1939, im Winter sogar bis 1957.

Im Verzeichnis der Postführungen im X. Postkreis finden wir ab 16.6.1858 einen A. Hartmann aus Oberbruck für den Jahreskurs Landquart–Küblis verzeichnet und für den Sommerkurs auf der gleichen Strecke ab 1.7.1858 J.M. Caspar aus Küblis. Ab 1.3.1860 wird ein Johann Hartmann aus Jenaz als Unternehmer genannt für die Strecke Landquart–Jenaz und von da weiter bis «Klosters-Brüke». Am 1.6.1861 taucht wieder J.M. Caspar aus Küblis für die ganze Strecke auf. Die Fortsetzung von Klosters bis «Davos Plaz» oblag vorerst E. Michel und J. Fopp, später Jacob Fopp allein und ab 1.1.1867 Johann Martin Caspar aus Küblis; ab 1.1.1868 zeichnet die Unternehmung Caspar J.M. und Comp. verantwortlich für Landquart–Davos.

Fussbotenkurse führten vom Haupttal an die Flanken hinauf oder in die Seitentäler hinein. 1855 waren das der Fideriserbote von «Fideriserau»

Bote und Briefträger mit Saumpferd im Prättigau.

bis ins Fideriser Bad, der Fanaser-, der Seewiser- und der Valzeinerbote von Grüsch aus, von Jenaz ein Bote nach Furna hinauf sowie über Lunden nach Buchen. Küblis war damals noch ein wichtiges Zentrum. Von hier aus gingen Boten nach Conters, über Luzein nach «Puz», über Pany und «St. Ascharina» nach St. Antönien und schliesslich einmal täglich vom 15.6. bis 15.9. Fahrboten nach Serneus und zweimal wöchentlich Fahrboten nach Davos Platz, an den fünf andern Wochentagen vom 15.6. bis 15.9. Fussboten und die übrige Zeit einer am Donnerstag.

Aus der frühen Postkutschenzeit im Prättigau erzählt Hans Minsch von einem älteren Fraueli, das in Küblis geduldig auf die Post nach Landquart wartete und, weil die Postkutsche leer war, sich beim Kondukteur entschuldigte: «As ischt mar jetz schon nit rächt, dass ar nu minatwägen fahren müasst. I chönnti schon as anders Mol chon.» Der Kondukteur

Die Postkutsche beim Gasthaus Post in Pany um 1900.

habe jedoch beruhigt: Steigen Sie nur ein, gutes Fraueli, wir haben nämlich noch einen Brief zu befördern.

Am 9. Oktober 1889 trat das schnaubende Dampfross auf seinem Schienenstrang zwischen Landquart und Klosters anstelle des von Rossen aus Fleisch und Blut gezogenen gelben Postwagens, und am 21. Juli 1890 wurden Kutsche und Schlitten auch zwischen Klosters und Davos von der Eisenbahn verdrängt, sieben Jahre nachdem zwischen diesen beiden Fremdenorten das erste Wettschlitteln stattgefunden hatte.

Postkutsche vor der Post und dem Hotel Silvretta in Klosters um 1850. Farb-Litho von J.G. Bach, Leipzig.

5. Der Rutnerdienst

Verfasser: Hans Brasser

5.1 Offenhaltung der Pässe im Winter

Mit dem Bau der Alpentransversalen wurde die Offenhaltung der Alpenpässe für den Pferdezug im Winter völlig eingestellt. Erst beim Ausbruch des Zweiten Weltkrieges bekam diese Transportmöglichkeit wieder grössere Bedeutung. So mussten im Winter 1939/40 die Pässe Julier und Flüela durchgehend und der Albula vom Engadin her bis zum Hospiz für den Pferdezug offengehalten werden. Als Säumeroffizier des damals im Engadin stationierten Geb Füs Bat 93 hatte ich diese Aufgabe zu organisieren und zu überwachen. Bereits beim ersten Schneefall wurden die zu befahrenden Routen festgelegt und mit Stangen markiert. Bei Schneehöhen von zirka einem halben Meter war das Vorwärtskommen leicht, und man konnte auf den Einsatz von unbespannten Spurpferden

Postschlitten-Kolonne.

Das Verhalten der Pferde im Schnee wird geprüft, um sie entsprechend einsetzen zu können. (Rutnerkurs für Artillerie- und Trainchefs. Davos-Sertig 1943.) △ ▽

Wenn ein Weg durch einen Steilhang geführt werden musste, war der Lawinengefahr grösste Beachtung zu schenken. Dabei leisteten grosse Steine, Baumstrünke und vereinzelte Bäume beste Gewähr, dass kein Abbruch erfolgen konnte (Rutnerkurs Davos-Sertig 1943).

Die Spurpferde werden ausgewechselt (Flüelapass 1940).

Das Maultier, als Tragtier im Gebirge dem Pferd weit überlegen, war für den Einsatz im Schnee nicht geeignet (Rutnerkurs Davos-Sertig 1943).

Das Spurpferd wird vorangetrieben (Rutnerkurs Davos-Sertig 1943).

In der Spitzengruppe wird das Spurpferd ausgewechselt (Val Mora, Münstertal, März 1940).

Erschöpftes Spurpferd. In solchen Stellungen blieben die Pferde oft liegen, um sich zu erholen und dann wieder zur Spitze aufzuschliessen (Rutnerkurs Davos-Sertig 1943).

Im durchfrorenen Frühjahrsschnee musste der Weg oft bis auf den Grund ausgeschaufelt und dann wieder eingefüllt werden (Val Mora, März 1940).

verzichten. Wenn ich das Festlegen der Routen eigens betone, so deshalb, weil diese mehrheitlich nicht den Strassentrassees folgten und vor allem lawinensicher angelegt werden mussten. Wichtig war, dass keine Hohlwege entstanden und der Weg «oben» blieb, d.h. er musste, wenn immer möglich, die gleiche Höhe aufweisen wie die umliegenden Schneefelder. Dadurch konnte verhindert werden, dass das Wegtrassee bei Stürmen mit grossen Verwehungen unpassierbar gemacht und immer wieder ausgeschaufelt werden musste. Ein gutes Schneepferd verliert ein einmal erstelltes Wegtrassee nie, auch wenn dieses hoch mit Neuschnee bedeckt ist. Hingegen können harte Verwehungen zum Verlust der gelegten Wegspur führen, so dass deren Markierung grosse Bedeutung zufiel.
Entlang der Wege wurden in den Alpschärmen Depots und Notunterkünfte angelegt, um bei schlechter Witterung einen Unterschlupf zu haben. Wie wichtig diese Unterkünfte waren, konnte ich einmal auf einer Kontrolltour am Julier im Winter 1940 erleben. Ich brach damals um 8.00 Uhr bei leichtem Schneetreiben mit einer Gruppe von fünf Schlitten in Bivio auf. Als wir uns der Passhöhe näherten, verdichtete sich der Schneefall, so dass ich, auf den obligaten Halt im Hospiz verzichtend, mit der vom Engadin angekommenen Gruppe sofort die Talfahrt antrat. Nach zirka 2 km Fahrt setzte plötzlich ein Schneesturm ein, wie ich ihn bis dahin noch nie erlebt hatte. Obwohl ich auf dem ersten der fünf Schlitten sass, sah ich kaum mehr das eigene Pferd, geschweige denn die vier nachfolgenden. Der Sturmwind heulte, dass man sich, nebeneinander sitzend, nicht verständigen konnte. Es war in Tat und Wahrheit so, dass einem Hören und Sehen verging. Zum Glück befanden wir uns ganz nahe bei einer Notunterkunft, die wir sofort bezogen. Dort verweilten wir einige Stunden und hatten uns bereits mit der Tatsache abgefunden, auch die Nacht dort oben zu verbringen. Da hörte der Sturm schlagartig wie er gekommen auf, und wir konnten noch bei Tageslicht Silvaplana erreichen. An jenem Sturmtag kam mir eindrucksvoll zum Bewusstsein, welchen Strapazen und Gefahren die Passfahrer ausgesetzt waren, die unsere Alpenpässe auf dem Rutnerschlitten passieren mussten, wenn sie das Pech hatten, in einen Schneesturm zu geraten.
Wenn keine Alpställe vorhanden waren, konnten Notunterkünfte auch im Schnee erstellt werden. Dabei war es wichtig, dass diese Unterstände so angelegt wurden, dass kein Durchzug entstehen konnte. Zum Bau eigneten sich am besten grosse Schneeverwehungen, die oft Höhen von mehreren Metern erreichten. Der Bau musste so angelegt werden, dass der Eingang in die Schneehöhle nicht direkt in den Aufenthaltsraum führte.

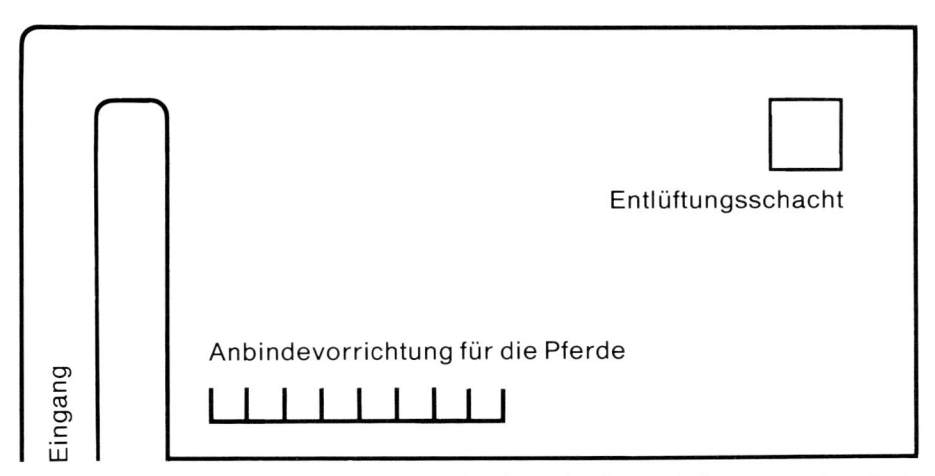

```
                    ┌─────────────────────────────────────────────┐
                    │                                      ☐      │
                    │   ┌─┐                         Entlüftungsschacht
                    │   │ │                                       │
                    │   │ │                                       │
                 g  │   │ │   Anbindevorrichtung für die Pferde   │
                 n  │   │ │                                       │
                 a  │   │ │   ⊔⊔⊔⊔⊔⊔⊔⊔                          │
                 g  │   │ │                                       │
                 n  │   └─┘                                       │
                 i  │                                             │
                 E  │                                             │
                    └─────────────────────────────────────────────┘
```

Die Höhlen mussten fünf bis acht Pferde aufnehmen können und selbstverständlich lawinensicher sein.

5.2 Rutnerdetachement im Einsatz

Neben der Offenhaltung der Passstrassen mussten auch viele Zufahrtswege zu Aussenposten für deren Nachschub und den Transport von Material erstellt werden; zum Beispiel für den Bau von Basishütten. Weil der Schnee, wenn in genügender Menge vorhanden, ein sehr gutes Baumaterial ist, konnte man Transporte tätigen, wie sie zur schneefreien Zeit wohl kaum hätten durchgeführt werden können. Am schwierigsten gestaltete sich der Wegbau im durchfrorenen Frühlingsschnee. Weil dieser sich nicht bindet, musste zum Erstellen eines Trassees der Schnee bis auf den Grund ausgeschaufelt und dann wieder frisch eingefüllt und eingestampft werden. Normalerweise soll jedoch die Schneeschaufel beim Rutnern zum Vorwärtskommen nicht benützt werden und nur zum Ausfüllen der entstandenen Löcher im Wegtrassee Anwendung finden. Nachfolgend möchte ich den Einsatz eines Rutnerdetachements schildern und darstellen, wie ein rasches Vorwärtskommen am besten gewährleistet war. In der Regel wurden zirka 20 Pferde mit den entsprechenden Begleitmannschaften eingesetzt. Den Spurpferden mussten, um Trittwunden zu vermeiden, die Hufeisen abgerissen werden. Wichtig war, dass die im Einsatz stehenden Gruppen, die in der Regel aus zwei bis drei Spurpferden und einem Schlittenpferd bestanden, weit auseinander gezogen blieben. Denn an der Spitze konnte gleichzeitig nur eine Gruppe eingesetzt werden, während die nachfolgenden die einmal gelegte Spur verbessern und auffüllen mussten. Ganz verschieden war das Verhalten der einzelnen Spurpferde. Während einige zwei- bis dreihundert Meter an der Spitze durchhielten, mussten andere bereits nach ein paar Schritten (Sprüngen) abgelöst werden. War eine Gruppe vom Einsatz erschöpft, wurde sie durch die nachfolgende ersetzt. Dabei blieben die ermüdeten Tiere oft für längere Zeit liegen, um sich dann, wenn ausgeruht, zu erheben und den andern auf dem inzwischen bereits befahrbar gemachten Wegtrasse zu folgen. An der Spitze wateten zwei bis drei Mann, die sich gegenseitig immer wieder ablösten. In ihrer Spur folgten die unbespannten Spurpferde, die mit ihrem Körpergewicht den Schnee zusammenpressten und ihn mit ihrer Körperwärme zum Binden

Schlittenpost über den Berninapass.

Schlittenpost über den Berninapass um 1910.

brachten. Hinter den Spurpferden kamen zwei bis drei Mann mit Schaufeln, um die grössten Löcher auszufüllen, bevor das erste bespannte Pferd vorgelassen wurde. Aufgabe der nachfolgenden Gruppe war es, seitlich Schnee einzufüllen und diesen festzustampfen, so dass der so entstandene Weg langsam «oben aufkam», wie man sich ausdrückte, und die gleiche Höhe aufwies wie die umliegenden Schneefelder. Bei gut wegsamem Schnee spielte die Schneehöhe, die oft vier bis fünf Meter aufwies, überhaupt keine Rolle. Selbst Steilhänge konnten an fast unmöglich erscheinenden Stellen passiert werden, wenn sie nur lawinensicher waren.

Eine gut organisierte Rutnertruppe baute im Tag mit Leichtigkeit zwei bis drei Kilometer Winterweg. So wurde einmal im Winter 1965 für einen Hochgebirgskurs der Div 12 bei Schneehöhen von fünf Metern und mehr (Fortsetzung Seite 274)

Technische Bilder

Mit den nachfolgenden Bildern soll gezeigt werden, worauf es beim Einsatz von Pferden im Rutnerdienst ankommt und wie diese ausgerüstet sein müssen. Die Aufnahmen wurden bei Otmar Kurath auf den Tschuggen (Oberberg) oberhalb Parpan aufgenommen. Kurath ist Landwirt und Pferdezüchter und hält die Zufahrt zu seinem Heimwesen, das auf 1700 m ü.M. liegt, auch heute noch mit Rutnerschlitten offen. Diese sind weit über 100 Jahre alt und können den ihnen übertragenen Dienst immer noch ausgezeichnet versehen.

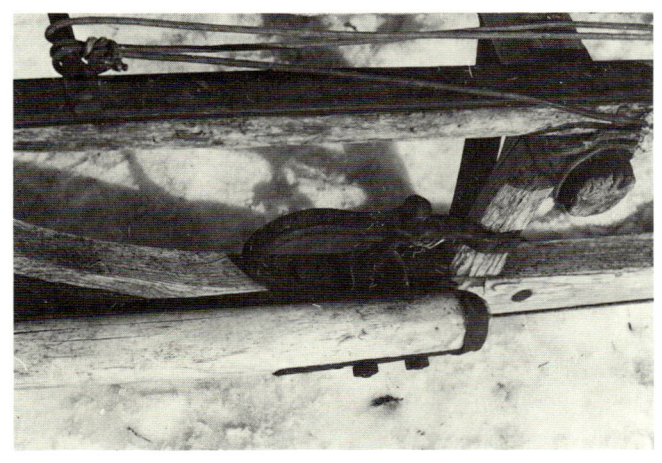

Lattenbefestigung mit kurzem Nagel. Diese Art erwies sich als vorteilhafter, weil die Schlittenführung stabiler wurde.

Die Schlittenlatten wurden meistens aus gewachsenem Birken-, aber auch aus Buchenholz hergestellt. Wichtig war, dass sie festgespannt blieben und vorne nicht übereinandergedrückt werden konnten. So entstand eine stabile für Zug und Druck geeignete Verbindung zwischen Zugtier und Schlitten.

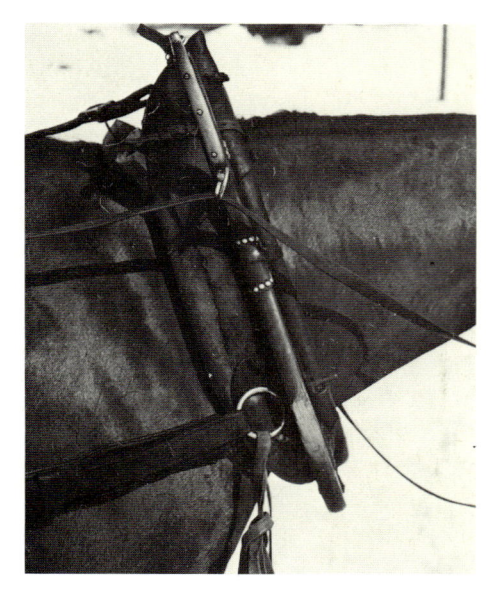

Lattenbefestigung am Schlitten mit langem Nagel. Bei dieser Befestigungsart wurden oft, um den Spielraum der Latten zu verringern, am Nagel Holzklötze eingesetzt.

Die Latten werden mit ledernen Riemen am Kummet befestigt.

Als beste Beschirrung erwies sich das Bündner Geschirr, wie es heute noch in Gebrauch ist.

Das Hintergeschirr soll möglichst tief aufliegen, damit der Schlitten vom Zugtier auch gebremst werden kann.

Bei längerem Abwärtsfahren wurden Ketten (Fieria, Kretzer) unter die Schlittenkufen gelegt, deren Bremswirkung je nach Belastung der Schlitten grösser oder kleiner ausfällt.

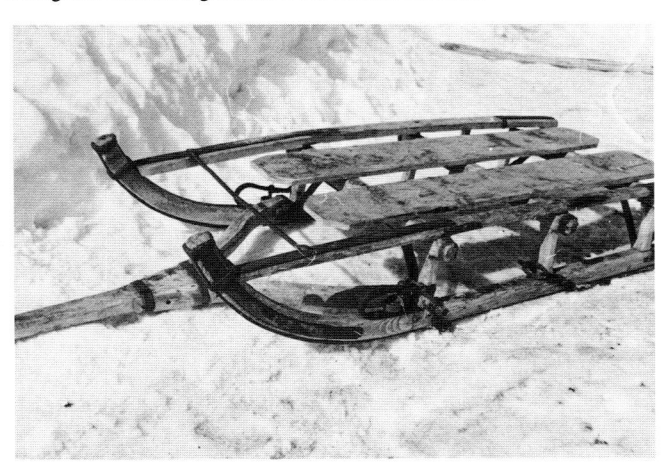

Anhängerschlitten: Bei guten Wegverhältnissen können zwei Schlitten zusammengehängt und so mit einem Pferd mit Leichtigkeit Lasten von 600–800 kg transportiert werden.

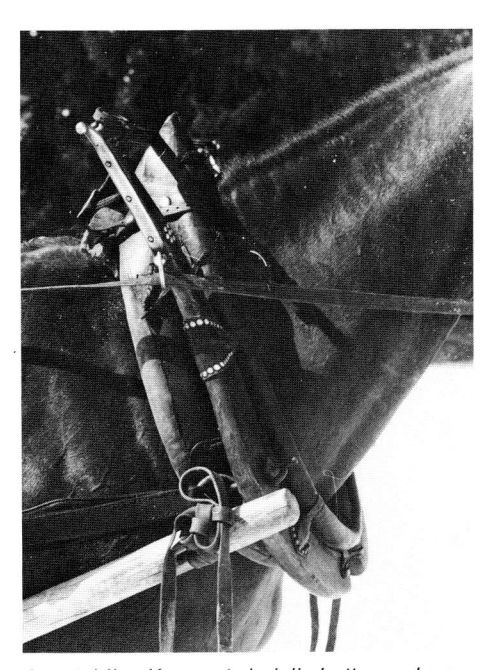

Am stabilen Kummet sind die Latten so kompakt befestigt, dass der Schlitten auch bei grossen Schneehöhen problemlos dem Zugtier folgt, d.h. dass er unmöglich ausscheren kann.

«Gschell»: Mit solchen Glocken ausgerüstet konnten die Pferdeschlitten schon auf grosse Distanzen ausgemacht und deren Herannahen auch bei schlechter Witterung frühzeitig festgehalten werden.

in dreieinhalb Tagen der Gotthardpass von Hospental bis zum Hospiz geöffnet, obwohl viele Ortsansässige beteuerten, dass ein solches Vorhaben bei den gegebenen Verhältnissen undurchführbar sei und gar nicht erst in Angriff genommen werden sollte. Hiezu muss allerdings gesagt werden, dass ich während 13 Jahren Trainchef der Gotthardbrigade war und genau wusste, wie die Linienführung zu erfolgen hatte.

Es war immer sehr wichtig, dass der für den Wegbau Verantwortliche das Gebiet eingehend kannte und wusste, wo durchgegangen werden musste. Die beste Gewähr für ein lawinensicheres Gebäude boten mächtige Steine, Baumstrünke und vereinzelte Bäume, so dass eine Lawine überhaupt nicht losbrechen konnte. Dabei musste auf Passstrassen oft weit vom vorhandenen Strassentrassee abgewichen werden. Die nur noch im Sommer befahrenen Alpenübergänge sind vielerorts nicht lawinensicher angelegt und können deshalb im Winter nicht benützt werden.

Schlittenkolonne auf dem Albulapass 1900.

Schlittenpost um 1910 beim Flüela-Hospiz.

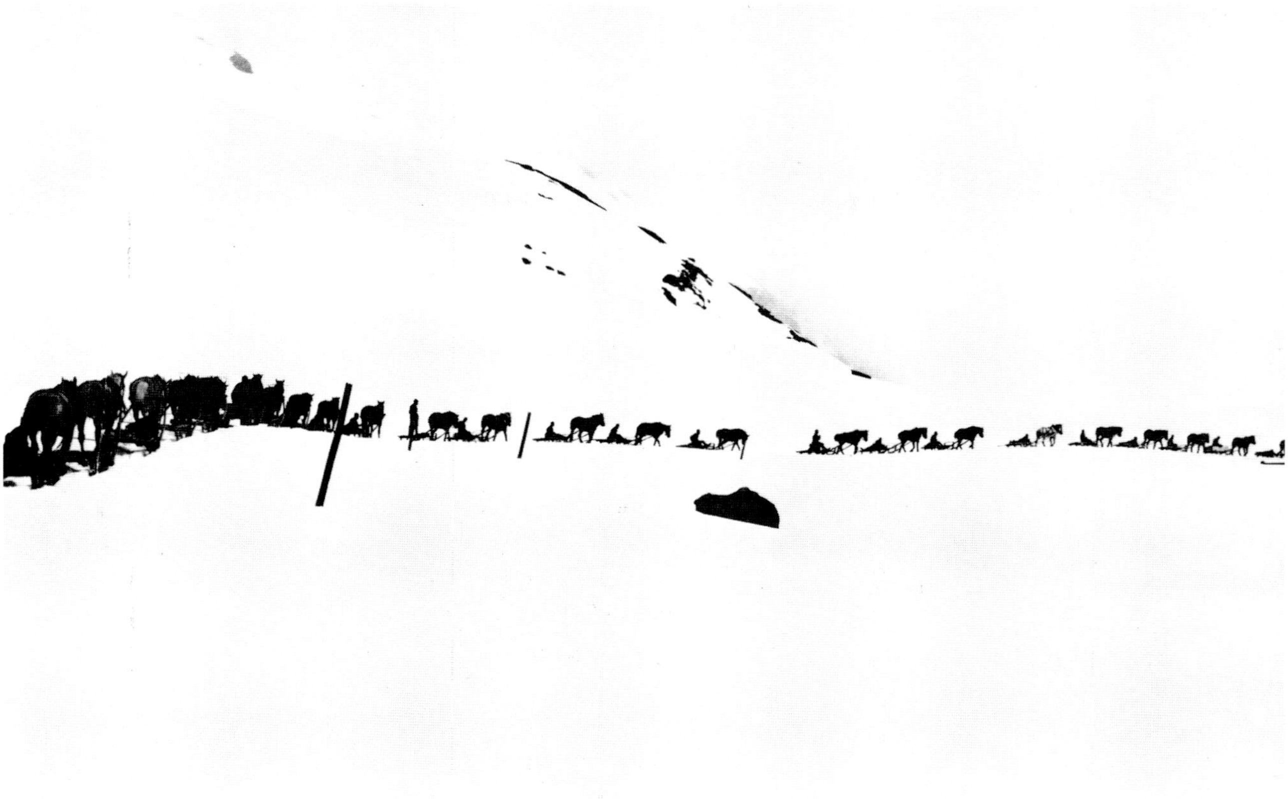

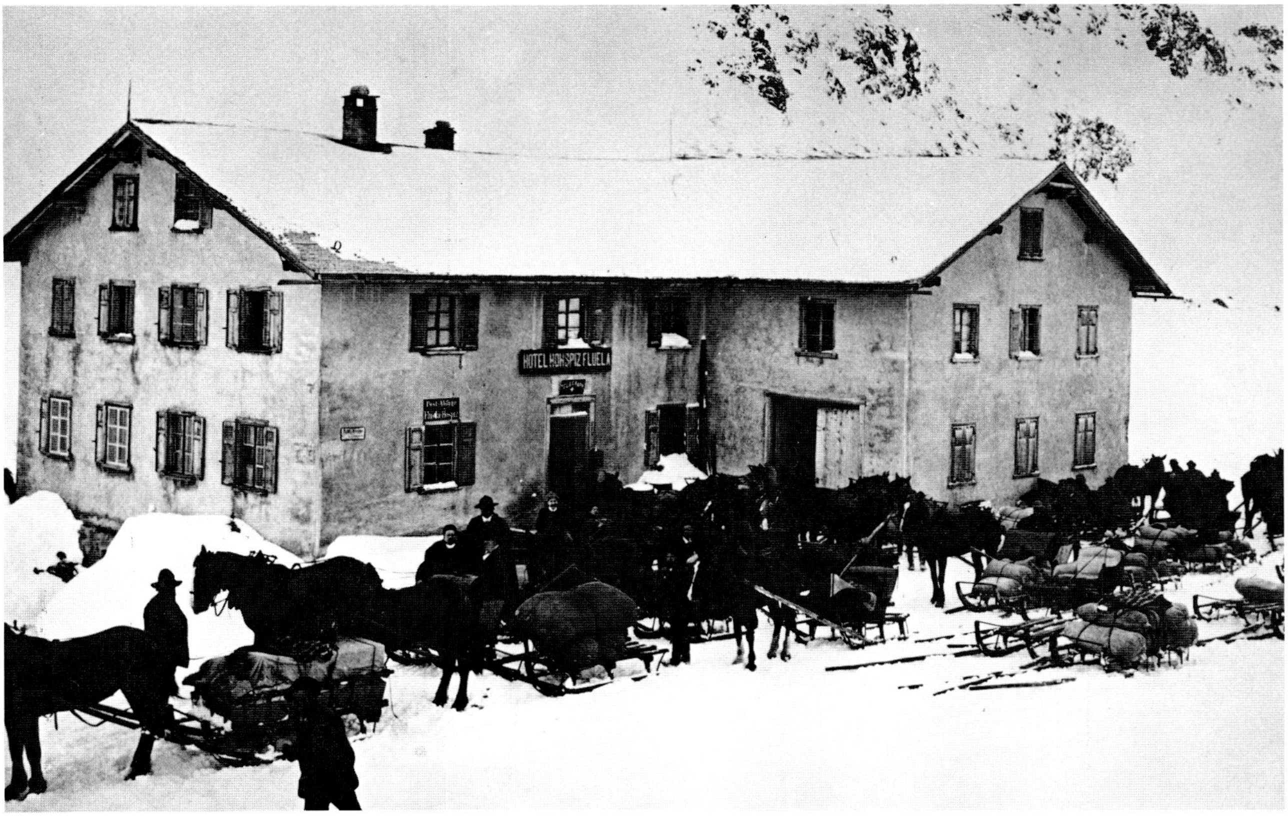
HOTEL HOHSPIZ FLUELA

6. Anhang

Botenkurse des Postkreises Chur

gemäss Originalverzeichnissen

(Die Kurse im St. Galler Oberland sind weggelassen)

August 1853
Sayser-Bote
Schanfigger-Bote
Felsberger-Bote
Tschiertscher-Bote
Wiesner-Bote
Averser-Bote
Schamser-Bote
Stulser-Bote
Soglier-Bote
Reamser-Bote
Tavetscher-Bote
Medelser-Bote
Fideriser-Bote
Obercastelser-Bote
Fanaser-Bote
Seewiser-Bote
Valzeiner-Bote
Furner-Bote
Buchner-Bote
Obersaxer-Bote
Luviser-Bote
Ladirer-Bote
Sethner-Bote
Panixer-Bote
Pitascher-Bote
Valser-Bote
Lugnezer-Bote
Luzeiner-Bote
Serneuser-Bote
St. Antönier-Bote
Davoser-Boten
Fellerser-Bote
Sagenser-Bote
Surer-Bote
Samnauner-Bote
Igiser-Bote
Malanser- & Fläscher-Bote
Duviner-Bote
Valendaser-Bote
Scanfser-Bote
Schuderser-Bote
Sinser-Bote
Tarasper-Bote
Suferser-Bote
Schleinser-Bote
Brigelser-Bote
Domleschger-Boten
Heinzenberger-Bote
Safier-Bote
Muttner-Bote

Oktober 1855
Schanfigger-Bote
Felsberger-Bote
Tschiertscher-Bote
Wiesner-Bote
Averser-Bote
Schamser-Bote
Stulser-Bote
Soglier-Bote
Reamser-Bote
Tavetscher-Bote
Medelser-Bote (ab Dissentis)
St. Antony-Bote
Medelser-Bote (ab Splügen)
Fideriser-Bote
Camunser-Bote
Oberkastelser-Bote
Fanaser-Bote
Seewiser-Bote
Valzeiner-Bote
Furner-Bote
Buchner-Bote
Obersaxer-Bote
Luviser-Bote
Ladirer-Bote
Sethner-Bote
Panixer-Bote
Pitascher-Bote
Valser-Bote
Lugnezer-Bote
Conterser-Bote
Luzeiner-Bote
Serneuser-Bote
Davoser-Boten
St. Antönier-Bote
Fellerser-Bote
Sagenser-Bote
Haldensteiner-Bote
Surer-Bote
Samnauner-Bote
Malanser- & Fläscher-Bote
Mastrilser-Bote
Duviner-Bote
Valendaser-, Tenner-, Sculmser-, Brüner- & Tutjer-Boten
Untervazer- & Trimmiser-Bote
Scanfser-Bote
Schuderser-Bote
Sinser-Bote
Tarasper-Bote
Suferser-Bote

Bergüner-Bote
Brienzer-Bote
Monser-Bote
Obervazer-Bote
Stürviser-Bote
Dissentiser-Bote
Ringgenberger-Bote
Schlanser-Bote
Surrheiner-Bote
Münsterthaler-Bote

Schleinser-Bote
Brigelser-Bote
Domleschger-Boten
Heinzenberger-Bote
Muttner-Bote
Safier-Bote
Bergüner-Bote
Brienzer-Bote
Monser-Bote
Obervazer-Bote
Stürviser-Bote
Dissentiser-Bote
Ringgenberger-Bote
Schlanser-Bote
Surrheiner-Bote
Münsterthaler-Bote
Igiser-Bote

Extrapoststrassen 1852/1913

1852

Chur–Chiavenna
Chur–Thusis	5$^{2}/_{8}$ Std.
Thusis–Andeer	2$^{4}/_{8}$ Std.
Andeer–Splügen	2$^{6}/_{8}$ Std.
Splügen–Campodolcino	5$^{4}/_{8}$ Std.
Campodolcina–Chiavenna	2$^{7}/_{8}$ Std.

Splügen–Bellenz
Splügen–Hinterrhein	2$^{1}/_{8}$ Std.
Hinterrhein–St. Bernhardin	3$^{4}/_{8}$ Std.
St. Bernhardin–Misox	3 Std.
Misox–Cama	3$^{2}/_{8}$ Std.
Cama–Bellenz	3$^{1}/_{8}$ Std.

ferner: Zürich–Chur
(Zürich–Rapperschwyl und
Weesen–Wallenstadt per Dampfschiff)

1913

Andermatt–Oberalp–Disentis	5–5$^{1}/_{2}$ Std.
Mesocco–Bernhardin–Thusis	10 Std.
Chiavenna–Splügen–Thusis	11$^{1}/_{2}$ Std.
Chur–Churwalden–Tiefenkastel	4$^{1}/_{2}$ Std.
Tiefenkastel–Julier–Silvaplana	8 Std.
(mit Fortsetzung nach St. Moritz, Samaden und Pontresina)	
Chiavenna–Maloja–St. Moritz	8$^{1}/_{2}$ Std.
(mit Fortsetzung nach Samaden und Pontresina)	
Schuls–Pfunds	3$^{1}/_{4}$ Std.
Davos–Süs	5–5$^{1}/_{2}$ Std.
Reichenau–Flims Waldhaus	2$^{3}/_{4}$ Std.
Chur–Arosa	6 Std.
Zernez–Ofenpass–Münster	5$^{1}/_{2}$–6 Std.
Sta. Maria–Umbrail–Ferdinandshöhe	4$^{1}/_{2}$ Std.

Postführungen 1896

gemäss Originalverzeichnissen

Postkreis Chur

I. Jahreskurse	**Postpferdehalter**
Brigels–Ilanz	Carigiet, Brigels
Chur–Chiavenna (Splügen)	
Chur–Reichenau	Bavier, Chur
Reichenau–Thusis	Casparis, Thusis
Thusis–Andeer	Schreiber, Thusis
Andeer–Splügen	Fravi, Andeer
Splügen–Campodolcino	Hössli & Cie., Splügen
Campodolcino–Chiavenna	Riva, Chiavenna
Chur–Samaden (Julier)	
Chur–Churwalden	Bavier, Chur
Churwalden–Tiefenkastell	Brasser, Churwalden
Tiefenkastell–Silvaplana	Balzer, Mühlen
Silvaplana–Samaden	Gensler, Samaden
Chur–Thusis (lokal)	
Chur–Bonaduz	Bavier, Chur
Bonaduz–Thusis	Casparis, Thusis
Chur–Mühlen	
Chur–Churwalden	Bavier, Chur
Churwalden–Tiefenkastell	Brasser, Churwalden
Tiefenkastell–Mühlen	Balzer, Mühlen
Davos Pl.–Schuls	
Davos Pl.–Süs	Fopp & Morosani, Davos Pl.
Süs-Schuls	Könz, Schuls
Fiderisau–Fideris Dorf i.W. und Bad i.S.	Bühler, Fiderisau
Ilanz–Furth–Vals Pl.	
Ilanz–Furth	Arpagaus, Furth
Furth–Vals Pl.	Schmid & Stoffel, Vals Pl.
Ilanz–Obersaxen	Brunold, Obersaxen
Pontresina–Samaden	Gredig, Pontresina
(Präz)–Sarn–Thusis	Marugg, Präz
Rothenbrunnenbrücke–Sils (Doml.)	Tscharner, Rothenbrunnen
Safien Pl.–Versam	Gredig & Hunger, Acla
Samaden–Chiavenna (Maloja)	
Samaden–Silvaplana	Gensler, Samaden
Silvaplana–Vicosoprano	Joos-Müller, Silvaplana
Vicosoprano–Chiavenna	Zuan, Vicosoprano und Riva, Chiavenna (Beiwagen)
Samaden–Schuls	
Samaden–Zuoz	Gensler, Samaden
Zuoz–Süs	Könz, Schuls
Süs–Schuls	Könz, Schuls
Samaden–St. Moritz Dorf i.W. und Bad i.S.	Gensler, Samaden
Samaden–Tirano (Bernina)	
Samaden–La Rösa	Gensler, Samaden
La Rösa–Poschiavo	Albrici, Poschiavo
Poschiavo–Tirano	Mazza, Tirano
Scanfs–Silvaplana i.W. und St. Moritz Bad i.S.	Gensler, Samaden

Schuls–Nauders	Könz, Schuls
Seewis–Pardisla	Lietha, Seewis
Silvaplana–Maloja Kursaal	Joos-Müller, Silvaplana
Splügen–Bellenz (Bernhardin)	
Splügen–Hinterrhein	Lorez, Hinterrhein
Hinterrhein–St. Bernhardin	Lorez, Hinterrhein
Tiefenkastell–Thusis	Schreiber, Thusis
Tiefenkastell–Bergün	Balzer, Mühlen
Vicosoprano–Chiavenna	Acquistapace, Chiavenna
Vrin–Ilanz	Caduff & Pelican, Vattiz und Vrin
Wiesen–Davos Dorf	Fopp & Morosani, Davos Pl.
Wiesen–Tiefencastell	Balzer, Mühlen

II. Zeitweilige Sommer- oder Winterkurse

Chur–Disentis Winterkurs (via Flims)	
Chur–Reichenau	Bavier, Chur
Reichenau–Flims–Ilanz	Mattli, Reichenau
Ilanz–Truns–Disentis	Vincenz & Berther, Disentis und Truns
Bonaduz–Ilanz	Mattli, Reichenau
Chur–Arosa Winterkurs und Sommerkurs	
Chur–Langwies	Mattli, Langwies
Langwies–Arosa	Schmid & Lorez, Arosa
Chur–Ponte Winterkurs (via Albula)	
Chur–Churwalden	Kuoni's Erben, Chur
Churwalden–Lenz	Brasser's Erben, Churwalden
Lenz–Bergün	Jost, Lenz
Bergün–Ponte	Romedi, Madulein
Ilanz–Reichenau (via Flims) Winterkurs	Bavier, Chur
Mühlen–Samaden Winterkurs	
Mühlen–Silvaplana	Balzer, Mühlen
Silvaplana–Samaden	Gensler, Samaden
Vicosoprano–Chiavenna Winterkurs	Acquistapace, Chiavenna
Wiesen–Davos Pl. Winterkurs	Fopp & Morosani, Davos Pl.
Chur–Chiavenna Sommerkurs	
Chur–Reichenau	Bavier, Chur
Reichenau–Thusis	Casparis, Thusis
Thusis–Andeer	Schreiber, Thusis
Andeer–Splügen	Fravi, Andeer
Splügen–Campodolcino	Hössli & Schmid, Splügen
Campodolcino–Chiavenna	Riva, Chiavenna
Chur–Andermatt Sommerkurs (via Flims)	
Chur–Reichenau	Bavier, Chur
Reichenau–Flims–Ilanz	Mattli, Reichenau
Ilanz–Truns–Disentis	Vincenz & Berther, Disentis und Truns
Disentis–Tschamut	Vincenz & Berther, Disentis und Truns
Chur–Versam–Disentis Sommerkurs	
Chur–Bonaduz	Bavier, Chur
Bonaduz–Ilanz	Mattli, Reichenau
Ilanz–Disentis	Berther & Vincenz, Disentis und Truns
Disentis–Tschamut	Vincenz & Berther, Truns und Disentis

Chur–Ilanz Sommerkurs via Flims	
Chur–Reichenau	Bavier, Chur
Reichenau–Ilanz	Mattli, Reichenau
Chur–Samaden Sommerkurs via Schyn–Julier	
Chur–Bonaduz	Bavier, Chur
Bonaduz–Thusis	Schreiber, Thusis
Thusis–Tiefenkastell	Passett, Thusis
Tiefenkastell–Silvaplana	Balzer, Mühlen
Silvaplana–Samaden	Gensler, Samaden
Chur–Pontresina Sommerkurs via Albula	
Chur–Churwalden	Kuoni, Chur
Churwalden–Lenz	Brasser, Churwalden
Lenz–Bergün	Jost, Lenz
Bergün–Ponte	Romedi, Madulein
Ponte–Samaden–St. Moritz Bad	Gensler, Samaden
Ponte–Samaden–Pontresina	Gredig, Pontresina
Disentis–Biasca Sommerkurs	
Disentis–Sta. Maria	Berther & Vincenz, Disentis
Samaden–Tirano Sommerkurs	
Samaden–La Rösa	Gensler, Samaden
La Rösa–Poschiavo	Albrici, Poschiavo
Poschiavo–Tirano	Albrici, Poschiavo
Samaden–Chiavenna, Sommerkurs	
Samaden–Silvaplana	Gensler, Samaden
Silvaplana–Vicosoprano	Joos-Müller, Silvaplana
Vicosoprano–Chiavenna	Zuan, Vicosoprano
Samaden–Schuls, Sommerkurs	
Samaden–Zuoz	Gensler, Samaden
Zuoz–Süs	Könz und Söhne, Schuls
Süs–Schuls	Könz und Söhne, Schuls
Schuls–Landeck, Sommerkurse	
Schuls–Nauders	Könz und Söhne, Schuls
Vulpera–Tarasp Kurhaus	Könz und Söhne, Schuls
Zernez–Münster, Sommerkurse	
Zernez–Ofenberg	Bezzola, Ofenberg
Ofenberg–Münster	Huder, Cierfs
Chur–Tschiertschen, Sommerkurs	Bavier, Chur
Andeer–Avers Cresta, Sommerkurs	Hössli & Schmid, Splügen
Alvaneu Bad–Wiesen, Sommerkurs	Balzer, Mühlen
Davos Platz–Schuls, Sommerkurs	
Davos Pl.–Süs	Fopp & Morosani, Davos Pl.
Süs–Schuls	Könz, Schuls
Süs–Samaden, Sommerkurs	
Süs–Zuoz	Könz, Schuls
Zuoz–Samaden	Gensler, Samaden
Tiefenkastell–Samaden, Sommerkurs via Albula	
Tiefenkastell–Bergün	Balzer, Mühlen
Bergün–Samaden	Romedi, Madulein

III. Subventionierte Kurse mit Personenbeförderung

Clavadel–Davos Pl.	Breuer, Clavadel
Fetan–Ardez	Lötscher–Pinösch, Fetan
Guarda–Giarsun	Morell, Guarda
Platta–Disentis, Winterkurs	Pally, Platta
Rueras–Disentis, Winterkurs	Gieriet, Rueras
Sent–Schuls	Reidt, Sent
Zernez–Münster, Winterkurs	
Zernez–Ofenberg	Bezzola, Ofenberg
Ofenberg–Münster	Huder, Cierfs

Postkreis Bellinzona

I. Jahreskurse

Bellinzona–Mesocco	
Bellinzona–Cama	Tresch, Bellinzona
Cama–Mesocco	Tamoni, Cama
Bellinzona–Spluga	
Bellinzona–Cama	Tresch, Bellinzona
Cama–Mesocco	Tamoni, Cama
Mesocco–San Bernardino	Mutti, Mesocco

II. Zeitweilige Sommer- oder Winterkurse

Bellinzona–S. Bernardino, Sommerkurse	
Bellinzona–Cama	Tresch, Bellinzona
Cama–Mesocco	Tamoni, Cama
Mesocco–S. Bernardino	Mutti, Mesocco
Biasca–Malvaglia–Disentis	
Biasca–Olivone	Rossetti, Biasca
Olivone–Sta. Maria	Rossetti, Biasca

III. Subventionierte Kurse mit Personenbeförderung

Grono–Rossa	Chiavari, Roveredo

Das Postwesen im Zahlenspiegel

Beförderte Reisende (nach Lenggenhager)

	Zürich	Splügen[1])	Bernhardin	Julier	Albula	Flüela	Bernina	Maloja	Oberland einschl. Oberalp	Prättigau	Landwasser
1858	20,022	9,395	8,673	1,332	6,224	—	1,573	1,857	4,958	3,456	—
1860	—	11,739	9,471	5,340	8,145	—	1,664	2,309	5,475	5,774	—
1870	—	19,898	4,092	11,314	6,620	2,660	4,472	4,957	7,360	9,166	—
1882	—	20,310	4,596	10,481	6,525	6,119	4,114	8,408	9,493	13,721	6,743
1890	—	15,851	2,716	13,593	8,614	5,473	4,711	10,062	13,635	—[3])	5,703
1900	—	10,097	5,057	22,706	22,469	13,073	8,435	16,504	24,815	—	8,226
1908	—	15,032	2,334	1,527[2])	—[2])	12,053	12,332	34,916	35,967	—	8,382

[1]) In früheren Jahren war das Schlittengeleise über den Splügen nur 60 cm breit, was zur Folge hatte, daß die Schlitten häufig umstürzten und die Seiden-, Baumwollen- und Kaffeesäcke 2c. beschädigt wurden. Wiederholte Bemühungen Bündens bei Oesterreich um Erweiterung der Schlittengeleise blieben stets erfolglos. Erst 1852 gelang es, Oesterreich zum Erlaß einer Verordnung zu gewinnen, die ein Schlittengeleise von 90 cm über den Splügen allgemein vorschrieb. Nichtbeachtung dieser Vorschrift sollte mit 50 Fr. gebußt werden. Die schweizerischen Fuhrleute widerstrebten zwar anfänglich, mußten sich in der Folge aber fügen und bei der ersten Fahrt schon wurden sie von dem Vorteil der Neuerung überzeugt.
[2]) Eröffnung der Albulabahn 1903.
[3]) Eröffnung der Bahn Landquart-Davos 1889/90.

Rentabilität der Bündner Postkurse (nach Lenggenhager)

	Einnahmen an Passagier- und Uebergewichtstaxen Fr.	Ausgaben an Transportkosten Fr.	Verlust Fr.
1860	296,228	386,857	90,629
1871	604,156	844,607	240,451
1882	688,511	1,170,987	482,476
1890	605,206	1,261,526	656,320
1900	865,098	1,738,706	873,608
1908	870,251	1,879,006	1,008,755

(Fortsetzung s. Seite 288)

I. Uebersicht der Lebensmittelpreise und der Preisaufschläge von 1848/50 bis 1870/72 und der Preise im Jahr 1877.

1. *Nahrungsmittel.*		Durchschnittspreise 1848/50.	Durchschnittspreise 1870/72.	Aufschlag %.	Preise 1877.
		Ct.	Ct.		Ct.
Brod:					
Weisses	per Pfund	19	23	21,0	29
Halbweisses	„	16	21	31,2	24
Rauhes	„	12	20	66,6	21,5
Fleisch:					
Rindfleisch	„	33	65	96,7	71,5
Kalbfleisch	„	34	66	94,1	75
Schaffleisch	„	33	61	84,8	73,5
Ochsenfleisch	„	36	65	80,6	83,1
Speck	„	65	97	49,2	101
Schweine, lebend	„	33	51	54,5	60
Fette:					
Butter in Ballen	„	67	110	64,2	123,3
Butter in Pfunden	„	73	118	61,6	134,8
Schweineschmeer	„	75	98	30,6	108,4
Kartoffeln:					
Rothe	per Mäss	82	120	46,3	168
Weisse	„	80	112	40,0	160
Eier	per Stück	4,29	6,66	55,5	7,5
Kabis	per 25 Stück	197	319	61,9	302
Kohl	„	113	201	77,9	198
Aepfel:					
Saure	per Mäss	96	164	70,8	224
Süsse	„	96	144	50,0	188
Aepfelschnitze, dürre	„	118	151	27,9	.
Birnen	„	108	162	50,0	200
Birnenschnitze, dürre	„	143	269	86,7	.
Erbsen	per Viertel	288	456	58,3	492
Bohnen	„	254	474	86,6	487
Habermehl	„	398	623	56,5	686
Käse	Detailpreise per Pfund	50—55	90—100	80—90	90-100
*Milch, die 4pfündige Maass 15 Ct. macht für die neue M.		11,25	30	166,6	30

* 1860 galt die Maass Milch 18 Cts., 1866 20, 1867 22, 1868 22, 1869 24, 1870 24, 1871 26, 1872 bis Oktober 26, seit Oktober 30.

2. *Holz* per Klafter:

		Buchen.	Tannen.
1848/50	. . .	Fr. 24. —	Fr. 17. 28
1870/72	. . .	„ 48. 38	„ 32. 95
Aufschlag %	. . .	**101,6**	**90,7**
1877	. . .	Fr. 56. 08	Fr. 35. 98

3. Der Aufschlag der *textilen Bekleidungsgegenstände* beträgt **35—40** %.
4. Die Preissteigerung der *Fussbekleidung* beträgt durchschnittlich **49—57** %. — Die Lederpreise sind um ungefähr 100 %, die der Halbfabrikate um 50—70 % gestiegen.
5. Die *Wohnungsmiethen* sind in der Stadt Bern bis 1872 um **100** % gestiegen.
6. Die Preise der *Lohnwascherei* sind um **66** % höher. — Die Kosten der Hauswascherei sind weit weniger gestiegen.
7. Erhöhung der *Steuern* **97** %.
8. Die Ausgaben für *Gesundheitspflege* sind nur um circa **33** % höher als in den 40er Jahren.

II. Die Lebensvertheuerung beträgt:

1. Im Ganzen durch *Preisvertheuerung und Mehrverbrauch* . . . . 75—100 %
2. Durch Erhöhung der Preise allein nach den Quantitätsbüdgets und mit Anwendung der Preise . . . . . 59—72 „
3. Der Mehrverbrauch beträgt . . 16—28 „

III. Die Arbeitslöhne

sind dagegen gestiegen wie folgt:

1. Für *landwirthschaftliche Arbeiter*.

    a) Knechte und Mägde, fest angestellt:

    Knechte.

	Jahreslohn in Geld u. natura.	An Geld.
1845/50	Fr. 364	Fr. 131
1871	„ 554	„ 204

    Mägde.

	Jahreslohn in Geld u. natura.	An Geld.
1845/50	Fr. 284	Fr. 73
1871	„ 424	„ 112

    Die Steigerung beträgt:

	Im Ganzen.	Durchschnittlöhnen in baar.	Bei Maximallöhnen in baar.	Minimallöhnen in baar.
	%	%	%	%
bei Knechten	52,2	55,7	58,5	60,0
bei Mägden	49,3	53,4	56,0	52,7

    b) Für Taglöhner:

im Winter	55,0	55,8	63,27	72,7
im Sommer	55,6	69,3	75,0	50,0
Jahreszeit unbest.	54,0	61,5	65,8	64,0

2. Für die *Handwerkergehülfen* ergibt sich folgende Lohnerhöhung in Geld:

Beruf.	Des Jahreslohns. Erhöhung in %.			Des Monatslohns. Erhöhung in %.			Des Wochenlohns. Erhöhung in %.			Des Taglohns. Erhöhung in %.		
	Durchschnitt.	Maximum.	Minimum.	Durchschnitt.	Maximum.	Minimum.	Durchschnitt.	Maximum.	Minimum.	Durchschnitt.	Maximum.	Minimum.
Bäcker	45,54	46,22	47,43	50,45	51,35	46,76	42,72	46,23	46,89	63,49	67,53	68,75
Müller	41,00	42,61	40,59	42,86	40,00	50,00	46,34	46,39	60,12	58,46	58,44	52,00
Schuhmacher	39,77	37,62	40,41	44,44	38,24	47,37	46,02	45,28	49,12	57,35	59,21	58,93
Schneider	39,24	40,10	37,50	48,00	43,75	50,00	61,67	52,53	69,97	62,90	61,43	79,59
Schlosser	43,56	47,68	32,20	42,86	40,00	50,00	53,35	58,05	44,53	52,75	33,33	64,61
Schmiede	38,35	34,41	36,26	31,50	32,94	37,04	60,77	62,68	54,01	49,41	45,28	50,75
Sattler	32,56	31,60	27,42	33,53	31,46	33,86	63,04	59,59	75,43	54,79	52,44	65,52
Spengler	48,89	53,85	30,95	42,86	40,00	50,00	39,81	35,27	49,81	60,26	60,00	65,15
Zimmermann	50,46	50,20	51,93	33,33	55,00	65,38	61,83	61,90	61,36	60,00	66,30	63,77
Schreiner	32,55	43,45	32,86	40,39	48,75	36,60	41,41	42,40	52,86	70,88	70,33	70,15
Steinhauer	60,15	90,67	26,05	.	.	.	78,48	88,89	79,41	59,52	64,52	65,28
Maurer	76,80	114,54	30,43	27,27	55,00	33,33	50,00	57,14	53,01	68,83	68,96	69,84
Handlanger	37,1	25,00	33,33				42,86	42,86	42,86	93,48	94,44	94,74
Steinbrecher							33,93	46,34	53,85	63,51	62,07	59,02
Leinweber	.	.	.	25,00	61,11	33,33	50,00	40,00	66,67	53,33	52,38	52,00
Durchschnitt	46,73	54,69	35,33	38,77	43,06	44,24	51,49	52,22	57,05	62,16	59,09	65,00

Schluss.

Gegenüber einer Lebensvertheuerung von im Ganzen 75—100 %, im Minimum von 59—72 % durch Preissteigerung ergibt sich eine Erhöhung der Arbeitslöhne:

1. für *landwirthschaftliche Arbeiter* von 49—55,6 %;
2. für *Handwerkergehülfen*, in Geld:

	Durchschnitt.	Maximallöhne.	Minimallöhne.
Jahreslohn	46,7	54,7	35,3
Monatslohn	38,8	43,1	44,2
Wochenlohn	51,5	52,2	57,0
Taglohn	62,1	59,1	65,0

Ob die Differenz zwischen der Lebensvertheuerung und der Preissteigerung einerseits und der Lohnerhöhung anderseits eine etwas geringere sei, ändert an unserm Hauptresultat nichts, das darin besteht:
„Dass die Preise und Löhne eine durchaus verschiedene Bewegung zu Ungunsten der Arbeitslöhne erfahren haben."

Gesamt-Jahres-Ergebnis des Postkreises Chur, (inkl. Briefe, Zeitungen, Pakete, Postanweisungen, Briefmarkenverkauf; nach Lenggenhager)

	Gesamt-Einnahmen Fr.	Gesamt-Ausgaben Fr.	Gewinn Fr.	Verlust Fr.
1850	165,093	158,247	6,846	—
1860	432,760	511,537	—	78,777
1870	902,616	1,017,158	—	114,542
1880	1,418,925	1,781,703	—	362,778
1892	1,583,735	2,273,962	—	690,227
1900	2,311,524	3,199,679	—	888,155
1908	2,932,798	3,775,891	—	843,093

Die Zusammenstellungen auf den Seiten 285 und 288 zeigen, dass im Jahre 1860 die Reisendenbeförderung noch 68,5% der Posteinnahmen erbrachte, aber auch 60,5% der Ausgaben verursachte. 1908 war die Personenbeförderung an den Einnahmen noch mit 29,7%, an den Ausgaben jedoch mit 49,8% beteiligt.
Die mittlere Länge der Postkurse betrug: 1852/24,2; 1872/11,3; 1892/7,8; 1912/7,3 Kilometer.

Zeitübersicht

	Allgemeines		**Verkehrswesen**
559–486 v.Chr.	Herrschaft von Cyrus, Kambyses und Darius in Persien	6.–5. Jh. v.Chr.	Staatlicher Botendienst Angareion in Persien
336–323 v.Chr.	Alexander der Grosse König von Makedonien	4. Jh v.Chr.	Staatlicher Botendienst im Reiche Alexanders des Grossen
60–44 v.Chr.	Herrschaft Julius Cäsars	1. Jh. v.Chr.–4. Jh. n.Chr.	Cursus publicus. Verkehrseinrichtung von 120 000 km Länge über drei Erdteile hinweg
44 v.Chr.–14 n.Chr.	Herrschaft des Augustus		
15 v.Chr.	Drusus und Tiberius dringen in Rätien ein	15 v.Chr.	Beginn der eigentlichen Passgeschichte Graubündens
800	Karl der Grosse wird römischer Kaiser	800	Es tauchen wieder Posteinrichtungen nach römischem Vorbild auf
		825	St. Peter-Hospiz auf dem Septimer erstmals erwähnt
1367	Gründung des Gotteshausbundes	1374	Hospiz in Sta. Maria, d.h. auf dem Lukmanier, wird erwähnt.
1386	Schlacht bei Sempach	1387	Jakob Castelmur verpflichtet sich zum Bau einer befahrbaren Strasse über den Septimer.
1395	Gründung des Oberen oder Grauen Bundes		
1424	Erneuerung und Vollendung des Grauen Bundes (Ahorn von Truns)	15. Jh.	Gründung der Lindauer oder Fussacher Messagerie. Gründung der Thurn und Taxisschen Post.
1436	Gründung des Zehngerichtenbundes	1421	Portenordnung von Bischof Ortlieb
1444	Bau einer Kapelle zu Ehren des Heiligen Bernhard von Siena auf der Höhe des Monte Ulzello (später: Bernhardin)		
1471	Vereinigung der drei Bünde zum Freistaat gemeiner Drei Bünde	1470	Beschluss zum Bau einer Strasse durch die Viamala
1484	Geburt Ulrich Zwinglis	1473	Bau des Viamala-Wegs beendet. Viamala-Brief (Portenordnung)
1492	Kolumbus landet in Amerika		
1497/98	Der Obere und der Gotteshausbund werden zugewandte Orte der siebenörtigen Eidgenossenschaft	1498	Septimerordnung (Portenordnung)
1499	Schwabenkrieg. Schlacht an der Calven		
1512	Eroberung des Veltlins, Clevens und Bormios		
1523	Der Reformator Comander tritt sein Amt an der Martinskirche in Chur an	1529	Bau der Tardisbrücke durch Medardus Heinzenberger
1539	Eröffnung der Nicolaischule in Chur	1563	Itinerario delle poste per diverse parte del mondo, vermutlich das erste «moderne» Kursbuch, erscheint
		1575	Lyoner Ordinari von der St. Galler Kaufmannschaft eingerichtet

	Allgemeines		**Verkehrswesen**
1618	Bergsturz von Plurs	1608	Nuovo Itinerario delle poste per tutto il mondo, von Ottavio Codogno, erscheint
1618–1648	Dreissigjähriger Krieg	1655	Zürcher Botenbetrieb nach Chur eingeführt
17. Jh.	Bündner Wirren	1684	Landesreform überträgt den III Bünden die Oberaufsicht über das Strassenwesen
1639	Ermordung Jörg Jenatschs	1691–96	Regelmässige Postkurse über den Splügen
		1695	Ein Weg wird durch den Bergüner Stein gesprengt
1706	Das Herzogtum Mailand fällt an Oesterreich	1703	Das erste deutsche Kursbuch erscheint
1761	Eröffnung des «Seminariums» in Zizers, das später nach Haldenstein umzog	1752	Revolutionärer Vorschlag von Zunftmeister J.H. von Menhardt betr. Einführung eines regelmässigen Postdienstes
1771	Verlegung des Seminars ins Schloss Marschlins		
1783	Erster Aufstieg der Montgolfière	1774–76	Ausbau der Oberengadiner Talstrasse
1786	Erziehungsanstalt für Zöglinge bis zu zwölf Jahren in Jenins gegründet	1780	Bau einer Kommerzialstrasse von der liechtensteinischen Grenze bis Chur beschlossen
1789	Erstürmung der Bastille (quatorze juillet)	1785	Kommerzialstrasse vollendet.
		1786	Die «reitende Post» verkehrt regelmässig von Chur nach Mailand, Lindau und Zürich
1793	Erziehungsanstalt von Jenins nach Reichenau verlegt		
1797	Im Frieden von Campo Formio verliert Graubünden die Untertanengebiete an die Cisalpinische Republik		
1798–1803	Helvetik (Einheitsstaat)	1798	Die Post wird Staatsregal in Helvetien
1801	Napoleon führt im Vertragsentwurf von Malmaison Rätien als 16. Kanton der Helvetischen Republ. auf		
1803	Aufnahme Graubündens in den Bund der Eidgenossen	1803	Die Tagsatzung hebt die helvetische Post auf; das Postregal geht wieder an die Kantone zurück
1803–1813	Die Mediationszeit	1813	Beginn der eigentlichen bündnerischen Kantonalpost (Regiebetrieb; noch ohne Personenbeförderung)
1815	Abdankung Napoleons I		

	Allgemeines		**Verkehrswesen**
1815	Wiener Kongress: Endgültiger Verlust der Herrschaften Worms, Veltlin und Cleven. Österreich erhält das mailändisch-venetianische Königreich.	1817	Die erste Postablage in Mesocco
1821	Napoleon I stirbt im Exil an Arsen-Vergiftung	1823	Die neue, sechs Meter breite Bernhardinstrasse wird in Betrieb genommen und erlaubt die erste Fahrpost-Verbindung zwischen der deutschsprachigen Schweiz und dem Tessin.
		1823	Inbetriebnahme der Strasse über den Splügen.
		1825	Erste Eisenbahn in England für Kohlentransporte.
		1826	Ende des Lindauer/Fussacher Boten.
		1820–1840	Ausbau der Oberen Strasse (Julier–Maloja)
		1830	Erste grössere öffentliche Eisenbahn Manchester–Liverpool
		1835	Der Kanton Graubünden übernimmt die Reisendenbeförderung in Regie.
1840	Die erste Briefmarke der Welt erscheint in Grossbritannien	1835	Die erste Eisenbahn in Deutschland zwischen Nürnberg und Fürth.
1842	Eidg. Schützenfest in Chur	1842	Tägliche Postverbindungen über Bernhardin und Splügen
1843	Die ersten Briefmarken auf dem Kontinent erscheinen in Zürich (sog. Zürich-4 und Zürich-6 der Kantonalpost)	1843	Privater Kurs über den Julier (Chur–Silvaplana)
		1844	Postverbindungen Chur–Lenzerheide–Julier–Maloja–Bergell
1847	Sonderbundskrieg	1846	Viersitzige Wägelchen Chur–Ilanz und Landquart–Küblis; privater Fuhrdienst Chur–Disentis
		1847	Die erste Eisenbahn auf Schweizergebiet: die Spanischbrötlibahn Zürich–Baden
1848	Neue Bundesverfassung: Vom Staatenbund zum Bundesstaat	1848	Privater Wagenkurs mit vier Plätzen Chur–Davos
		1849	Das Postwesen wird Bundessache
1851	Weltausstellung in Paris		
1852	Erste Telegraphenlinien Zürich–Bernhardin–Bellinzona und Zürich–Gotthard–Bellinzona		
		1855	Die im Bau begriffenen Schweizer Eisenbahnen nehmen 134 1/2 Stunden in der Länge ein

	Allgemeines		**Verkehrswesen**
1855	Die Schweiz besitzt das vollständigste Telegraphennetz in Europa (ein Telegraphenbureau auf 25 000 Einwohner)	1858	Eisenbahnlinie (Rorschach)–Rheineck–Chur eröffnet.
1859	Österreich verliert die Lombardei an Sardinien-Piemont	1859	Eisenbahnlinie Chur–Wallisellen–Zürich durchgehend.
1860	Bundesbeschluss betr. Erstellung eines neuen Post- und Telegraphengebäudes in Chur (an der Stelle der heutigen Kantonalbank an der Poststrasse)	1861	Aufhebung der Porten durch Bundesbeschluss. Einführung von Bundessubventionen für Strassen.
		1864–1867	Bau der Brennerbahn
1865	Die erste Winterkur in Davos	1865	Postkurse über Bernina und Oberalp
1866	Österreich muss Venetien an Italien abtreten	1866	Postkurse über den Albula
		1867	Erstmals Retourbillette und Abonnemente bei der Reisepost
1869/70	Die erste Eisbahn in Davos, die ersten Skier tauchen auf	1868	Postkurse über den Flüela
1870–71	Deutsch-Französischer Krieg		
1874	Gründung des Weltpostvereins (Union Postale Universelle)	1875	Die linksufrige Bahnverbindung Zürich–Chur nimmt den Betrieb auf
1878	Erste elektrische Beleuchtung der Schweiz in St. Moritz	1878	Postkurse über den Lukmanier
1880	Arosa hat noch 54 Einwohner	1882	Betriebsaufnahme der Gotthardbahn
1883	Erste schweizerische Landesausstellung. Erstes Wettschlitteln zwischen Davos und Klosters	1883	Rösslitram in Davos
		1884	Betriebsaufnahme der Arlbergbahn
1885	Die erste Schreibmaschine in der Bundesverwaltung	1889	Rhätische Bahn Landquart–Klosters in Betrieb
1889	Das erste Telephonnetz in St. Moritz mit 37 Abonnenten	1890	Rhätische Bahn Klosters–Davos in Betrieb
1890	Das Telephon hält Einzug in Chur	1892	Das «Amtliche Kursbuch» erscheint erstmals
	Das erste Sanatorium in Davos	1896	Bahn Landquart–Chur und Chur–Thusis
		1896	Erste elektrische Trambahn in St. Moritz (nur Sommerbetrieb zwischen Dorf und Bad)
		1901	Postkurse über den Umbrail
		1902	Gründung der Schweizerischen Bundesbahnen (SBB)
		1903	Bahnverbindungen Thusis–Albula–Celerina und Reichenau––Ilanz
1904	Das neue Postgebäude am Postplatz in Chur entsteht	1904	Bahn Celerina-St.Moritz

	Allgemeines		**Verkehrswesen**
		1906	Erste Postautoverbindungen in der Schweiz Bern–Detligen und Bern–Papiermühle
1907	Die Schweizerische Nationalbank nimmt ihre Tätigkeit auf	1907	Die Bellinzona–Mesocco-Bahn (BM) nimmt den Betrieb auf
1909	Johann Anton Stäger wird Oberpostdirektor	1909	Bahnbetrieb zwischen Davos und Filisur
		1910	Berninabahn (BB)
		1912	Bahnbetrieb Ilanz–Disentis
		1913	Bahnbetrieb Bevers–Schuls
1914	Schweizerische Landesausstellung Ausbruch des Ersten Weltkrieges	1914	Betriebsaufnahme der Chur–Arosa-Bahn (ChA)
1920	Übertragung des ersten Instrumentalkonzertes durch den Langwellensender Königswusterhausen	1919	Das erste Postauto verkehrt (trotz kantonalem Autoverbot) in Graubünden zwischen Reichenau und Flims
1922	Gründung der Radio-Gesellschaft Lausanne		
1924	Erster reiner Rundfunksender Hönggerberg im Betrieb		
		1961	Die letzte **Pferdepost** der Schweiz (im bündnerischen Avers) macht dem Auto Platz
1953	Fernseh-Versuchsbetrieb Sender Uetliberg		
1958	Definitiver Fernsehbetrieb	1984	Der letzte **Postsachen-Transport** mit Pferden (zwischen Valendas und Dutjen) muss dem Auto weichen

Literaturhinweise

Zeitungen und Zeitschriften
- Archiv für Deutsche Postgeschichte
- Bündnerisches Monatsblatt
- Bündner Tagblatt/Neues Bündner Tagblatt
- Bündner Zeitung
- Churer Zeitung Nr. 17/1836
  Nr. 98/1839
- Davoser Revue
- Der Bund
- Der Freie Rätier
- Der Schweizerische Beobachter
- Genossenschaft
- La Tuatschina
- Neue Alpenpost. 1880. Orell Füssli, Zürich
- Neuer Sammler. 1805. Chur
- Postrundschau, Wien
- Prättigauer Zeitung und Herrschäftler
- PTT-Zeitschrift
- SBB-Nachrichtenblatt
- Schweizerische Briefmarkenzeitung
- UPU, Union Postale Universelle, 6/1886
  7/1886
  5/1889
- Wir Brückenbauer
- Zeitschrift für das Post- und Fernmeldewesen
- Zeitschrift für Schweizerische Statistik. Bern 1878/79.

Literatur
- Alpenbuch, Das, der eidg. Postverwaltung. Band I. Bern 1929
- Balzer Hans: Eine Postpferdehalterei vor 40 Jahren (in: Bündnerisches Monatsblatt März 1943)
- Barblan P.J.: Staatshaushalt des Kantons Graubünden (in: Jahresbericht der Historisch-Antiquarischen Gesellschaft 1909)
- Bavier Simon: Strassen der Schweiz. Zürich 1878.
- Bavier Simon: Einige Bemerkungen über Eisenbahnen im Gebirge. Chur 1874.
- Bavier Simon: Bericht über das Strassenwesen in Graubünden. Bern 1876.
- Beiträge zur Kenntnis des Postwesens. Leipzig 1849.
- Bener G., Ing.: Studie zur Geschichte der Transitwege durch Graubünden. Chur 1908.
- Bener G., Ing.: Memorial über die Verkehrsentwicklung Graubündens 1886–1923. Chur 1926.
- Bernhardinerstrasse, Die neue. Als Beitrag zur neuesten Geschichte des Schweizerischen Cantons Graubünden, in Beziehung auf seine politischen und Handlungs-Verhältnisse mit den übrigen Europäischen Staaten. Von dem Oberstlieutenant Peter Conradin v. Tscharner, gewesener Commissair der Regierung des Cantons Graubünden zur Unterhandlung und Abschliessung des Traktats mit S.M. dem König von Sardinien. Mit Vorwissen der hohen Cantonsregierung. Chur 1819, bei A.T. Otto.
- Bernhardiner-Strassenangelegenheit in Graubünden (März 1823), über den jetzigen Zustand. Gezeichnet mit «X». St. Gallen 1823, Wegelin und Nätzer.
- Bremy K.: Zur Entwicklung des Postwesens in der Schweiz (in: Posthandbuch der Schweiz, Chur 1912)
- Caminada Paul: Der Bau der Rhätischen Bahn. Zürich/Disentis 1980.
- Caminada Paul: Der Glacier-Express. Disentis 1982.
- Caminada Paul: Graubünden. Land der Pass-Strassen. Geschichte des Strassenbaus. Disentis 1983.
- Catrina Werner: Die Entstehung der Rhätischen Bahn. Zürich 1972.
- Domenig Jakob: Die Graubündnerische Kantonalpost. Diss. Zürich 1924
- Duden-Lexikon in 3 Bänden. Mannheim/Wien/Zürich 1983.
- Ebel Johann Gottfried: Anleitung, auf die nützlichste und genussvollste Art in der Schweiz zu reisen. Orell Füssli & Co. Zürich. 3. Auflage 1809/1810 (4 Bände).
- Ebel Johann Gottfried: Manuel du voyageur suisse, 1819.
- Ebel Johann Gottfried/Meyer J.J.: Die neuen Strassen durch den Kanton Grau-

- bünden. In dreyssig Blättern von Chur über den Splügen bis zum Comersee, und über den Bernhardino bis Bellinzona dargestellt und nach der Natur gezeichnet. Zürich 1825 (5 Hefte).
- Einladung zur Bildung einer Vorbereitungsgesellschaft zur Erzweckung höchstmöglichster Transportvervollkommnung auf der Handelsstrasse von Basel über Zürich und Chur nach Mailand. An die Bürger und Einwohner des Kantons Graubünden gerichtet. 24. Januar 1842. Otto's Erben in Chur.
- Extrapostreglement des Schweizerischen Kantons Graubünden. Chur 1842.
- Fondin Jean: Das Auto. Ein halbes Jahrhundert Geschichte. Mondo-Verlag Lausanne 1968.
- Franscini F: Organismus der Postverwaltungen in der Schweiz vor der Centralisation 1830–1848 (in: Fr. Aug. Stokker: Postzeitschrift, Frick 1855).
- Hundert Jahre Schweizerische Alpenposten. Genf 1932.
- Instruktion für die Postillone vom 3.1.1852.
- Issler Peter: Geschichte der Walserkolonie Rheinwald. Diss. Zürich 1935.
- Kasthofer K.: Alpenreisen. Bern 1825.
- Lenggenhager Jakob: Beitrag zur Verkehrsgeschichte Graubündens. Thusis 1911.
- Margadant Silvio: Land und Leute Graubündens im Spiegel der Reiseliteratur 1492–1800. Diss. Zürich 1978.
- Meuli Richard: Le tourisme grison et son rôle dans l'économie cantonale des Grisons. Diss. Genève 1940.
- Minsch Hans: Entwicklung des Postwesens in Graubünden seit der Römerzeit (in: Schweiz. Briefmarkenzeitung 1967).
- Minsch Hans: Das Talglicht.
- Minsch Hans: Varia. Us-em g'schnitzten Trögli. Schiers 1978.
- Neue Post- und Handelsstrasse durch die südöstliche Schweiz, als kürzester Verbindungsweg zwischen Deutschland und Italien. Eine unentbehrliche Berichtigung und Vervollständigung aller bisher erschienenen allgemeinen oder auf die Alpenpässe besonders bezüglichen Postrouten, Reiseanleitungen u.s.w. Herausgegeben von der Direktion der Extraposten und Diligencen des schweizerischen Kantons Graubünden. A.T. Otto Chur 1824. (Siehe auch: Supplement)
- Obrecht C.: Poststempel des Kantons Graubünden. Grüsch 1929.
- Pieth Friedrich: Bündner Geschichte. Chur 1945.
- Pieth und Hager: Pater Placidus a Spescha, Leben und Schriften. Bümpliz 1913.
- Planta P.C./Jecklin C.: Geschichte von Graubünden in ihren Hauptzügen. Bern 1913.
- Planta Seraina von: Die Reisepost im Kreise Oberengadin (in: Archiv für Deutsche Postgeschichte 2/1979).
- Plattner Hans/Zeller Willy: Das Prättigau. Schweizer Heimatbücher Bern 1963.
- Posthandbuch, Offizielles Illustrirtes: Die Schweizerischen Alpenpässe und das Postwesen im Gebirge. 1891/1892 Bern.
- Posthandbuch, Offizielles Illustrirtes: Die Schweizerischen Alpenpässe und die Postkurse im Gebirge. Bern 1893.
- Postjahrbuch der Schweiz. Chur 1912. Chur 1913. Chur 1914.
- Postwesen, Das Schweizer, in seiner Entwicklung bis zum Jahre 1912. Bern 1914.
- PTT-Routenführer (diverse). Bern.
- Rätische Museum, Das, ein Spiegel von Bündens Kultur und Geschichte. Chur 1979.
- Rieple Max: Graubünden, sonniges Land am Rhein und Inn. Bern 1972
- Ritter August: Vereinheitlichungsbestrebungen im Postwesen der Schweiz von 1815–1848. (in: Posthandbuch der Schweiz, Chur 1913)
- Rotach Arnold: Die Postverbindungen über die Bündner Pässe und den St. Gotthard vom 16.–18. Jahrhundert (in: Postjahrbuch der Schweiz. Chur 1912).
- Schelling H.: Geschichte der schweiz. Post 1849–1949. Abschnitt über die Reisepost (internes PTT-Dokument).
- Spielmann Siegfried Eduard: Das Postwesen der Schweiz. Diss. Bern 1920.
- Sprecher Johann Andreas von/Jenny

- Rudolf: Kulturgeschichte der Drei Bünde im 18. Jahrhundert. Chur 1951.
- Stäger Anton: Postalische Gedenkblätter (des ersten Kreispostdirektors in Chur). Bern 1889.
- Stäger Johann Anton (Oberpostdirektor): Das Schweizerische Postwesen zur Zeit der Helvetik. Bern 1879.
- Stäger Johann Anton (Oberpostdirektor): Die eidg. Post. Bern 1910. (Separatdruck aus: Polit. Jahrbuch der Schweizer Eidgenossenschaft).
- Steiner Robert: Der Kanton Rätien zur Zeit der Helvetischen Verwaltungskammer. Beiträge zur Bündnergeschichte der Jahre 1802/03. Diss. Zürich 1936.
- Stocker Franz August: Schweizerische Postzeitschrift. Frick 1855.
- Supplement zur Anzeige über die Neue Post- und Handels-Strasse durch die südöstliche Schweiz, enthaltend: Die in dieser Beziehung vom September 1823 bis September 1825 stattgefundenen Abänderungen und Verbesserungen. A.T. Otto Chur 1825.
- Tarif der Fussacher Messagerie, vom 8ten Hornung 1820.
- Transit-Ordnung für den Canton Graubünden, eingeführt auf dessen Haupt-Commerzial-Strassen nach und von Cleven und Bellenz. Zufolge Beschluss des Hochlöbl. Grossen Cantons-Raths vom 23. Jenner 1818. Chur.
- Tscharner Peter Conradin von: (siehe unter «Bernhardinerstrasse, Die neue...»).
- Übersicht der Botenkurse des X. eidg. Postkreises Chur. 1853 1855.
- Vereinbarungen der eidg. Postverwaltung mit den lokalen Postpferdehaltereien zur Unterstützung der Postillone. 1912.
- Voyages pittoresques dans les grisons. Zürich 1827.
- Walservereinigung Graubünden: Jahresbericht 1983.
- Wörtliche Vergleichung der Neuen Transitordnung des Kantons Graubünden vom 30ten July 1808, mit Urkunden und Verordnungen älterer und neuerer Zeit, nebst Erläuterungen und Anmerkungen. Chur 1809 (Druckvermerk).

Weitere Quellen
- Akten und Dokumente PTT
- Bibliothek Fundaziun Planta, Samedan
- Bibliothek GD PTT, Bern
- Bibliothek GD SBB, Bern
- Staatsarchiv, Chur
- Kreispostdirektion, Chur
- PTT-Museum, Bern

Bildernachweis

In alphabetischer Reihenfolge und nach Seitenzahlen

Brasser Hans, Churwalden:
266, 267, 269

Buchli Ernst, Safien:
158 oben

Demarmels Gion Christian, Andeer:
179 oben

Desertina-Verlag, Disentis:
272, 273

Fotoglob, Zürich:
239

Gartmann Joos, Bern:

IX, X, XIV, 4, 13, 21, 26, 34, 99, 128, 137, 148, 149, 150 oben, 156, 257

Generaldirektion PTT, Bern

Automobildienste: 248 oben

Bibliothek: 69, 81, 82, 94, 104, 117, 118, 122, 130

PTT-Museum:
Einband vorn, Einband hinten, 9, 43, 47, 48, 50, 52, 54, 55, 71, 77, 80, 84, 85, 88, 90, 91, 92, 108, 109, 110, 111, 113, 115, 119, 120, 121, 123, 124, 125, 126, 135, 146, 147, 150 unten, 151 unten, 153 unten, 154, 155, 157, 159, 165, 166, 167, 168, 169, 175, 177, 178, 180, 181, 183, 184, 185, 186, 187, 189, 190, 191, 192, 193, 194, 195, 196, 197, 198, 199, 200, 201, 202, 203, 204, 205, 206, 207, 208, 209, 210, 211, 212, 213, 214, 218, 220, 221, 222, 223, 224, 225, 226, 227, 228, 229, 230, 231, 232, 233, 234, 235, 236, 237, 238, 240, 241, 243, 244, 245, 246, 247, 248 unten, 249, 250, 251, 252, 253, 254, 255, 256, 258 unten, 259, 260, 261, 262, 263, 265, 270, 271, 275

Heimatmuseum Splügen:
36

Frau Jegher, Chur:
112

Kloster Disentis:
151 oben, 152, 153 oben

Kreispostdirektion Chur:
162

Kümmerly & Frey, Bern:
Vorsatz vorne

Luk Valentin, Grüsch:
258 oben

Meerkämper, Davos:
217

Mirer Anny, Obersaxen-Meierhof:
161 oben

Pacciarelli Emmanuele, Grono
170

Pally Don Ignazio, Olivone:
163, 164

Prättigauer Zeitung:
XI

Rätisches Museum:
23, 62, 73, 75, 89, 96, 101, 106, 179 unten

Schmid Konrad:
60, 86, 87, 102, 132

Schüpbach Hermann †, Gais
158 unten

Spescha Gion Fidel, Chur/Andiast:
160

Sprecher Peter, Chur:
161 unten

Staatsarchiv, Chur:
49, 63

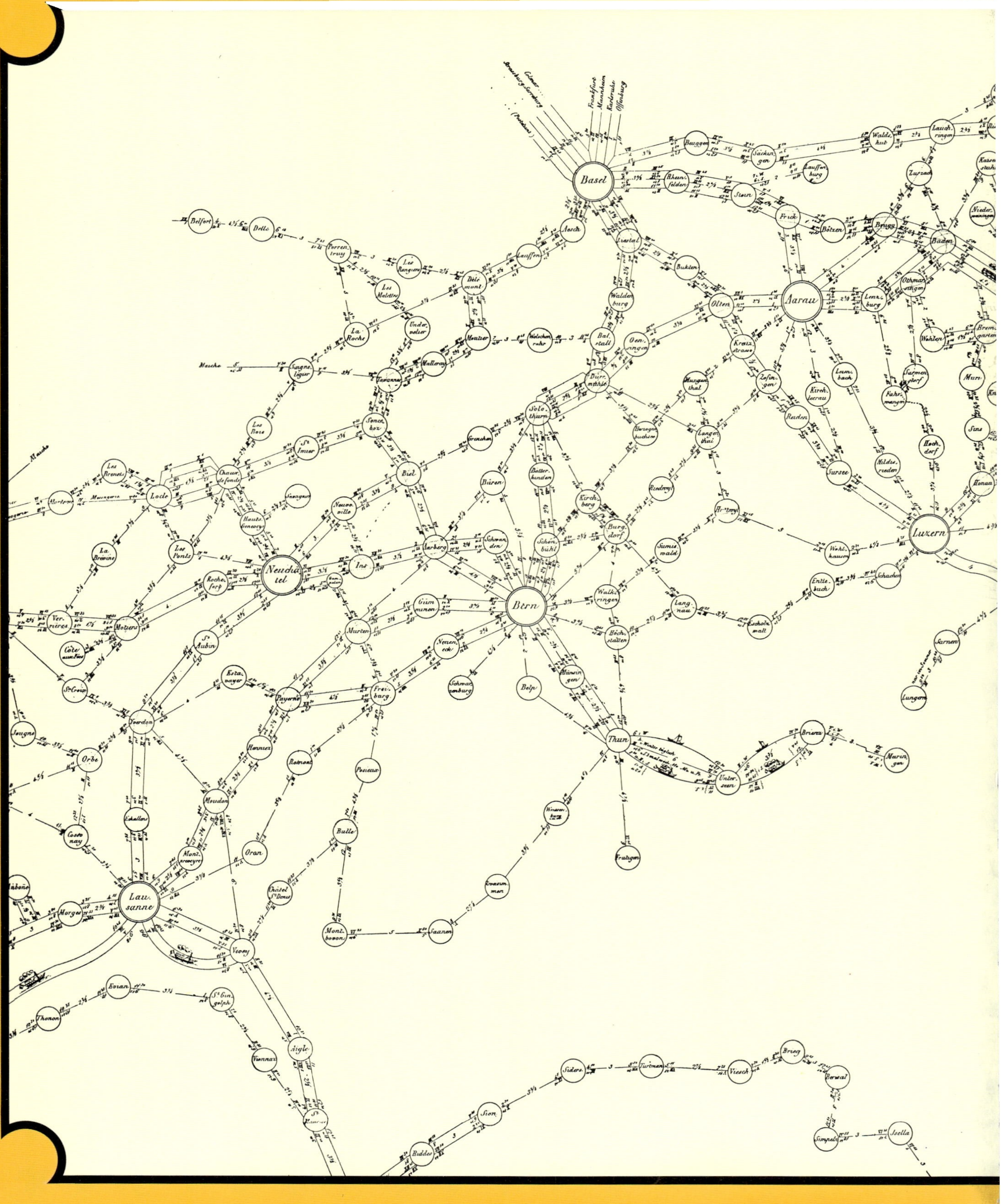

Frankfurt
Mannheim
Karlsruhe
Offenburg
Basel
Rheinfelden
Stein
Frick
Brugg
Baden
Aarau
Olten
Liestal
Zofingen
Sursee
Luzern
Delle
Belfort
Porrentruy
Delemont
Moutier
Tavannes
Solothurn
Grenchen
Biel
Locle
Chaux de fonds
Neuchâtel
Ins
Aarberg
Büren
Burgdorf
Bern
Langnau
Murten
Freiburg
Payerne
Yverdon
Orbe
Moudon
Lausanne
Morges
Vevey
Bulle
Oron
Aigle
Belp
Thun
Brienz
Frutigen
Saanen
Sion
Siders
Brieg
Evian
Thonon